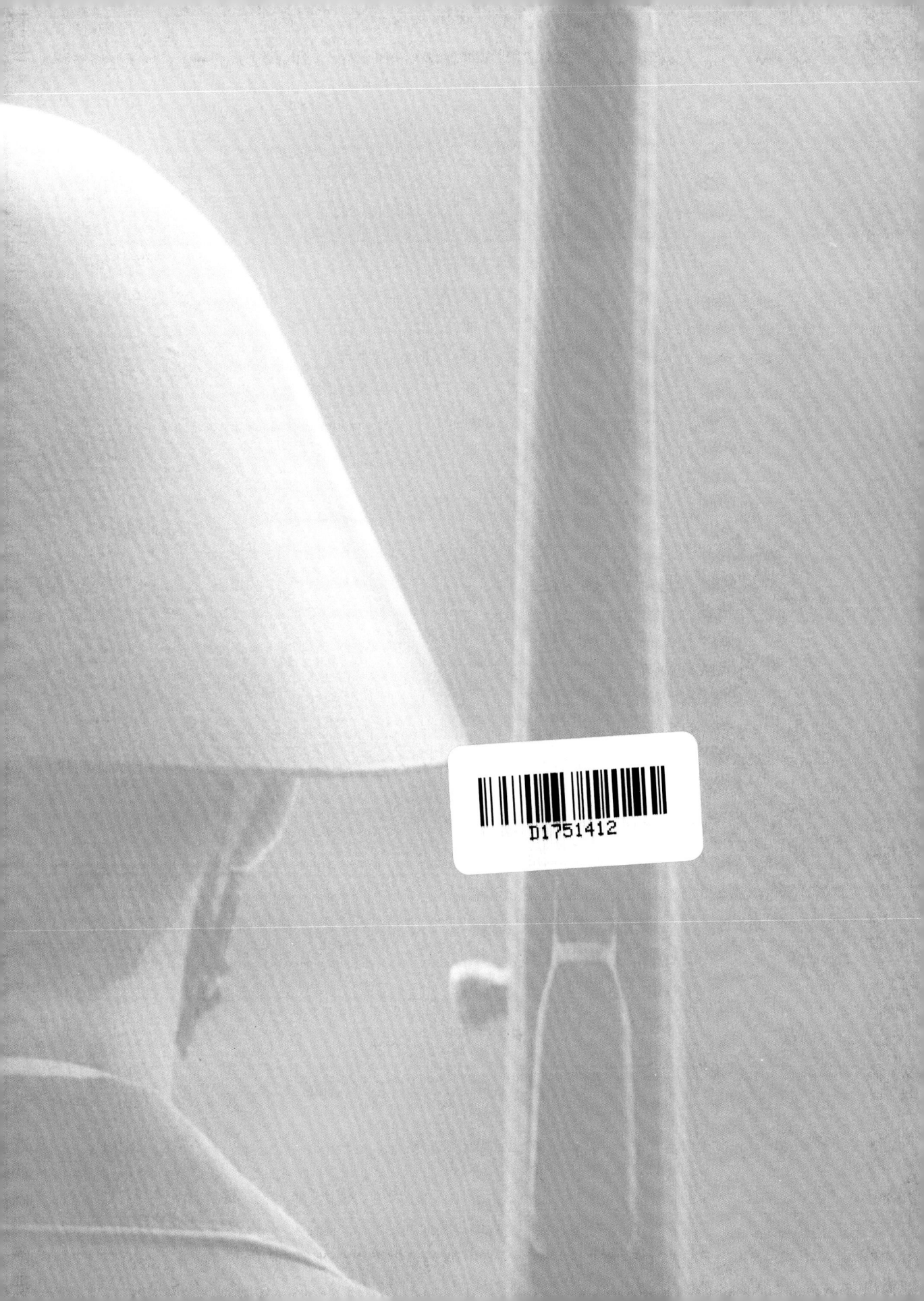

Nationale Volksarmee
Die Geschichte

In Kooperation mit dem Militärhistorischen Museum der Bundeswehr, Dresden

Für Luzie

Rüdiger Wenzke

Nationale Volksarmee
Die Geschichte

Unter Mitarbeit von Torsten Diedrich und Wolfgang Eisert

INHALT

Einführung	10
Zum Platz der Nationalen Volksarmee der DDR in der deutschen Militärgeschichte	11
Die Vorgeschichte (1945–1955)	16
Nie wieder deutsche Soldaten? – Kapitulation, Kalter Krieg und militärischer Neubeginn	18
„Nationale Streitkräfte" im sowjetischen Auftrag – Die Kasernierte Volkspolizei	25
Unter Führung der SED – Auf dem Weg zu einer sozialistischen Bündnisarmee	32
Die Streitkräfte der DDR unter Ulbricht und Honecker (1956–1989)	38
„Eine lebensnotwendige Aufgabe" – Die Gründung der NVA	40
KPD-Funktionäre und Wehrmachtoffiziere – Die neue Militärelite	48
Nur bedingt einsatzfähig – Die schwierigen Aufbaujahre	54
Vom Mauerbau zur Wehrpflicht – Dienen in der Volksarmee	60
Gemeinsam gegen den Feind – Kriegsschauplatz, Militärdoktrin und Kriegführung im Bündnis	65
Zu Lande, in der Luft und zur See – Strukturen, Bewaffnung und Ausrüstung	71
Geballte Militärmacht – „Waffenbrüder" in Manövern und Übungen	82
Von Scharnhorst zu Pieck – Vorbilder, Traditionen und Brauchtum	84
In der Kaserne I – Soldatenalltag, Sport und kulturelle Betätigung	91
In der Kaserne II – EK-Bewegung, Alkohol und besondere Vorkommnisse	96
Auf den Krieg vorbereitet – Gefechtsbereitschaft rund um die Uhr	102
Gewehr bei Fuß – Die NVA und der „Prager Frühling"	106
Drill und „Rotlichtbestrahlung" – Militärische Ausbildung, moderne Bewaffnung und politische Indoktrination	112
Armee des Volkes? – Landesverteidigung, Mobilmachung und Gesellschaft	125
Dunkle Kapitel und Mythen – Die Verwaltung 2000, der Armeeknast Schwedt und andere Geheimnisse	130
Kalaschnikow „Made in GDR" – Rüstung in der DDR	142
„Spatensoldaten" und Friedensgruppen – Opposition gegen Wehrdienst, Armee und gesellschaftliche Militarisierung	146
Im Strudel von Aufrüstung und Abrüstung – Die Streitkräfte zwischen Modernisierung, Stagnation und Krise in den 1980er-Jahren	150

Touristen warten vor der Neuen Wache in Ost-Berlin auf die Ablösung der NVA-Ehrenwache, 1974

Dem Ende entgegen (1989/90) 160

Einsatz gegen Demonstranten? – Die NVA im Herbst 1989 162

Auf Reformkurs – Demokratisierung und Neuorientierung in der Truppe 168

„Auflösen – ohne Rest"? – Die Deutsche Einheit und
das endgültige Aus der DDR-Volksarmee 174

Anhang

Abkürzungsverzeichnis 181

Zeittafel 183

Glossar 196

Auswahlbibliografie 201

Personenregister 204

Bildnachweis 216

Der Autor – Die Mitarbeiter 217

Impressum 218

Erich Honecker ist erneut zum Vorsitzenden des Staatsrates der DDR gewählt worden und schreitet vor dem Staatsratsgebäude eine Ehrenformation der Nationalen Volksarmee ab, 1981

Zum Platz der Nationalen Volksarmee der DDR in der deutschen Militärgeschichte

Am 2. Oktober 1990, 24:00 Uhr, endete die Geschichte einer deutschen Armee, die von sich stets behauptet hatte, eine Armee für „Frieden und Sozialismus" zu sein. Gemeint ist die Nationale Volksarmee (NVA) der DDR, die 34 Jahre nach ihrer offiziellen Gründung im Sog des Zusammenbrechens des realsozialistischen Herrschaftssystems ihre Existenzgrundlage verlor und aufhörte zu bestehen.

Mit der Herstellung der Deutschen Einheit wurde die NVA Teil der deutschen Militärgeschichte. Die NVA ist darüber hinaus untrennbar mit der Geschichte der DDR und des Kalten Krieges verbunden. Ohne Kenntnisse über das Militär, seine Stellung in Staat und Gesellschaft, bleibt das Bild der deutschen Nachkriegsentwicklung unvollständig.

Nicht zuletzt ist die Geschichte der NVA mit den Lebensgeschichten von über 2,5 Millionen Deutschen verbunden, die als DDR-Bürger ganz individuell und sehr unterschiedlich „Bekanntschaft" mit der NVA machten – als Freiwillige, wehrpflichtige Grundwehrdienstleistende, als Zeit- und Berufssoldaten. Für die meisten ehemaligen Berufssoldaten und auch für viele Zivilbeschäftigte bleibt ihr oft jahrzehntelanger Dienst in der NVA unmittelbar mit ihrer Lebensleistung verbunden, auf die sie bis heute mit Stolz zurückblicken. Für den überwiegenden Teil der wehrpflichtigen „einfachen" Soldaten bildete dagegen die zumeist 18-monatige Dienstzeit in der NVA und in den Grenztruppen einen eher ungeliebten Lebensabschnitt, der zwar als Bestandteil einer vom Staat vorgezeichneten Biografie dazugehörte, den man jedoch möglichst unbeschadet und ohne größeres Engagement hinter sich zu bringen versuchte.

Sind in den Erinnerungen von Teilen der ostdeutschen Bevölkerung die untergegangenen DDR-Streitkräfte durchaus noch präsent, war und ist die NVA für den größten Teil der westdeutschen Bevölkerung eine eher unbekannte Institution, die bestenfalls noch als „rote Preußen" historisch identifiziert oder mit der „Armee der Einheit" in Verbindung gebracht wird.

Wie die Bundeswehr im Westen, war auch die NVA eine militärische Neuschöpfung ihrer Führungsmacht. Beide Streitkräfte verstanden sich nicht als Nachfolger früherer deutscher Armeen und wollten auch nicht deren Traditionen fortsetzen. Dennoch übernahm man auf beiden Seiten insgeheim einiges aus dem traditionellen deutschen Militär und versah es mit anderen Vorzeichen. So zeigten sich systemübergreifende Kontinuitäten in der Pflege des Brauchtums sowie im soldatischen Alltagsleben. Beide Armeen waren zudem in die Bündnisse und politischen Systeme ihrer Staaten einbezogen. Die Geschichte von Bundeswehr und DDR-Volksarmee ist daher ohne ihre Einbindung in ihre Militärpakte nicht erklärbar.

Einweisung in die Gefechtsaufgabe: Offiziere vor einem Kampfpanzer T-55, 1976

Junge Pioniere gratulieren NVA-Soldaten zur feierlichen Waffenübergabe, 1976

Die gravierenden Unterschiede zwischen den beiden deutschen Armeen waren aber trotz mancher gemeinsamer Äußerlichkeiten nicht zu übersehen. Während im Westen mit der Bundeswehr eine Wehrpflichtarmee in einem demokratischen Staatswesen als „Parlamentsarmee" aufgebaut wurde, entstand in der DDR eine deutsche Armee, die nach sowjetischem Vorbild geformt wurde und die ein Machtinstrument im Dienste der SED darstellte. Das bedeutete jedoch nicht, dass all ihre Angehörigen willfährige Diener der Partei waren oder sich der Einzelne als Werkzeug der SED begriff.

Festzuhalten bleibt aber, dass die NVA ein ernstzunehmender innen- und außenpolitischer Machtfaktor der SED war. Sie bildete den Kern der Landesverteidigung. Sie hatte den Auftrag, die Sicherheit der DDR zu gewährleisten und die „sozialistischen Errungenschaften" zu schützen. Untrennbar verbunden mit der NVA ist aber auch die Verantwortung für das unmenschliche Grenzregime und die dort ums Leben gekommenen Menschen. Die DDR-Volksarmee spielte zudem in nationalen und internationalen Krisen eine zum Teil bedeutsame Rolle. Erinnert sei an ihren Beitrag zur Grenzschließung 1961, an die Unterstützung der sowjetischen Interventionstruppen zur Niederschlagung des „Prager Frühlings" in der ČSSR 1968, an ihre Drohgebärden in der polnischen Krise 1980/81 und an die innenpolitische Rolle als Reservoir für Einsatzkräfte gegen Demonstranten im Herbst 1989.

Die NVA wurde in den knapp vier Jahrzehnten ihres Bestehens durch vielfältige Ereignisse, Wechselbeziehungen und Entscheidungen geprägt. Sie entwickelte sich im Laufe ihrer Geschichte zweifellos zu einer militärisch schlagkräftigen und im Sinne der Partei politisch zuverlässigen Truppe. In dem von der Sowjetunion dominierten Bündnis erklomm sie seit ihrer Einbeziehung in den 1950er-Jahren einen geachteten Platz und avancierte auf manchem Gebiet zum Vorbild für die anderen „Bruderarmeen". Selbst Bundeswehroffiziere kamen nach 1990 in einer internen Studie zu der Feststellung, dass die NVA vermutlich – nach Israel – zumindest das wirksamste Mobilmachungssystem in der Welt besessen hatte.

Trotz ihrer Abhängigkeit von der Sowjetunion und der Vormundschaft durch die sowjetischen Streitkräfte zeigte sich die NVA nach außen gern als eine nationale, in der „fortschrittlichen" deutschen Militärgeschichte tief verwurzelte Armee. Sie distanzierte sich von allen bisherigen als volksfeindlich apostrophierten Streitkräften in der deutschen Geschichte und berief sich vielmehr auf jene Einheiten bewaffneter Menschen, die vorgeblich gegen Ausbeutung kämpften und für die Interessen der Unterdrückten eintraten, so wie die Bauernhaufen im 16. Jahrhundert, die badisch-pfälzische Revolutionsarmee von 1849, die Volksmarinedivision 1918/19, die Rote Ruhrarmee 1920 und die proletarischen Hundertschaften von 1923. Die NVA sah sich als Erbin und Fortsetzerin alles Progressiven und Revolutionären in der deutschen Militärgeschichte. Daher verwundert es nicht, wenn die Gründung der NVA in der früheren DDR-Militärgeschichtsschreibung als Ausdruck der Wende in der deutschen Militärgeschichte bezeichnet wurde. Tatsächlich verdient beispielsweise die Herausbildung einer völlig neuen Führungsschicht im ostdeutschen Militär durchaus das Prädikat der Einmaligkeit. Innerhalb weniger Jahre entstand eine Militärelite, die sich nach sozialer Herkunft, Bildungsniveau und politischem Profil von allen früheren deutschen Armeen und auch von der Bundeswehr unterschied.

Ganz ohne Zweifel war die im wahren Wortsinne gern mit Pauken und Trompeten in der Öffentlichkeit auftretende NVA keineswegs eine Vorzeigearmee. Sie wirkte nach außen oft martialisch, geheimnisumwittert und teilweise Angst einflößend. Der nach sowjetischem Vorbild festgelegte hohe Grad der Gefechtsbereitschaft, der die ständige Präsenz von 85 Prozent des Personalbestandes in der Kaserne erforderte, bestimmte entscheidend das Leben der NVA-Angehörigen. Der Gewährleistung dieser hohen Gefechtsbereitschaft wurde alles andere untergeordnet. Dies überforderte sowohl das Personal als auch die Armee als Ganzes auf Dauer. So stand einer zumeist exzellenten Pflege und Einsatzbereitschaft der Technik eine grobe Vernachlässigung der Bedürfnisse, Sorgen und Nöte der Soldaten, Unteroffiziere, Fähnriche und Offiziere gegenüber. Eine Folge waren äußerst rigide innere Verhältnisse, die teilweise menschenverachtende Züge trugen. Jährlich kamen zum Teil über 100 Armeeangehörige durch Unfälle und andere „besondere Vorkommnisse" im Dienst ums Leben. Politische Abweichler und Kritiker des Systems sahen sich in der NVA einem Repressionsapparat ausgeliefert, dessen besondere Gefährlichkeit im Zusammenspiel von Fahneneid, Befehl, dienstlicher Disziplinierung, sogenannter Parteierziehung und strafrechtlicher Verfolgung bestand.

EINFÜHRUNG

Die NVA galt spätestens seit Ende der 1960er-Jahre als eine professionelle, gut ausgerüstete und gut ausgebildete Armee. Sie verfügte 1987/88 über mehr als 180.000 Mann sowie über 2.500 Panzer, 6.000 gepanzerte Fahrzeuge, etwa 300 Kampfflugzeuge und fast 100 Schiffe. Die DDR-Volksarmee war allerdings mehr als eine Ansammlung militärischer Verbände und Truppenteile. Sie war auch eine staatliche Großorganisation mit eigenen Kulturhäusern und -ensembles, Sportzentren und Sportklubs, Erholungs- und Ferienheimen, einer Militärischen Handelsorganisation, einem eigenen Wohnungsbestand, riesigen Forstflächen, einem Militärgefängnis sowie sechs Kinderferienlagern. Die NVA kostete die DDR Ende der 1980er-Jahre über zwölf Milliarden DDR-Mark pro Jahr.

Das Militär in der DDR war kein Staat im Staat. Es hinterließ vielmehr überall in der Gesellschaft deutliche Spuren. Die NVA trug in diesem Sinn zweifellos Züge einer Volksarmee. Sie war aber dennoch keine Armee des Volkes, weil das Volk keinen Einfluss auf sie ausüben konnte. Die gewählten Volksvertreter besaßen keine wirkliche Möglichkeit der Kontrolle und Einflussnahme. Alle wichtigen militärischen und militärpolitischen Entscheidungen traf allein die SED-Führung, die dabei zumeist auf „Empfehlung" der Sowjetunion handelte. Für die meisten DDR-Bürger blieb die NVA daher ein mehr oder weniger geduldetes Übel. Erst im Verlauf der Friedlichen Revolution im Herbst 1989, die auch zu einer demokratischen Öffnung des ostdeutschen Militärs führte, wurde die NVA ihrem Namen wirklich gerecht. Als es darum ging, trotz persönlicher Ungewissheit auch der neuen politischen Führung loyal zu dienen und Waffen und Ausrüstung zu sichern, bewiesen die NVA-Angehörigen soldatisches Pflichtbewusstsein.

Für die Bundeswehr, in der die Reste der ehemaligen NVA nach dem 3. Oktober 1990 schrittweise aufgingen, stand von Anfang an fest, dass die NVA als frühere „Parteiarmee" und „Instrument der sozialistischen Diktatur" beziehungsweise als „Partei- und Klassenarmee des SED-Regimes" keine Tradition begründen konnte. Einige tausend ehemaliger NVA-Soldaten, darunter auch Offiziere, erhielten jedoch die Möglichkeit, in der Bundeswehr zu dienen. Sie setzten ihre ganze Kraft für die Gestaltung der „Armee der Einheit" ein. Einigen wenigen von ihnen gelang es, im Laufe der Zeit hohe Dienstgrade und leitende Dienststellungen in der Bundeswehr zu erreichen. Im Frühjahr 2014 wurde erstmals ein früherer NVA-Offizier zum Brigadegeneral der Bundeswehr ernannt.

Der vorliegende Band versucht, die Geschichte der Nationalen Volksarmee in einem historischen Überblick von den Anfängen der geheimen Aufrüstung 1947/48 bis hin zum Ende der NVA im Herbst 1990 darzustellen. Dabei werden verschiedene Facetten der einzigen sozialistischen deutschen Nachkriegsarmee beleuchtet. Eingeordnet in den Ost-West-Konflikt, in die Entwicklung der DDR und des Warschauer Pakts soll sich so ein differenziertes Bild ergeben.

Die Herausforderung, ein Überblickswerk zur Geschichte der NVA zu schreiben, ließ sich letztlich nur mit Unterstützung vieler fleißiger Helfer meistern. Ich bedanke mich an dieser Stelle ausdrücklich bei allen Personen und Institutionen, die mir bei der Arbeit an diesem Buch über ein Stück deutscher Militärgeschichte zur Seite gestanden haben. Mein Dank geht zuerst an meine beiden Mitstreiter und Freunde Dr. Torsten Diedrich und Dr. Wolfgang Eisert,

Härtetest für Grundwehrdienstleistende: Marsch mit Schutzmaske, 1980er-Jahre

die mit großer Sachkompetenz wichtige Zuarbeiten für die Zeittafel und die Verzeichnisse geleistet und darüber hinaus das Gesamtprojekt von Anfang an mit stets freundschaftlicher Kritik begleitet haben. Zu großem Dank bin ich meinem langjährigen, sehr geschätzten Kollegen und jetzigem Direktor des Militärhistorischen Museums der Bundeswehr, Oberst Prof. Dr. Matthias Rogg, verpflichtet. Er persönlich, sowie die Mitarbeiter seines Hauses, Frau Barbara Maiwald, Herr Jürgen Weinhold, Dr. Gerhard Bauer und Dr. Jürgen Willisch, haben an der Recherche nach eindrucksvollen Fotos und Abbildungen großen Anteil. Zur Ausstattung des Bandes wesentlich beigetragen hat auch Herr Joachim Roller, der dankenswerterweise aus seinem privaten Archiv zahlreiche Fotos und andere Vorlagen zur Verfügung gestellt hat. Bedanken möchte ich mich auch bei den leitenden Mitarbeitern des Zentrums für Militärgeschichte und Sozialwissenschaften der Bundeswehr, Potsdam, die diesem Projekt aufgeschlossen gegenübergestanden und es unterstützt haben. Für ihre stets zuverlässige Arbeit geht ein besonderer Dank an Frau Gisela Baus. Ein ausdrückliches Dankeschön für die gewährte Unterstützung soll nicht zuletzt die Leiter sowie die Mitarbeiterinnen und Mitarbeiter zahlreicher Archive, Bibliotheken und anderer Einrichtungen erreichen, so unter anderem des Bundesarchivs, Abteilung Militärarchiv, des Weiteren Herrn Dr. Peter Wille sowie die Damen und Herren des Bucher-Verlages, namentlich Herrn Martin Distler, für die angenehme Zusammenarbeit.

Mein größter Dank gebührt freilich meiner Frau und meiner Familie, die erneut nicht nur Zuarbeiten zum Projekt geleistet haben, sondern auch bei vielen Freizeitaktivitäten an den Wochenenden auf mich verzichten mussten.

Ich widme dieses Buch meiner Enkeltochter Luzie. Möge sie in einer friedlichen Welt aufwachsen!

Rüdiger Wenzke
Potsdam, im Sommer 2014

Ehrenformation von HVA-Angehörigen der VP-Bereitschaft Großenhain, 1949

Die Vorgeschichte (1945–1955)

Die Vorgeschichte der NVA begann bereits vor der Gründung der DDR. Sie beinhaltet die Entstehung und Entwicklung von militärischen Formationen unter dem Deckmantel der Polizei. Den Hintergrund dafür bildeten der Kalte Krieg und die Machtsicherung der Sowjetunion und der SED im Osten Deutschlands.

Nie wieder deutsche Soldaten? – Kapitulation, Kalter Krieg und militärischer Neubeginn

Generalfeldmarschall Wilhelm Keitel unterzeichnet in Berlin-Karlshorst die Kapitulationsurkunde, 8. Mai 1945

Die bedingungslose Kapitulation der deutschen Wehrmacht beendete im Mai 1945 den Zweiten Weltkrieg in Europa. Nachdem die Armeen der Antihitlerkoalition die deutschen Streitkräfte vernichtend geschlagen hatten, gab es faktisch kein deutsches Militär mehr. Der Krieg hatte Millionen Menschen das Leben gekostet und unermessliche materielle Werte zerstört. Seine Folgen waren auch für das deutsche Volk unübersehbar. Armut, Not und Hunger plagten die Bevölkerung und bestimmten deren Alltag. Deutschland hatte rund ein Viertel seines Territoriums verloren. Es war von alliierten Streitkräften besetzt, die sich als Sieger auf unbestimmte Zeit in vier Besatzungszonen einrichteten. Die Siegermächte übernahmen die Regierungsgewalt. Damit war der totale Zusammenbruch des bisherigen politischen Systems in Deutschland besiegelt.

Die Befreiung von der Nazi-Herrschaft eröffnete dem deutschen Volk zugleich die historische Möglichkeit, den Weg in eine freiheitlich-demokratische Zukunft zu beschreiten. Nach dem Willen der USA, der Sowjetunion und Großbritanniens sollte Deutschland schrittweise in eine neue europäische Friedensordnung eingepasst werden. Diskussionen dazu waren bereits auf den Kriegskonferenzen der Alliierten in Teheran und Jalta geführt worden. Dabei offenbarten sich sowohl einheitliche Ziele als auch unterschiedliche Konzepte. Erst auf der Potsdamer Konferenz vom 17. Juli bis zum 2. August 1945 legten dann die drei Siegermächte weitgehend gemeinsame politische, wirtschaftliche und militärische Grundsätze der alliierten Besatzungspolitik fest. Frankreich als vierte Siegermacht stimmte später den Potsdamer Beschlüssen unter Vorbehalten zu. Neben der Aufgabe, Deutschland zu entnazifizieren, zu demokratisieren und wirtschaftlich und politisch zu dezentralisieren, verfolgten die Siegermächte auch das Ziel, den ehemaligen Gegner abzurüsten und zu entmilitarisieren. Von Deutschland sollte keine Bedrohung mehr ausgehen. Zu-

Kriegsgefangene deutsche Soldaten in Berlin, 1945

Zwangsvereinigungsparteitag von KPD und SPD zur SED (v.l.: Wilhelm Pieck, Otto Grotewohl und Walter Ulbricht), April 1946

dem sollten die Deutschen für immer allem Militärischen entwöhnt und letztlich moralisch umerzogen werden. Der Alliierte Kontrollrat verlangte deshalb, die militärischen Strukturen zu beseitigen, den Generalstab aufzulösen und sämtliches Kriegsgerät inklusive der Rüstungsbetriebe zu zerstören. Darüber hinaus beabsichtigte er, die Kriegsverbrecher zu bestrafen, die Kriegervereine abzuschaffen und den preußisch-deutschen Militarismus zu beseitigen.

Aus der Mitteilung über die Dreimächtekonferenz von Berlin („Potsdamer Abkommen") vom 2. August 1945
Das deutsche Volk muss überzeugt werden, dass es eine totale militärische Niederlage erlitten hat und dass es sich nicht der Verantwortung entziehen kann für das, was es selbst dadurch auf sich geladen hat, dass seine eigene mitleidlose Kriegführung und der fanatische Widerstand der Nazis die deutsche Wirtschaft zerstört und Chaos und Elend unvermeidlich gemacht haben.
Quelle: www.documentArchiv.de/in/1945/potsdamer-abkommen.html, Stand: 11.02.2014

Weder innerhalb noch außerhalb Deutschlands schien es zu diesem Zeitpunkt denkbar, dass es jemals wieder deutsche Streitkräfte geben könnte. Nach den bitteren Erfahrungen des verlorenen Krieges und dem damit verbundenen Leid waren solche Ansichten wie „Nie wieder Krieg" und „Nie wieder deutsche Soldaten" weit verbreitet.

Nach dem Kriegsende lag das Monopol der politischen und militärischen Gewaltausübung bei den Siegermächten. Im sowjetisch besetzten Osten Deutschlands hielten die Sowjetische Militäradministration (SMAD) und die Rote Armee die Macht in ihren Händen. Allerdings ließ sich der Aufbau einer neuen Nachkriegsgesellschaft nicht allein durch den Apparat der sowjetischen Besatzungstruppen lenken und durchführen. Die schrittweise Einbeziehung der deutschen Seite war unabdingbar. Das galt auch für Fragen des Aufbaus eines Polizeiapparates in der Sowjetischen Besatzungszone (SBZ). Dieser be-

Wahlplakat der SED, 1946

gann im Sommer 1945 und setzte sich Ende 1946 fort, als man die Grenzpolizei schuf. Eine militärische Option war dabei nicht zu erkennen, auch wenn die Ordnungspolizei seit Herbst 1945 schrittweise mit Handfeuerwaffen ausgestattet wurde. Mit Hilfe der sowjetischen Besatzer erlangten vor allem Mitglieder der Kommunistischen Partei Deutschlands (KPD) im Zuge der „antifaschistisch-demokratischen Umgestaltung" wichtige Führungspositionen im Polizei- und Sicherheitsapparat. Die deutschen Kommunisten hatten sich 1946 mit einem Teil der Sozialdemokratie zur Sozialistischen Einheitspartei Deutschlands (SED) formiert. Unter ihrer Führung sollte in Ostdeutschland eine neue Gesellschaftsordnung etabliert werden. Die Polizei, die später die Bezeichnung „Volkspolizei" (VP) erhielt, wurde dabei als ein wichtiges Instrument angesehen, um dieses Ziel zu erreichen.

In dem Maße, wie die sowjetische Besatzungsmacht gemeinsam mit der SED auf verschiedenen Gebieten versuchte, in ihrer Zone rasch Tatsachen zu schaffen, wuchs das Misstrauen der Westmächte gegenüber den „Russen". Dies resultierte vor allem aus den unterschiedlichen Interessen und Vorstellungen der westlichen Alliierten und der UdSSR über die Sicherung ihres Einflusses auf Deutschland und Europa sowie aus ihrer Rolle in der globalen Politik. Es entstand ein Ost-West-Gegensatz, den beide Seiten weiter befeuerten. Ließ die Zündung der amerikanischen Atombombe 1945 die Amerikaner noch hoffen, die eigenen Interessen kompromisslos durchsetzen zu können, zeigte die sowjetische Führung unter Josef W. Stalin ebenso unerbittliche Härte, wenn sie für ihre eigenen Positionen eintrat. Die Zeiten des gemeinsamen Kampfes gegen den Hitler-Staat waren endgültig vorbei. Es bildeten sich nunmehr zwei unversöhnliche Lager heraus, und die Eskalation entwickelte sich unter der Bezeichnung „Kalter Krieg" zu einem globalen Ost-West-Konflikt.

Im Frühsommer 1948 sah die UdSSR offenbar ihren Einfluss auf gesamtdeutsche und europäische Angelegenheiten schwinden, sodass Stalin als „sichere Stütze der demokratischen Entwicklung" in der SBZ die Kasernierung von 10.000 Polizisten sowie 10.000 Grenzpolizisten in der Ostzone anordnete. Offiziell begründet wurde dieser Schritt damit, dass die Westmächte die Spaltung Deutschlands vorantrieben, sich die Lage an der Zonengrenze und in Berlin („Berlin-Blockade") verschärfe und organisierte Banden zu bekämpfen seien. Unabhängig von der Begründung bedeutete dies eine deutliche Abkehr von der in Potsdam beschlossenen Entmilitarisierung. Sie legte den Grundstein für den Aufbau von Streitkräften im Ostteil Deutschlands.

Noch im Laufe des Jahres 1948 entstanden in der Sowjetischen Besatzungszone sogenannte Volkspolizei-Bereitschaften mit jeweils 250 Mann. Der Personalbedarf für diese insgesamt 40 geplanten Bereitschaften sollte vorrangig durch Werbemaßnahmen und Versetzungen innerhalb der Polizei gedeckt werden. Die UdSSR stellte den deutschen Behörden zudem im Herbst 1948 rund 5.000 deutsche Kriegsgefangene als Grundstock für die künftigen Militärformationen zur Verfügung. Diese ehemaligen Wehrmachtangehörigen hatten sich zuvor in den sowjetischen Lagern aus unterschiedlichsten Gründen und nicht selten unter massivem Druck für einen Polizeidienst in der Sowjetischen Besatzungszone verpflichtet. Zu den Rückkehrern gehörten auch etwa 100 Offiziere und einige Generale, die in den Lagern politisch „umerzogen" und auf ihre Gesinnung überprüft worden waren.

Der sowjetische Diktator Josef W. Stalin, 1949

Der Ausbau der VP-Bereitschaften schritt in den folgenden Monaten rasch voran. Hinter der unverfänglichen Bezeichnung „Verwaltung für Schulung", die seit Sommer 1949 für die Führung der Bereitschaften innerhalb der Deutschen Verwaltung des Innern (DVdI) zuständig war, verbargen sich inzwischen 24 Infanterie-, 8 Artillerie- und 3 Panzerbereitschaften. Hinzu kamen Pionier- und Nachrichtenbereitschaften sowie mehrere Volkspolizeischulen. Die Volkspolizisten in den Bereitschaften erhielten Karabiner, Pistolen und Maschinengewehre. Dabei handelte es sich um Modelle aus sowjetischer Produktion sowie um Beutewaffen der Sowjetarmee.

Die Hauptaufgabe der Bereitschaften und Schulen war es, militärisches Fachpersonal auszubilden und dieses für den Aufbau künftiger ostdeutscher Streitkräfte zur Verfügung zu stellen. Die neuen „Militärkader" sollten allerdings „politisch sauber" und der „Arbeiterklasse" treu ergeben sein. Dafür hatte unter anderem der Befehl Nr. 2 des Präsidenten der Deutschen Verwaltung des Innern, Generalinspekteur der VP Kurt Fischer, vom 14. Januar 1949 zu sorgen, der als Teil des allgemeinen Stalinisierungsprozesses in der Sowjetischen Besatzungszone die erste große politische Säuberungswelle in den Polizeiformationen auslöste. Mehr als 3.000 Polizeiangehörige – vom Offizier bis zum Wachtmeister – entfernte man rigoros aus dem Polizeidienst, weil diese zuvor Kriegsgefangene der westlichen Alliierten gewesen waren, wegen Verwandtschaftsbeziehungen in die Westzonen oder einfach nur wegen allgemeiner „politischer Unzuverlässigkeit".

Nachdem die westdeutsche Währungsreform im Juni 1948 sowie die Einführung der neuen Währung in den westlichen Sektoren Berlins der Sowjetunion den Anlass zur Blockade der Zufahrtswege nach Berlin geboten hatten, und damit ein erster Höhepunkt des Kalten Krieges erreicht worden war, setzte sich nicht nur die Spaltung der einstigen Siegermächte, sondern auch Deutschlands weiter fort. Am 23. Mai 1949 trat das Grundgesetz der Bundesrepublik Deutschland in Kraft. Daraufhin erfolgte am 7. Oktober 1949 die Gründung des zweiten deutschen Staates, der Deutschen Demokratischen Republik (DDR). Damit war die staatsrechtliche Spaltung Deutschlands vollzogen.

Walter Ulbricht (re.) mit dem sowjetischen politischen Berater der SMAD, Wladimir S. Semjonow, 1949

Neben dem zum Präsidenten der DDR gewählten Kommunisten Wilhelm Pieck hielt vor allem Walter Ulbricht als stellvertretender Ministerpräsident sowie seit 1950 als Generalsekretär (ab 1953 Erster Sekretär) des Zentralkomitees der SED die Macht in den Händen. Die stalinistische SED-Führung hatte zu diesem Zeitpunkt ihre eigene Partei, die Verwaltungsstrukturen, die Massenorganisationen sowie auch Teile des Wirtschaftssystems weitgehend unter ihre Kontrolle gebracht. Dennoch bestimmte die Sowjetunion weiterhin die wesentlichen Züge der Politik der DDR, wobei Fragen der Sicherheits- und Militärpolitik einen zentralen Platz einnahmen. Zudem blieben hunderttausende sowjetische Soldaten in Ostdeutschland stationiert. Neueste Waffensysteme machten die sowjetischen Streitkräfte in der DDR zu einer außerordentlich kampfstarken und respekteinflößenden militärischen Gruppierung im Herzen Europas.

Als die DDR entstand, kam es folgerichtig zu weiteren Veränderungen im Bereich der inneren Sicherheit. So führte anfangs das neu geschaffene Ministerium des Innern (MdI) zentral alle bewaffneten Kräfte. Aus den Polizeistrukturen entstand wenig später der Geheimpolizeiapparat des Ministeriums für

DIE VORGESCHICHTE (1945–1955)

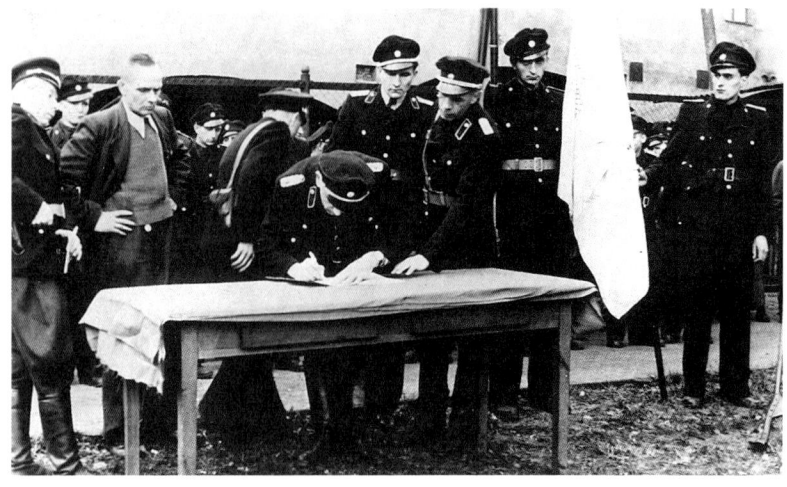

Waffenübergabe an HVA-Angehörige in Zwickau, 1948

Staatssicherheit (MfS). Im MdI setzte sich dagegen unter der Bezeichnung „Hauptverwaltung für Ausbildung" (HVA) der bereits begonnene organisatorische und strukturelle Aufbau der Schulen und Formationen der kasernierten Polizeibereitschaften fort. Zugleich trennte man schließlich Schutz- und Grenzpolizei voneinander. Wenige Artilleriewaffen und Panzer kamen Anfang 1950 zu Ausbildungszwecken in die Verbände der HVA. Darunter befanden sich unter anderem 36 Panzerabwehrkanonen, knapp 100 Feldhaubitzen und etwa 40 Kanonen aus deutscher und sowjetischer Produktion sowie 19 mittlere Panzer T-34/76, 19 Selbstfahrlafetten (SFL) und mehrere leichte Panzerwagen BA-64. Unter größter Geheimhaltung erhielten ausgewählte „Kader" der HVA eine militärische Ausbildung in der UdSSR. Nach ihrer Rückkehr bildeten diese Offiziere den Kern der neuen militärischen Führungsschicht in Ostdeutschland.

Schrittweise gestaltete die Führung der HVA unter ihrem Leiter, Generalinspekteur der VP Heinz Hoffmann, die Truppe zu einsatzfähigen militärischen Verbänden um. Im Herbst 1950 fand in diesem Sinne eine Reorganisation der HVA statt, in deren Folge die VP-Bereitschaften eine Regimentsstruktur nach dem Vorbild der Sowjetarmee erhielten. So entstanden aus den bisher nach

Angehörige der kasernierte VP-Bereitschaften marschieren am 1. Mai 1949

Das „Erich-Weinert-Ensemble" der HVA gastiert in Brandenburg/Havel, 1950

Waffengattungen aufgestellten Bereitschaften 24 gemischte Formationen mit einer Sollstärke von je 1.800 Mann. Auch die VP-Schulen erfuhren eine Reorganisation. Als höchste Ausbildungsstätte der HVA galt die Höhere Schule für Offiziere in Kochstedt. Es entstanden zudem ein HVA-Krankenhaus in Leipzig, ein Erholungsheim in Heringsdorf und ein nach dem Dichter Erich Weinert benanntes Kulturensembles in Berlin-Biesdorf.

Standorte von VP-Bereitschaften und -Schulen der HVA, 1951
VP-Bereitschaften (VPB): Burg, Eggesin, Erfurt, Frankenberg, Gera, Gotha, Großenhain, Halle, Hohenstücken, Kochstedt, Leipzig, Löbau, Meiningen, Mühlhausen, Prenzlau, Prora, Quedlinburg, Rostock, Schwerin, Torgau, Weißenfels, Zeithain, Zittau.
VP-Schulen (VPS): Appollensdorf, Berlin-Biesdorf, Berlin-Treptow, Doberlug, Döbeln, Erfurt, Glöwen, Klietz, Kochstedt, Naumburg, Pinnow, Pirna, Potsdam, Priemerwald, Treuenbrietzen, Weimar.

Der Entwicklung der Landtruppen zeitlich etwas nachgeordnet entstanden 1950 die Keimzellen für die beiden anderen Teilstreitkräfte. Mitte Juni 1950 war nach einer längeren Vorbereitungsphase die Hauptverwaltung für Seepolizei (HVS) im Ost-Berliner Ministerium des Innern gebildet worden, um mit der Ausbildung militärischer Kader der künftigen Seestreitkräfte beginnen zu können. Hunderte Freiwillige, darunter ehemalige Angehörige der Kriegsmarine, meldeten sich zum Dienst in der Seepolizei, und bereits am 5. August 1950 nahm die Seepolizeischule in Parow den Lehrbetrieb auf. Ende 1951 verfügte die Seepolizei über fünf Räumboote Typ „218", sechs Küstenschutzboote sowie weitere Marinefahrzeuge, die von der Besatzungsmacht zur Verfügung gestellt beziehungsweise auf der Ost-Berliner Yachtwerft neu gebaut worden waren.

Am 31. Oktober 1950 nahm die Dienststelle „HVA/Referat zur besonderen Verwendung Luft" in Berlin-Adlershof (ab Januar 1951 in Berlin-Johannisthal) ihre Arbeit auf. Aus ihr ging die Hauptverwaltung Luftpolizei (HVL) als Nukleus künftiger Luftstreitkräfte hervor. Als Standorte waren Cottbus, Drewitz, Bautzen und Kamenz vorgesehen. Bis etwa Mitte 1952 gelang es, erste Piloten und fliegertechnisches Personal auszubilden. Im Bestand der „Luftpolizei" be-

Polizeiangehörige nehmen an einer Demonstration in Dresden teil, 1952.

DDR-Plakat gegen den Koreakrieg 1950–1953

fanden sich sowjetische kolbenmotorgetriebene Flugzeuge vom Typ Jak-18, Jak-11 und La-9.

Die Ausbildung der Offiziere fand an den VP-Schulen statt, die der Unterführer und Soldaten in den Bereitschaften. Dies geschah etappenweise, wobei aufgrund der allgemein schlechten materiellen Bedingungen oft große Abstriche hingenommen werden mussten. Von Anfang an begleitete die politische Erziehung im Rahmen der „Polit-Kultur"-Arbeit und der SED-Parteiorganisationen die fachliche Ausbildung. Vor dem Hintergrund mangelnder Disziplin und Ordnung sowie schlechter Dienst- und Lebensbedingungen erhielt die politisch-ideologische Arbeit in den Einheiten wachsenden Stellenwert.

Der Ausbruch des Koreakrieges 1950 veränderte den Ost-West-Konflikt erheblich. So kündigte Josef Stalin den Parteichefs und Verteidigungsministern der europäischen „Volksdemokratien" bei einem Geheimtreffen im Januar 1951 an, groß angelegte militärische Gegenmaßnahmen zu treffen. In völliger Übereinstimmung mit Stalin sah auch die SED Korea als Schauplatz an, an dem die USA und das 1949 gegründete nordatlantische Bündnis westlicher Staaten, die NATO, Angriffsvorhaben gegen den Osten erprobten. Tatsächlich zeichnete sich im Westen mit den 1951 intensiv betriebenen Verhandlungen um eine Europäische Verteidigungsgemeinschaft (EVG) immer stärker ab, dass es zu einer Einbeziehung der Bundesrepublik in ein westeuropäisches politisches und militärisches Bündnis kommen würde. Die DDR sollte vor diesem Hintergrund nicht nur politisch und wirtschaftlich, sondern auch militärisch das erste „Bollwerk" des Ostblocks an der Grenze zum „Imperialismus" bilden.

Gesamtpersonalstärke (Ist-Stärke) der HVA, HVS und HVL, 1949 bis 1951				
Zeitpunkt	HVA (VP-Schulen und VP-Bereitschaften)	HVS	HVL	Gesamt
Ende 1949	35.305	–	–	35.305
Ende 1950	48.643	2.071	26	50.740
Ende 1951	52.006	2.558	121	54.685

„Nationale Streitkräfte" im sowjetischen Auftrag – Die Kasernierte Volkspolizei

Am 31. März 1952 reisten mit DDR-Staatspräsident Wilhelm Pieck, SED-Generalsekretär Walter Ulbricht und Ministerpräsident Otto Grotewohl die drei einflussreichsten Männer der ostdeutschen Partei-und Staatsführung erstmals gemeinsam zum „Großen Bruder" nach Moskau. Eine der vorrangigsten Fragen betraf die Schaffung nationaler Streitkräfte. Die Sowjetführung sollte entscheiden, ob vor dem Hintergrund der Wiederaufrüstung im Westen nunmehr – wie von der SED gewünscht – der Zeitpunkt gekommen sei, eine reguläre „Nationalarmee" in der DDR aufzubauen. Tatsächlich fand der sowjetische Staats- und Parteichef Stalin deutliche Worte: „Volksarmee schaffen – ohne Geschrei. Pazifistische Periode ist vorbei!"

Nunmehr setzten rasch umfangreiche politische, ideologische, ökonomische und militärische Aktivitäten ein. So verkündete die SED-Führung im Juli 1952 den „Aufbau des Sozialismus" und die Schaffung „Nationaler Streitkräfte". Wilhelm Pieck begründete diesen Schritt auf der 2. Parteikonferenz der SED mit einer vom Westen ausgehenden Kriegsgefahr: „Die Schaffung nationaler Streitkräfte der Deutschen Demokratischen Republik bedeutet durchaus nicht, dass wir gegen Irgendjemand zu Felde ziehen müssen. [...] Wenn aber die Imperialisten den dritten Weltkrieg entfesseln, so muss und wird dieser Krieg zum Grab nicht nur einzelner westeuropäischer kapitalistischer Staaten, sondern des Weltimperialismus werden."

Bereits kurz zuvor hatte der Minister des Innern, Willi Stoph, die Bildung einer „Kasernierten Volkspolizei" (KVP) aus den bestehenden militärischen Formationen der HVA befohlen. Die Kadereinheiten weiterer Dienstzweige der Volkspolizei wurden umbenannt beziehungsweise umformiert zur Volkspolizei-See (VP-See) und Volkspolizei-Luft (VP-Luft).

Eine Delegation der Seepolizei begrüßt die Teilnehmer des III. Parteitages der SED, 1951.

Die 2. Parteikonferenz der SED in Ost-Berlin beschließt den „Aufbau des Sozialismus" in der DDR, Juli 1952.

Zweisitziges Panzerauto BA-64

Angehörige der Teilstreitkräfte der KVP (Land, Luft, See)

„Jungarbeiter" eines Betriebes sind in die KVP eingetreten, 1952.

Wie schon bei der HVA bildete das sowjetische Streitkräftemodell die Grundlage für den KVP-Aufbau. Aus den VP-Bereitschaften der HVA entstanden Infanterie- und mechanisierte Divisionen, deren Sollstärke jeweils bei über 10.000 Mann lag. Die Tarnung als „Polizei" hatte man freilich beibehalten. Eine Infanteriedivision („A-Bereitschaft") sollte über drei Infanterieregimenter („A-Kommandos"), ein Artillerieregiment („B-Kommando"), ein Panzer- und SFL-Regiment („C-Kommando"), eine größere Zahl selbständiger Abteilungen, Kompanien und Züge verschiedener Waffengattungen und Spezialtruppen sowie über logistische Einrichtungen verfügen. Zur Führung dieser Verbände entstanden sogenannte Territorialverwaltungen, die im strukturellen Aufbau sowjetischen Armeekorps entsprachen.

Die teilweise utopischen Planungen sahen vor, in der „kleinen" DDR eine 300.000-Mann-Armee mit Panzern, Strahlflugzeugen und U-Booten entstehen zu lassen. Immerhin gelang es der SED-Führung und den ostdeutschen Militärs in relativ kurzer Zeit, Verbände der Landstreitkräfte, Küstensicherungskräfte und erste Einheiten der Luftstreitkräfte aufzustellen, die bis Ende 1952 eine Gesamtstärke von über 90.000 Soldaten erreichten. Gegen Bezahlung lieferte die Sowjetunion innerhalb weniger Monate fast 700 Panzer, Sturmartilleriefahrzeuge und Schützenpanzerwagen. Im Bestand der ostdeutschen Marine befanden sich zum gleichen Zeitpunkt bereits 69 Boote, darunter Minenleg- und Räumboote. Die VP-Luft schulte ihre Piloten zunächst mit dem propellergetriebenen Schulflugzeug Jak-18 und anschließend auf dem Übungsjäger Jak-11, von denen die Lufteinheiten 1953 jeweils 35 Stück erhielten. Trotz weiterer Zuführung sowjetischer Waffen und Technik blieb jedoch die Ausrüstung der KVP in vielen Bereichen unbefriedigend.

Der Personalbestand der militärischen Einheiten wuchs rasant an. Nach wie vor galt allerdings das Freiwilligenprinzip. Da der Militärdienst in der KVP für viele Jugendliche nicht sonderlich attraktiv war, sollten umfangreiche Werbekampagnen und Versprechungen sowie ein verstärkter politischer Druck helfen, die geforderten Sollzahlen zu erreichen. Im Oktober 1952 bekamen alle Angehörigen der kasernierten Verbände militärische Dienstgrade und Rangabzeichen verliehen.

In der KVP, der VP-See und der VP-Luft erhielten die Rekruten eine rein militärische Ausbildung, zunehmend nach sowjetischen Vorschriften und unter der Kontrolle der sowjetischen Berater. In den Landeinheiten ging es vor allem um eine infanteristische Grundausbildung. KVP-Angehörige sollten im

Exerzierausbildung in der KVP

Rahmen der Kompanie, des Bataillons oder des Regiments einfache Gefechtshandlungen durchführen können. Themen wie „Der Infanteriezug im Angriff" und „Der Panzerzug im Angriff" machten deutlich, dass der Angriff entsprechend den sowjetischen Vorgaben als Hauptgefechtsart angesehen wurde.

Besonderes Augenmerk richtete die SED weiterhin auf die Auswahl, Ausbildung und Qualifizierung der Offiziere, da es zu den wichtigsten Aufgaben der KVP gehörte, ein politisch zuverlässiges und fachlich zunehmend qualifiziertes Führungskorps zu schaffen. Insofern führte die KVP die Funktion der HVA als „Kaderschmiede" weiter. Immerhin gelang es der SED, dass Mitte der 1950er-Jahre drei Viertel aller KVP-Offiziere aus der „Arbeiterklasse" stammten und der Partei angehörten. Zwei Drittel von ihnen hatten Offizierschulen besucht, nur wenige verfügten jedoch über eine militärische Hochschulqualifizierung.

Charakteristisch für das KVP-Offizierkorps war seine ausgeprägte Heterogenität. Die Masse der militärischen Führungsschicht bildeten sehr junge Offiziere der Dienstgrade Unterleutnant bis Hauptmann. 1952/53 waren knapp 80 Prozent der Offiziere zwischen 18 und 26 Jahre alt, und nur 3,2 Prozent waren älter als 40. Die Angehörigen des *unteren* Offizierkorps dienten zumeist erst kurze Zeit in der KVP. Ihr Bildungsniveau war niedrig, ihre bisher erworbenen militärischen Kenntnisse gering. Nur etwa zehn Prozent der KVP-Offiziere besaßen die mittlere Reife oder das Abitur. Der von der Partei vorgegebene hohe theoretische Anspruch vom „Offizier neuen Typs" kollidierte daher in der Praxis häufig mit dem eigenen Unvermögen und mit den vielfältigen

Offizier der KVP im Dienstanzug (Mütze, Rock, Stiefelhose Blau, Stiefel, Handschuhe, Koppel mit Schulterriemen), Ende 1952

Soziale Zusammensetzung des Personalbestandes der KVP (einschließlich VP-See und VP-Luft), Ende 1952						
Soziale Lage vor Eintritt in die VP	Offiziere	Unteroffiziere	Mannschaften	Kursanten	Zivilangestellte	Gesamt
Industrie- und Landarbeiter	14.429	14.490	45.971	5.001	2.456	82.347
Bauern	156	367	780	82	63	1.448
Angestellte	1.916	1.283	2.388	419	535	6.541
Selbständige Handwerker	176	180	673	17	121	1.167
Schüler	361	562	1.516	229	11	2.679
Berufssoldaten	105	13	13	1	3	135
Freie Berufe	205	322	521	88	12	1.148
Gesamt	17.348	17.217	51.862	5.836	3.201	95.464

DIE VORGESCHICHTE (1945–1955)

Eine Formation der KVP marschiert auf dem Ost-Berliner Marx-Engels-Platz, 1. Mai 1953.

Der Chef der KVP, Generalleutnant Heinz Hoffmann

Der Chef des Stabes der KVP, Generalleutnant Vincenz Müller

DIE VORGESCHICHTE (1945–1955)

Bekanntmachung der DDR-Regierung, 17. Juni 1953

Widrigkeiten des Truppenalltags. Insbesondere die Aufgaben in der Erziehung und Menschenführung kamen dabei zu kurz.

Zum *mittleren* Offizierkorps gehörten die Regimentskommandeure sowie leitende Offiziere im Stab der KVP, in den Divisions- und anderen höheren Stäben sowie das Lehrpersonal an den Schulen und Lehranstalten. Auffällig war auch hier das niedrige Alter, in dem diese Offiziere verantwortliche Dienststellungen einnahmen. Das durchschnittliche Alter der Regimentskommandeure betrug 36 Jahre, das der Stellvertreter etwa 33 Jahre, und das der Bataillonskommandeure lag bei 29 Jahren.

Die Spitzenfunktionen der KVP hatten in der Regel altgediente Kommunisten und jüngere Funktionäre der SED und ihrer Jugendorganisation Freie Deutsche Jugend (FDJ) inne. Dazu gehörten Generalleutnant Heinz Keßler als Chef der VP-Luft und Vizeadmiral Waldemar Verner als Chef der VP-See. Führende Dienststellungen wurden allerdings auch von ehemaligen Wehrmachtoffizieren und -unteroffizieren sowie einigen wenigen Wehrmachtgeneralen eingenommen. Sie bildeten jedoch nur veinen geringen Prozentsatz im KVP-Offizierkorps.

Auch die Grenzpolizei und die Grenzsicherung erhielten nach sowjetischem Vorbild nunmehr ein militärisches Profil. Bereits im Mai 1952 hatte die Regierung eine Verordnung erlassen, die die Einführung einer Sperrzone sowie eines Schutz- und Kontrollstreifens an der innerdeutschen Grenze vorschrieb. Zugleich begann an der Demarkationslinie der Ausbau von Befestigungen. Der Personalbestand der Grenzpolizei erhöhte sich um 8.000 Mann. Begleitet wurde der Aufbau von Streitkräften und Grenzpolizei durch die Schaffung von Wehrorganisationen für die Jugend. Es entstanden 1952 die „Gesellschaft für Sport und Technik" (GST) und zeitweise der sogenannte Dienst für Deutschland. Damit begann die schrittweise Militarisierung des gesellschaftlichen Lebens in der DDR.

Schwierig war der Aufbau einer eigenständigen Rüstungsindustrie in Ostdeutschland. Die ausgeprägte Demontagepolitik der Sowjetunion hatte dazu geführt, dass größere Munitionsbetriebe, die Flugzeugindustrie und auch Betriebe für den Fahrzeugbau praktisch nicht mehr existierten. Außerdem bestanden anfangs sowjetische Vorbehalte gegen den Aufbau ostdeutscher Rüstungskapazitäten. Nachdem es jedoch bereits Ende 1951 zu ersten Absprachen zwischen der UdSSR und der DDR im Bereich der militärischen Ausrüstung und Rüstung gekommen war, erhielt die ostdeutsche Führung wenige Monate später zwar die Erlaubnis, die „nötige Bewaffnung", das hieß unter anderem Maschinengewehre, Gewehre, Revolver und Patronen, selbst herzustellen. Praktisch wirksam wurde dies aufgrund fehlender Voraussetzungen aber erst ab Mitte des Jahrzehnts. Die begrenzte Rüstungsindustrie sollte künftig zudem den Bau kleinerer Kriegsschiffe, der bereits seit Anfang der 1950er-Jahre forciert wurde, den Flugzeugbau sowie die Schaffung von Reparatur- und Instandsetzungskapazitäten umfassen.

Die vor allem seit Beginn des Jahres 1952 verstärkten militärischen, wehrideologischen und rüstungswirtschaftlichen Maßnahmen belasteten den Staatshaushalt und damit die gesamte Ökonomie der DDR. Der Anteil der Militärausgaben, der 1951 noch rund 639 Millionen Mark umfasste, verdoppelte sich 1952 auf fast 1,2 Milliarden Mark. Auch wenn manche der ursprünglichen Ziele letztlich nicht umgesetzt wurden, waren die Folgen für die ostdeutsche Wirtschaft und andere gesellschaftliche Bereiche fatal. So zogen der militärische Aufbau sowie die Rüstungseinkäufe in der Sowjetunion Sparprogramme im Konsumgüterbereich nach sich. Zusammen mit anderen politischen und wirtschaftlichen Maßnahmen des SED-Regimes führte dies zu einer tiefen Wirtschafts- und Versorgungskrise, deren Auswirkungen die Bevölkerung bis zum Sommer 1953 immer mehr zu spüren bekam.

Am 17. Juni 1953 gingen hunderttausende Menschen in Ost-Berlin und vielen Städten der DDR auf die Straße, um gegen die Politik der SED zu demonstrieren. Der Polizei und der Staatssicherheit gelang es nicht, diese Massenproteste zu unterbinden. In den Mittagsstunden des 17. Juni griff daher die sowjetische Besatzungsmacht ein. Sie verkündete den Ausnahmezustand und ging mit Panzern und Truppen gegen die Demonstranten vor. Mindestens 55 Menschen starben.

Die militärischen Formationen der KVP kamen anfangs kaum zum Einsatz. Neben Organisations- und Führungsproblemen fürchteten die DDR-Oberen, dass sich die KVP auf die Seite der protestierenden Bevölkerung schlagen könnte. Letzteres erwies sich jedoch als weitgehend unbegründet. Nur wenige Soldaten weigerten sich, gegen Demonstranten vorzugehen. Ab dem 18. Juni traten die KVP-Einheiten stärker in den Vordergrund. Dazu erhielten sie auch einen klaren Schießbefehl. Insgesamt funktionierte die KVP als bewaffnetes Machtinstrument der SED, wobei jedoch zahlreiche Mängel und Probleme zu Tage traten, die in der Folge zu bedeutenden Veränderungen sowohl in der KVP selbst als auch im gesamten Sicherheitsapparat der DDR führten.

Einsatz sowjetischer Panzer T-34 gegen Demonstranten in Ost-Berlin, 17. Juni 1953

DIE VORGESCHICHTE (1945–1955)

Unter Führung der SED – Auf dem Weg zu einer sozialistischen Bündnisarmee

KVP-Chef Generalleutnant Heinz Hoffmann beglückwünscht Offiziere, 1953.

Nach dem Volksaufstand vom Juni 1953 konzentrierte sich die DDR darauf, Stäbe und Truppen weiter auszubauen. Die KVP sollte alsbald den Übergang zu einer regulären Volksarmee vollziehen. Die Jahre 1953 bis 1955/56 markieren dabei eine wichtige Etappe.

Zuerst musste die SED-Führung auf Weisung Moskaus jedoch einige Auswüchse des militärischen Aufbauprozesses und der Militarisierung der DDR-Gesellschaft revidieren und korrigieren, die mit zum Auslöser des 17. Juni 1953 geworden waren. Für hochfliegende Pläne wie beispielsweise den Aufbau einer U-Boot-Flotte kam das Aus. Die Personalstärke der KVP wurde vorerst auf rund 100.000 Mann beschränkt, wozu eine kadermäßige „Reinigung" beitrug.

Eine Reorganisation der Strukturen sollte die bisherige Führung des ostdeutschen Militärs effektiver machen. So stellte man die bis dahin noch relativ eigenständigen Teilstreitkräfte KVP-Land, VP-See und VP-Luft (ab September 1953 „Verwaltung der Aeroklubs") unter die zentrale Leitung des Stellvertreters des Ministers des Innern und Chefs der KVP, Generalleutnant Heinz Hoffmann. Darüber hinaus wechselte die Militärführung – eine „Lehre" aus den Ereignissen vom Juni 1953 aufgreifend – ihren Dienstsitz und zog von Ost-Berlin ins brandenburgische Strausberg. Die Verwaltungen der VP-See und der Aeroklubs wurden in Rostock bzw. in Cottbus sesshaft. Zugleich begann die SED, die Grundlagen eines umfassenderen inneren Sicherheitssystems gegen die eigene Bevölkerung zu schaffen. In diesem Zusammenhang entstanden ab 1953 die „Kampfgruppen der Arbeiterklasse" als eine Art bewaffneter Miliz der Partei sowie „Innere Truppen" der Polizei. Auf höchster politischer Ebene nahm zudem eine geheime Sicherheitskommission beim Politbüro des ZK der SED ihre Tätigkeit auf.

Der Blick der führenden Parteifunktionäre richtete sich allerdings auch auf die sich abzeichnenden Veränderungen in der internationalen Lage. Insbesondere die „Wiederaufrüstung" in der Bundesrepublik nutzte die SED-Propaganda, um ein Feindbild zu schaffen. Die Bundesrepublik galt als militaristischer Staat und das westliche Bündnissystem als eine Bedrohung des Friedens und der europäischen Völker. Ehemalige Nazigenerale würden, so hieß es, die Grundlagen für die westdeutsche Armee erarbeiten. Offiziell gestand die kommunistische Politik weder den westlichen Staaten noch der NATO Friedfertigkeit und Friedensfähigkeit zu.

„Wenn die Formierung der westdeutschen Söldnerarmee erfolgen sollte, so werden wir selbstverständlich gezwungen sein, vor der Arbeiterklasse und der werktätigen Bauernschaft der Deutschen Demokratischen Republik die Frage des Schutzes unserer Republik zu stellen", so hatte Walter Ulbricht auf dem IV. Parteitag der SED im März 1954 deutlich gemacht. Andererseits hatte die SED-Führung ein ausgeprägtes Interesse daran, eine reguläre Armee zu schaffen, denn dies galt für sie als ein Ausdruck der „vollen" Souveränität der DDR und als eine wichtige Voraussetzung für die aktive Teilnahme der DDR an einer sich abzeichnenden militärischen Koalition im Osten.

Ausbildung an der Waffe (IMG DP), 1954

Am 9. Mai 1955 – knapp ein Jahr nach dem Scheitern des EVG-Projektes – trat die Bundesrepublik schließlich als 15. Mitglied der NATO bei. Wenige Tage später gründete die Sowjetunion, am 14. Mai 1955, die Warschauer Vertragsorganisation, im Westen zumeist als Warschauer Pakt bezeichnet. Die DDR gehörte gemeinsam mit Polen, der Tschechoslowakei, Bulgarien, Ungarn, Rumänien und Albanien zu den Erstunterzeichnern des in Warschau abgeschlossenen „Vertrages über Freundschaft, Zusammenarbeit und gegenseitigen Beistand". Als Führungsorgane des Pakts entstanden unter anderem ein Vereintes Kommando der Streitkräfte sowie ein Politischer Beratender Ausschuss, in dem alle grundlegenden Fragen des Bündnisses unter der sowjetischen Oberhoheit erörtert werden sollten.

Auszug aus dem „Vertrag über Freundschaft, Zusammenarbeit und gegenseitigen Beistand" („Warschauer Vertrag"), 14. Mai 1955
„Im Falle eines bewaffneten Überfalls in Europa auf einen oder mehrere Teilnehmerstaaten des Vertrages seitens irgendeines Staates oder einer Gruppe von Staaten wird jeder Teilnehmerstaat des Vertrages in Verwirklichung des Rechtes auf individuelle oder kollektive Selbstverteidigung in Überstimmung mit Artikel 51 der Satzung der Organisation der Vereinten Nationen dem Staat oder den Staaten, die einem solchen Überfall ausgesetzt sind, sofortigen Beistand individuell und in Vereinbarung mit den anderen Teilnehmerstaaten des Vertrages mit allen Mit-

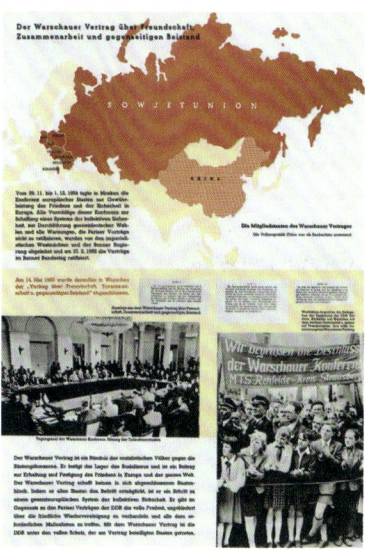

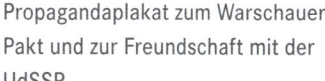

Propagandaplakat zum Warschauer Pakt und zur Freundschaft mit der UdSSR

Kommandeure und Politoffiziere bei einem Treffen mit dem Chef der Politischen Verwaltung der KVP, Generalmajor Rudolf Dölling (Mitte), 1955

teln, die ihnen erforderlich erscheinen, einschließlich der Anwendung von militärischer Gewalt erweisen."

Quelle: Die NVA in der sozialistischen Verteidigungskoalition.
Auswahl von Dokumenten und Materialien 1955/1956 bis 1981, Berlin (Ost) 1982, S. 10.

Da die DDR zum Zeitpunkt der Gründung der Warschauer Vertragsorganisation offiziell weder über Streitkräfte noch über einen Verteidigungsminister verfügte, blieb sie vorerst noch von den militärischen Festlegungen ausgeschlossen.

Daher setzte man wichtige verfassungsmäßige und gesetzgeberische Maßnahmen um, die die Grundlage einer künftigen Wehrverfassung in der DDR legten und die Umgestaltung der KVP zur Basis künftiger ostdeutscher Koalitionsstreitkräfte einleiteten. Bereits im März 1954 hatte die UdSSR angekündigt, den SED-Staat formal in die Souveränität zu entlassen. Im September 1955 wurde dies in einem Staatsvertrag festgeschrieben. Mit diesem Vertrag erteilte die östliche Siegermacht des Zweiten Weltkrieges den Ostdeutschen quasi die völkerrechtliche Erlaubnis, offiziell Streitkräfte aufzubauen. An der generellen Fremdbestimmung der DDR-Außen-, Sicherheits- und Militärpolitik durch die UdSSR änderte sich hingegen kaum etwas. So blieben weiterhin sowjetische Truppen in der DDR stationiert, die seit März 1954 die Bezeichnung „Gruppe der Sowjetischen Streitkräfte in Deutschland (GSSD)" trugen.

Von erheblicher staatsrechtlicher Bedeutung waren zwei Verfassungsänderungen, die die DDR-Volkskammer Ende September 1955 beschloss. Zum einen wurde der „Dienst zum Schutze des Vaterlandes und der Errungenschaften der Werktätigen" zur „ehrenvollen nationalen Pflicht" der Bürger erklärt, und zum anderen erteilte das Parlament das Recht „zur Gesetzgebung über den militärischen Schutz der Heimat und den Schutz der Zivilbevölkerung".

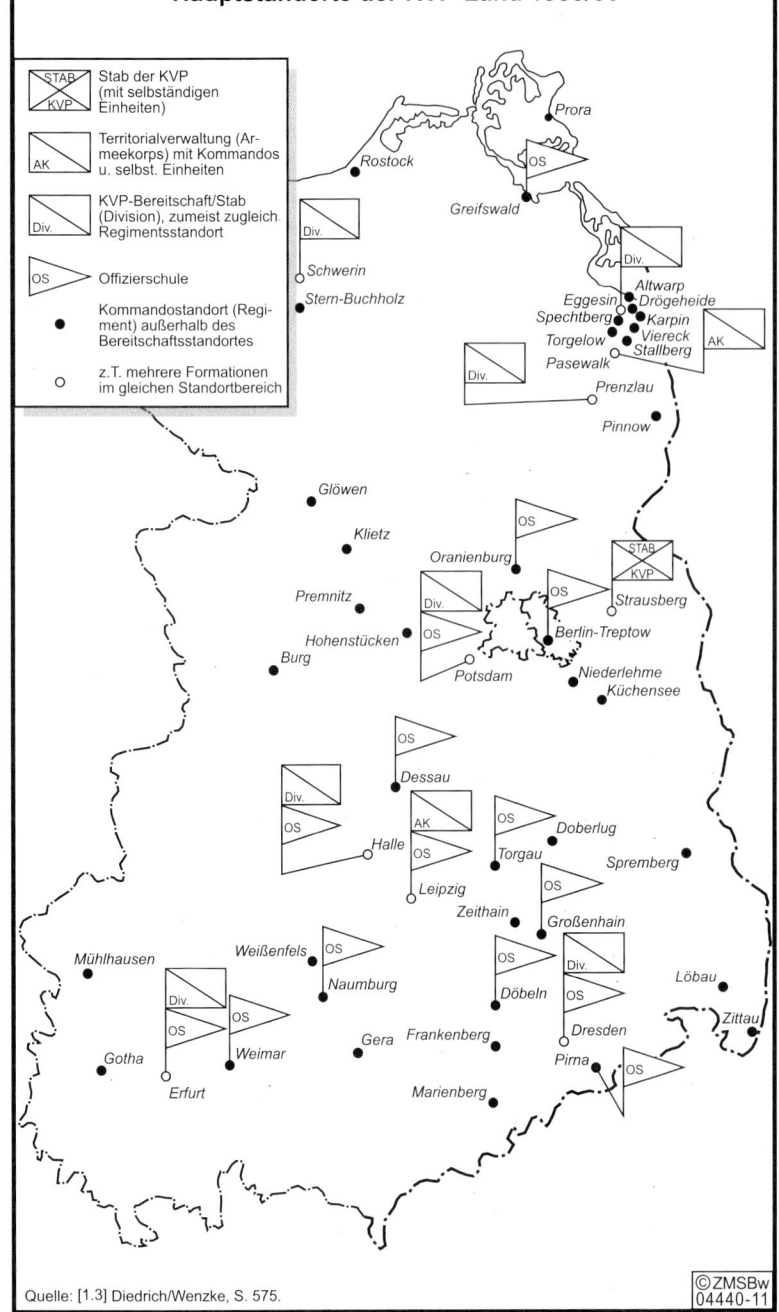

KVP-Standorte in der DDR, 1955/56

Das besondere Augenmerk der SED-Führung und der Sowjets galt jedoch der politisch-ideologischen Festigung der KVP-Angehörigen und dem weiteren militärischen Ausbau der getarnten Streitkräfte. Bis Ende 1950 war es bereits im Wesentlichen gelungen, die SED als „führende Kraft" in allen drei „Teilstreitkräften" des entstehenden ostdeutschen Militärs zu etablieren. Jetzt musste in dem für die Machterhaltung der Kommunisten so wichtigen Bereich der bewaffneten Organe die „führende Rolle" der Partei unbedingt verstärkt und ausgebaut werden. Diese Aufgabe übertrug man den Politorganen, die auf der Basis des bisherigen Polit-Kultur-Apparats der HVA entstanden, sowie den SED-Parteiorganisationen. 1954 standen über 3.800 Politoffiziere und tausende Parteifunktionäre in Uniform bereit, um die KVP-Angehörigen – vom General bis zum Mannschaftsoldaten – politisch im Sinne der SED-Politik zu erziehen. Der KVP-Politapparat diente darüber hinaus als Teil des politischen Kontroll- und Überwachungssystems der Partei sowie als allgemeiner Träger der kulturellen Betreuung des KVP-Personals. Die SED hatte als einzige ostdeutsche Partei in fast jeder Kompanie ein recht engmaschiges Netz über die KVP gezogen. Mehr als zwei Drittel aller Offiziere waren in der Partei organisiert.

Zudem richtete die Parteiführung 1951/52 die eigenständige Hauptabteilung (HA I) des Ministeriums für Staatssicherheit ein, mit der man die KVP kontrollierte und überwachte und darüber hinaus die Soldaten disziplinierte. Die Hauptabteilung baute hierfür in der KVP-Struktur einen Apparat von hauptamtlichen und inoffiziellen Mitarbeitern auf.

Ein weiteres wesentliches Element, das den Charakter des DDR-Militärs prägte, war die sowjetische Beratertätigkeit. Die Erfahrungen der Sowjetstreitkräfte und der sowjetischen Kommunisten galten als absolutes Vorbild für den Armeeaufbau sowie als Synonym einer fortschrittlichen Truppenführung. Berater waren seit 1948/49 tätig. Diese Offiziere, im allgemeinen Sprachgebrauch auch als „Sowjetniks" oder „Freunde" bezeichnet, verrichteten ihre Arbeit unter der gewissermaßen immunisierenden Losung „Von der Sowjetarmee lernen, heißt siegen lernen". Im Sommer 1953 gab es im militärischen Dienstbereich des DDR-Innenministeriums rund 450 Planstellen für sowjetische Berater.

Oben: Eine DDR-Delegation trifft zur Unterzeichnung des Warschauer Vertrages in der polnischen Hauptstadt ein (2.v.l.: Walter Ulbricht; 3. v.l.: Otto Grotewohl, dahinter in KVP-Uniform Generalleutnant Heinz Hoffmann), Mai 1955.

Oben links: Walter Ulbricht (2. v.r.) besucht die KVP-Hochschule in Dresden, 1954.

Die SED in der KVP, 1953 bis 1955			
	1953	1954	1955
Mitglieder	9.941	17.721	24.416
Kandidaten	4.800	8.313	7.830
Insgesamt	14.741	26.034	32.246

Ausbildung an der Panzerabwehrkanone 57-mm, Modell 1943, 1955

DIE VORGESCHICHTE (1945–1955)

Schulflugzeuge vom Typ Jak-18 (hier ein späteres Foto)

Ein Küstenschutzboot der Grenzpolizei, 1955

Nicht zuletzt dank der „Freunde" sollte sich die KVP im Laufe des Jahres zu einer „schlagkräftigen, kampfstarken und von hohem Bewusstsein erfüllten Kaderarmee" entwickeln. Mit Wirkung vom 7. Oktober 1955 wurde Willi Stoph zum Generaloberst ernannt. Der ehemalige Innenminister war bereits im Frühjahr 1955 in die neu geschaffene Funktion des Stellvertreters des Ministerpräsidenten für Verteidigungsfragen eingesetzt worden. Einige leitende Generale und Offiziere schickte die SED zu einem zweijährigen militärakademischen Studium in die UdSSR.

Strukturell entstanden in der KVP-Land nunmehr zwei Territorialverwaltungen, die nach sowjetischem Muster als Basis für spätere Militärbezirke dienen sollten. Bei der Bewaffnung und Ausrüstung zeigten sich in den Waffengattungen und Diensten noch erhebliche Unterschiede. Immerhin standen etwa 1.000 Panzer, 300 Schützenpanzerwagen, fast 11.000 Lastkraftwagen, knapp 300 Panzerabwehrkanonen, 700 Granatwerfer, 330 Kanonen, 250 Haubitzen in den Kasernen.

In den KVP-Aeroklubs ging es vor allem darum, die Fliegerkräfte in der Gefechtsausbildung zum operativ-taktischen Zusammenwirken mit den Land- und Seestreitkräften zu befähigen. Der Flugzeugbestand der drei Aeroklubs Cottbus, Drewitz und Bautzen belief sich 1955 auf insgesamt 34 Jak-18, 99 Jak-11, zwei An-2, fünf Z-126 Trainer und zwei M-1 Sokol.

Die VP-See war mittlerweile fähig, die Seegrenze der DDR ansatzweise zu schützen und Minen zu räumen. Allerdings blieb ihre Einsatzfähigkeit aufgrund von Personal- und Materialmangel insgesamt gering. Die Stützpunkte befanden sich noch weitgehend östlich Rügens. 1954 begann der Bau der Flottenbasis Warnemünde. Die VP-See verfügte Mitte des Jahrzehnts unter anderem über 20 Küstenschutzboote, 10 Minenleg- und Räumboote, 24 Räumboote, 22 Schulboote sowie über Schul- und Hilfsfahrzeuge.

Ausbildung an einer Lehranstalt der VP-See, 1955

Um die Fähigkeiten der KVP-Land- und Luftstreitkräfte zu demonstrieren, veranstaltete man im Oktober 1955 eine zweiseitige Divisionsübung auf dem Truppenübungsplatz Nochten. Die KVP-Führung, aber auch die anwesenden Vertreter der SED- und Staatsführung wie Walter Ulbricht, Otto Grotewohl, Erich Honecker und Hermann Matern sowie die sowjetischen Militärs zeigten sich mit den Ergebnissen der Truppenübung zufrieden. Allen Beteiligten war klar, dass die Übung praktisch das „Gesellenstück" des ostdeutschen Militärs darstellte.

Ende 1955 dienten in den drei Teilstreitkräften (Land-, Luft- und Seestreitkräfte) der KVP über 100.000 Mann. Damit bildete bereits der militärische Vorläufer der regulären Armee an der Trennlinie der Blöcke in Europa ein durchaus beachtenswertes Militärpotential, vor allem wenn man bedenkt, dass der potentielle Gegner – die Bundesrepublik Deutschland – zu dieser Zeit erst mit dem Aufbau von Streitkräften begann.

Es schien nur noch eine Frage des richtigen taktischen Zeitpunkts zu sein, wann die DDR offiziell bekanntgab, dass sie eigene reguläre Streitkräfte aufstellte. Nach wie vor mussten jedoch alle wesentlichen Formalitäten und Termine mit der Sowjetunion abgestimmt werden. Ein erster Versuch Walter Ulbrichts vom Frühsommer 1955, die Aufstellung einer Volksarmee genehmigt zu bekommen, war noch gescheitert. Aus propagandistischen Gründen wollte man auf keinen Fall die ostdeutsche Armee vor der offiziellen Aufstellung der westdeutschen Bundeswehr aus der Taufe heben. Mitte Dezember 1955 war es dann soweit. Auf einem geheimen Treffen in Moskau erhielt die SED-Führung endlich grünes Licht. Unmittelbar danach, am 13. Januar 1956, hatte das SED-Politbüro einen entsprechenden Gesetzentwurf zur offiziellen Bildung einer Armee angenommen. Die Schaffung regulärer Streitkräfte in der DDR unter der Führung der SED war damit beschlossene Sache.

Oben: Winterausbildung mit dem T-34 in der KVP-Bereitschaft Dresden, 1954/55

Oben links: Während einer Übung. Die KVP-Offiziere tragen sowjetische Stahlhelme mit schwarz-rot-goldenem Emblem, 1955.

Propagandaplakat der DDR gegen den EVG-Vertrag, 1954/55

Personalstärken der KVP, 1952 bis 1955				
	KVP	VP-See	VP-Luft/ Aeroklubs	Gesamt
Ende 1952	90.250	5.904	4.954	101.108
Ende 1953	86.276	7.727	5.781	99.784
Ende 1955/Anfang 1956	104.208	8.904	8.200	121.312

DIE VORGESCHICHTE (1945–1955)

Militärparade der NVA in Ost-Berlin, 1. Mai 1968

Die Streitkräfte der DDR unter Ulbricht und Honecker (1956–1989)

Die Nationale Volksarmee bildete den Kern der DDR-Landesverteidigung. Ihr Hauptauftrag bestand darin, eingebunden in den Warschauer Pakt die „sozialistischen Errungenschaften" in der DDR zu verteidigen. Die NVA nahm im Herrschaftsgefüge des SED-Staates einen herausragenden Platz ein. Sie stand unter Führung der Partei und handelte nach deren Beschlüssen.

„Eine lebensnotwendige Aufgabe" – Die Gründung der NVA

Nachdem die SED-Führung alle politischen Formalitäten mit der Sowjetunion abgestimmt hatte, stand der Schaffung einer regulären Armee in der DDR nichts mehr im Wege. Leitende Generale und hohe Offiziere der KVP wurden am Abend des 17. Januar 1956 über die am nächsten Tag bevorstehende Armeegründung in Kenntnis gesetzt. Dabei gab man auch den Namen für die künftigen ostdeutschen Streitkräfte bekannt. Sie sollten fortan „Nationale Volksarmee" heißen. Der Begriff „national" war danach in klarer Abgrenzung von der angeblichen „Amerikanisierung" der westdeutschen Streitkräfte gewählt worden. Der Name „Volksarmee" sollte für eine Armee stehen, die vorwiegend aus Arbeitern und Bauern bestand und in der es keine „Klassenschranken" und keinen Standesdünkel geben würde.

Am 18. Januar 1956 tagte die Volkskammer, das Parlament der DDR, turnusgemäß in Ost-Berlin. Das „Gesetz über die Schaffung der Nationalen Volksarmee und des Ministeriums für Nationale Verteidigung" und der „Beschluss über die Einführung der Uniformen für die Nationale Volksarmee" wurde kurzfristig auf die Tagesordnung gesetzt. So erhielten die Volksvertreter den Gesetzentwurf zur Schaffung von DDR-Streitkräften erst in der Mittagspause zugestellt. Es sei aus „technischen Gründen" nicht eher möglich gewesen, so entschuldigte sich der Volkskammerpräsident bei den Abgeordneten.

Ernennung der ersten Luftwaffensoldaten der westdeutschen Bundeswehr im rheinischen Nörvenich, 9. Januar 1956

Aus dem Gesetz über die Schaffung der Nationalen Volksarmee und des Ministeriums für Nationale Verteidigung, 18. Januar 1956
§ 1
(1) Es wird eine „Nationale Volksarmee" geschaffen.
(2) Die „Nationale Volksarmee" besteht aus Land-, Luft- und Seestreitkräften, die für die Verteidigung der Deutschen Demokratischen Republik notwendig sind. Die zahlenmäßige Stärke der Streitkräfte wird begrenzt entsprechend den Aufgaben zum Schutze des Territoriums der Deutschen Demokratischen Republik, der Verteidigung ihrer Grenzen und der Luftverteidigung.

Quelle: Gesetzblatt der DDR, Teil I, 1956, S. 81

Bereits wenige Stunden später begründete SED-Politbüromitglied Willi Stoph in seiner Funktion als Stellvertreter des Vorsitzenden des Ministerrates – dabei in der Uniform eines Generalobersten der KVP auftretend – den Gesetzentwurf zur Schaffung von Streitkräften. Angesichts der „Aufstellung einer westdeutschen Söldnerarmee und der Einbeziehung Westdeutschlands in den aggressiven Nordatlantikpakt" genüge es nicht, nur Friedensbeteuerungen abzugeben, sondern es sei nunmehr notwendig, „Maßnahmen zu treffen, die die Verteidigungsfähigkeit unserer Republik gewährleisten". Das sei eine „lebensnotwendige Aufgabe", so Stoph. Jeder souveräne, unabhängige Staat habe das elementare Recht, Streitkräfte zu schaffen. Zudem habe man nach der Unterzeichnung des Warschauer Vertrages und des Staatsvertrages mit der UdSSR auch die Pflicht, eine Armee zur Erhaltung des Friedens und zum Schutz des

DDR-Plakat zum „Tag der NVA", 1958

Die DDR-Volkskammer beschließt das Gesetz zur Schaffung der NVA (am Rednerpult Generaloberst Willi Stoph), 18. Januar 1956.

Territoriums und der Bevölkerung zu schaffen. Stoph führte weiter aus, dass die Nationale Volksarmee aus Land-, Luft- und Seestreitkräften bestehen werde. An die Einführung der allgemeinen Wehrpflicht sei jedoch nicht gedacht.

Erstaunen lösten die neuen Uniformen aus. Auch wenn Willi Stoph sie als Verkörperung der fortschrittlichen nationalen militärischen Traditionen der Landsturmmänner und Freikorpskämpfer von 1813, der Soldaten der Badischen Revolutionsarmee und der „Antifaschisten zwischen 1933 und 1945" bezeichnete, spiegelte sich hier eher ein fragwürdiger Umgang mit der deutschen Militärgeschichte wider. Waren die kasernierten Polizeitruppen der DDR bis Mitte der 1950er-Jahre noch mit khakifarbenen Uniformen russischer Art ausgerüstet und dadurch oft Beschimpfungen durch die Bevölkerung als „Russenknechte" oder „nachgemachte Russen" ausgesetzt, so gab es 1956 mit der Einführung der steingrauen Uniform der NVA eine Wende. Der Anstoß, wieder stärker auf nationale Elemente zu setzen, kam übrigens von sowjetischer Seite. Diese hatte die Ostdeutschen bereits bei der Unterzeichnung des Warschauer Vertrages im Mai 1955 darauf hingewiesen, dass in der Uniform der neuen Streitkräfte der „nationale Charakter" stärker zum Ausdruck gebracht werden müsse. Tatsächlich weckte das neue „Ehrenkleid der Arbeiter- und Bauern-Armee" mit dem charakteristischen Schnitt der Uniformjacke, den vier aufgesetzten Taschen und Schließhaken, den markanten Formen der Schirm-, Winter- und Feldmütze, der Paspelierung der Waffenfarben, den festen Stiefeln sowie der Beibehaltung der Schulterklappen und -stücke als Dienstgradabzeichen nunmehr sofort Assoziationen zur früheren deutschen Wehrmachtuniform.

Nach der Rede Stophs nahmen die Vertreter aller Volkskammer-Fraktionen das Wort und warben für die einmütige Annahme des Gesetzentwurfs, der bereits am Vortag von der Regierung gebilligt und dem Ältestenrat der Volkskammer vorgelegt worden war.

Was den Eindruck einer vielstimmigen, aus den unterschiedlichsten Bevölkerungsschichten hervorgehenden Zustimmung erweckte, war in Wirklichkeit die mehr oder weniger verbrämte Wiederholung der Argumente der vorgegebenen kommunistischen Parteilinie. Alle Reden zum Gesetz waren unter dem Einfluss der SED bis ins Detail abgestimmt und fügten sich so zu einem einheitlichen Muster zusammen. Insofern verwundert es nicht, dass die Abgeordneten das Gesetz noch am selben Tag einstimmig verabschiedeten. Die Annahme war letztlich nichts anderes als die Umsetzung eines Beschlusses der SED. Insofern entstand die NVA bereits an ihrem Gründungstag nicht als

Walter Ulbricht und Willi Stoph unterzeichnen in Prag eine gemeinsame Deklaration des Warschauer Vertrages, 29. Januar 1956.

DIE STREITKRÄFTE DER DDR UNTER ULBRICHT UND HONECKER (1956–1989)

1. Dienstuniform eines Kanoniers, Artillerie, 1956/57

2. Drillichuniform (offen) eines Schützen, Infanterie, 1956/57

3. Dienstuniform (Winter) eines Unterleutnants, Luftstreitkräfte, 1956/57

4. Paradeuniform eines Majors, Luftstreitkräfte, 1956/57

5. Dienstuniform (Winter) eines Maats, Seestreitkräfte, 1956/57

Armee des Volkes, sondern als Armee einer Partei. Einen Tag später, am 19. Januar, wurde Generaloberst Willi Stoph vom DDR-Ministerpräsidenten Otto Grotewohl zum „Minister für Nationale Verteidigung der DDR" berufen.

Die Schaffung der NVA fand in der Truppe eine überwiegend positive Resonanz. Verbreitet waren aber auch Ängste wie „wenn die Volksarmee geschaffen wird, dann ist es bis zum dritten Weltkrieg nicht mehr weit" sowie existenzielle Unsicherheiten und viele Fragen zur weiteren Dienstzeit. Ganze Einheiten der KVP „wechselten" jetzt geschlossen zur NVA. Insgesamt gab es im Frühjahr 1956 für den einfachen Soldaten und auch für die meisten Offiziere der KVP keine gravierenden Veränderungen. Die Gründung der NVA im Januar 1956 verlief damit völlig unspektakulär.

Glaubt man der zeitgenössischen DDR-Propaganda, so war das Gesetz zur Schaffung einer Volksarmee auch außerhalb der bewaffneten Kräfte, also von den „Werktätigen" aus allen Teilen der Republik, nicht nur seit längerer Zeit nachdrücklich eingefordert, sondern am 18. Januar 1956 und in den Tagen danach auch ausdrücklich begrüßt worden. In Wirklichkeit entsprachen die

Verpflichtung und Einschreibung der Soldaten nach Ablegen des Schwurs, 1956

6. Paradeuniform eines Matrosen, Seestreitkräfte, 1956/57

7. Dienstuniform II (Winter) eines Generals, Landstreitkräfte, 1956/57

8. Paradeuniform eines Generals, Landstreitkräfte, 1956/57

angeblichen Zustimmungsbekundungen aus der Bevölkerung weniger dem Sicherheitsbedürfnis der Menschen, vielmehr waren sie das Ergebnis einer umfassenden Propagandakampagne der SED. Abseits der eingeforderten Zustimmungserklärungen erhielten die Partei- und Staatsorgane in internen Berichten jedoch auch Kenntnis darüber, wie differenziert die Reaktionen der Bevölkerung auf den Gründungsakt der NVA in Wirklichkeit waren. So herrschte in weiten Teilen der Gesellschaft noch Konsens darüber, dass man nach dem verlorenen Krieg und bei der Anwesenheit der Besatzungsmächte auf Streitkräfte verzichten sollte. „Wenn wir keine Waffe in die Hand nehmen, gibt es auch keinen Krieg" und „Wir wollen nicht auf unsere Brüder schießen" waren verbreitete Ansichten und Meinungen in der Bevölkerung. Letztlich wurde der Beschluss der Volkskammer von der DDR-Bevölkerung jedoch ohne große Überraschung aufgenommen. Die meisten Menschen standen dem Streitkräfteaufbau im Osten dennoch zumindest skeptisch gegenüber. Sie befürchteten, dass er sich auf den Lebensstandard auswirken, die Spaltung Deutschlands vertiefen und die Kriegsgefahr erhöhen würde. Zudem hatten sie die Sorge, dass der Militarismus zurückkehren könnte. Diese Distanz zum Militär blieb in weiten Teilen der Bevölkerung auch in den Folgejahre weiter unterschwellig vorhanden.

Galt im Westen die Gründung der NVA allgemein als Ausdruck der aggressiven Politik des Kommunismus und als Ausgeburt eines „roten Militarismus", begrüßten die „Bruderländer" der DDR erwartungsgemäß die Schaffung von regulären Streitkräften in Ostdeutschland. Noch im Januar 1956 nahmen die führenden Vertreter der Warschauer-Pakt-Staaten den Vorschlag der DDR an, die NVA in die Vereinten Streitkräfte des Bündnisses einzubeziehen. Es wurde zudem der Beschluss gefasst, den Minister für Nationale Verteidigung der DDR zu einem Stellvertreter des Oberkommandierenden der Vereinten Streitkräfte zu berufen.

Damit hatte das militärische Schattendasein der DDR in Form der bisherigen „kasernierten Polizeikräfte" ein Ende. Die NVA trat formal gleichberechtigt an die Seite der anderen Paktarmeen, konnte bi- und multilateral agieren. Die Aufnahme in die Vereinten Streitkräfte bedeutete allerdings auch, sich von

Anfang an strikt am Vorbild der Sowjetarmee zu orientieren und sich in die Militärorganisation des Warschauer Pakts einzuordnen. Die DDR-Volksarmee musste daher in ihrer Struktur, Gliederung und Entwicklung fortan den Anforderungen einer Koalitionsarmee genügen.

Auf der Grundlage von Ministerratsbeschlüssen vom 9. Februar unterzeichnete der Minister für Nationale Verteidigung der DDR einen Tag später den ersten Grundsatzbefehl über den Aufbau der NVA.

Entsprechend der Planung waren in einer ersten Etappe vor allem die übergeordneten Stäbe und Verwaltungen im Ministerium und in den Teilstreitkräften, aber auch das Wachregiment, die Politschule, das Kfz.-Bataillon des Ministeriums, Kommandanturen in Ost-Berlin und Strausberg, die Bezirks- und Kreiskommandos sowie die Potsdamer Division arbeits- beziehungsweise einsatzfähig aufzustellen. In einer zweiten Etappe, die bis Ende Juni 1956 terminiert war, sollten unter anderem zahlreiche Offiziersschulen, Einheiten der Luft- und der Seestreitkräfte sowie ein großer Teil der Landtruppen mit drei Divisionen eingerichtet werden. In einer bis Oktober/November 1956 dauernden dritten Etappe hatten dann die Divisionen in Prenzlau, Eggesin und Halle sowie alle anderen Einheiten und Dienststellen der NVA zu entstehen.

Nach Gründung der NVA führte die SED einen feierlichen Schwur ein, den jeder Bürger bei Eintritt in die Armee inklusive einer schriftlichen Verpflichtung zu leisten hatte.

Schwur für Angehörige der NVA, 1956
Ich schwöre: Meinem Vaterland, der Deutschen Demokratischen Republik, allzeit treu zu dienen, sie auf Befehl der Arbeiter-und-Bauern-Regierung unter Einsatz meines Lebens gegen jeden Feind zu schützen, den militärischen Vorgesetzten unbedingten Gehorsam zu leisten, immer und überall die Ehre unserer Republik und ihrer Nationalen Volksarmee zu wahren. Quelle: BArch, DVW 1/1808, Bl. 89.

Geleistet wurde der Schwur 1956 in der Regel bei feierlichen Appellen. Der Kommandeur verlas abschnittsweise die Formel des Schwurs, die von den angetretenen Soldaten nachgesprochen wurde. Danach intonierte ein Musikzug die DDR-Nationalhymne. Anschließend antworteten die Soldaten auf die vom Kommandeur ausgesprochenen Glückwünsche mit einem dreifachen „Hurra". Den Schlusspunkt bildete ein Vorbeimarsch.

Am 12. April 1956 fasste der DDR-Ministerrat einen Beschluss über die Einführung von Fahnen in die Verbände und Truppenteile. Als erster Truppenteil erhielt am 30. April 1956 das Mechanisierte Regiment in Oranienburg die Regimentsfahne verliehen. Der Verteidigungsminister persönlich nahm das Zeremoniell vor. Nur einen Tag später hielt die junge NVA im Rahmen der Mai-Feierlichkeiten in Ost-Berlin ihre erste öffentliche Militärparade ab. Zu sehen waren neben den Fußtruppen auch motorisierte Einheiten – Motorradstaffeln, Kübelwagen P 2M, Lastkraftwagen und vor allem Schützenpanzerwagen SPW-152. Die ersten Panzer rollten zwei Jahre später über das Pflaster des Ost-Berliner Marx-Engels-Platzes. Der 1. Mai blieb bis zur Mitte der 1970er-Jahre – mit wenigen Ausnahmen – der „Paradetag" der NVA. Der Popularisierung der Armee diente auch der „Tag der Nationalen Volksarmee" am 1. März, der erstmalig 1957 und in der Folge bis 1989 jährlich feierlich begangen wurde.

Urkunde zur Verleihung der Truppenfahne an die Division Potsdam, 1956

Übersicht zur Erstausrüstung der NVA-Seestreitkräfte (Auswahl), 1956
Schulschiff „Ernst Thälmann"
Schulboote
Hafen- und Reedeschutzboote
Minenräumboote der Typen „Schwalbe" und „Tümmler"
Küstenschutzboote des Typs „Seekutter"
Minenleg- und räumschiffe des Typs „Habicht"

Fahnenübergabe an das 1. Mech. Regiment der NVA mit Ablegen des Schwurs, 30. April 1956

Übersicht zur Erstbewaffnung der NVA-Landstreitkräfte (Auswahl), 1956		
Schützenwaffen	Gepanzerte Gefechtsfahrzeuge	Geschützbewaffnung
7,62-mm-Pistole TT-33	Schützenpanzerwagen SPW-152	82-mm-Granatwerfer 37
7,62-mm-Karabiner K-44	Mittlerer Kampfpanzer T-34/76	120-mm-Granatwerfer 43
7,62-mm-Scharfschützengewehr Mosin- 91/30	Mittlerer Kampfpanzer T-34/85	45-mm-Panzerabwehrkanone 42
7,62-mm-Maschinenpistole PPScha 41 (MPi-41)	Schwerer Kampfpanzer IS II	57-mm-Panzerabwehrkanone 43
7,62-mm-leichtes Maschinengewehr DP/DPM		76-mm-Kanone 42
7,62-mm-Maschinengewehr Maxim		122-mm-Haubitze 38/44 (M 30)
7,62-mm-schweres Maschinengewehr 43 (SG-43)		152-mm-Kanonenhaubitze 37
12,7-mm-Fla-MG DSchK		152-mm-Kanone 10/34
		76-mm-SFL (SU-76 M)
		85-mm-SFL (SU-85)
		100-mm-SFL (SU-100)
		37-mm-Flak 1939
		85-mm-Flak 1944

Übersicht zur Erstbewaffnung der NVA-Luftstreitkräfte (Auswahl), 1956	
Kampf- und Übungsflugzeuge	Transport- und Verbindungsflugzeuge/Hubschrauber
Schulflugzeug Jak-18	Transportflugzeug AN-2
Übungsjagdflugzeug Jak-11	Transport- und Passagierflugzeug IL-14
Jagdflugzeug MiG-15	Hubschrauber Mi-4

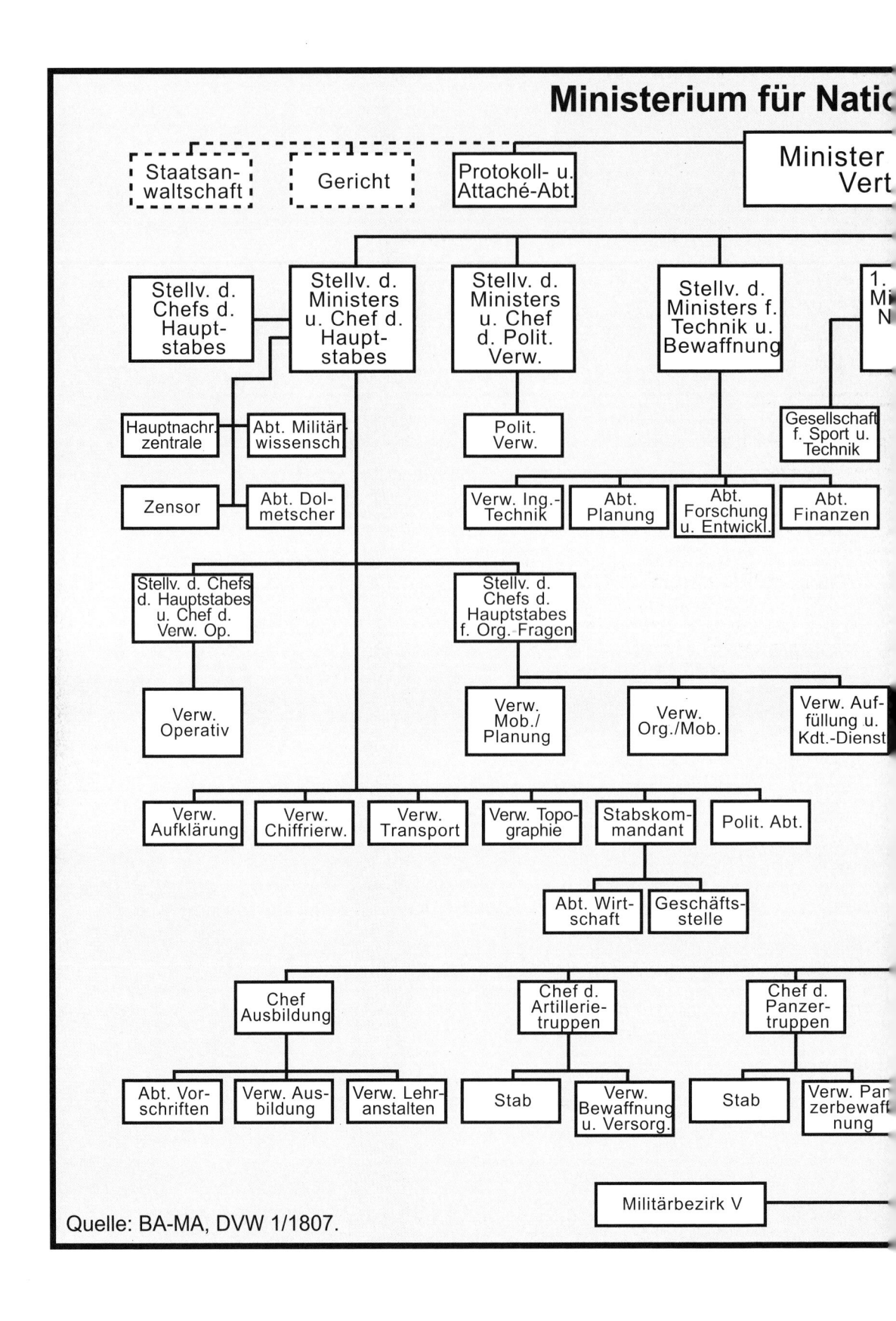

Ministerium für Natio[nale...]

- Staatsanwaltschaft
- Gericht
- Protokoll- u. Attaché-Abt.
- Minister / Vert[...]

Stellv. d. Chefs d. Hauptstabes
Stellv. d. Ministers u. Chef d. Hauptstabes
Stellv. d. Ministers u. Chef d. Polit. Verw.
Stellv. d. Ministers f. Technik u. Bewaffnung
1. M[...] N[...]

- Hauptnachr. zentrale
- Abt. Militärwissensch.
- Zensor
- Abt. Dolmetscher
- Polit. Verw.
- Verw. Ing.-Technik
- Abt. Planung
- Abt. Forschung u. Entwickl.
- Abt. Finanzen
- Gesellschaft f. Sport u. Technik

Stellv. d. Chefs d. Hauptstabes u. Chef d. Verw. Op.
- Verw. Operativ

Stellv. d. Chefs d. Hauptstabes f. Org. Fragen
- Verw. Mob./Planung
- Verw. Org./Mob.
- Verw. Auffüllung u. Kdt.-Dienst

- Verw. Aufklärung
- Verw. Chiffrierw.
- Verw. Transport
- Verw. Topographie
- Stabskommandant
  - Abt. Wirtschaft
  - Geschäftsstelle
- Polit. Abt.

Chef Ausbildung
- Abt. Vorschriften
- Verw. Ausbildung
- Verw. Lehranstalten

Chef d. Artillerietruppen
- Stab
- Verw. Bewaffnung u. Versorg.

Chef d. Panzertruppen
- Stab
- Verw. Panzerbewaffnung

- Militärbezirk V

Quelle: BA-MA, DVW 1/1807.

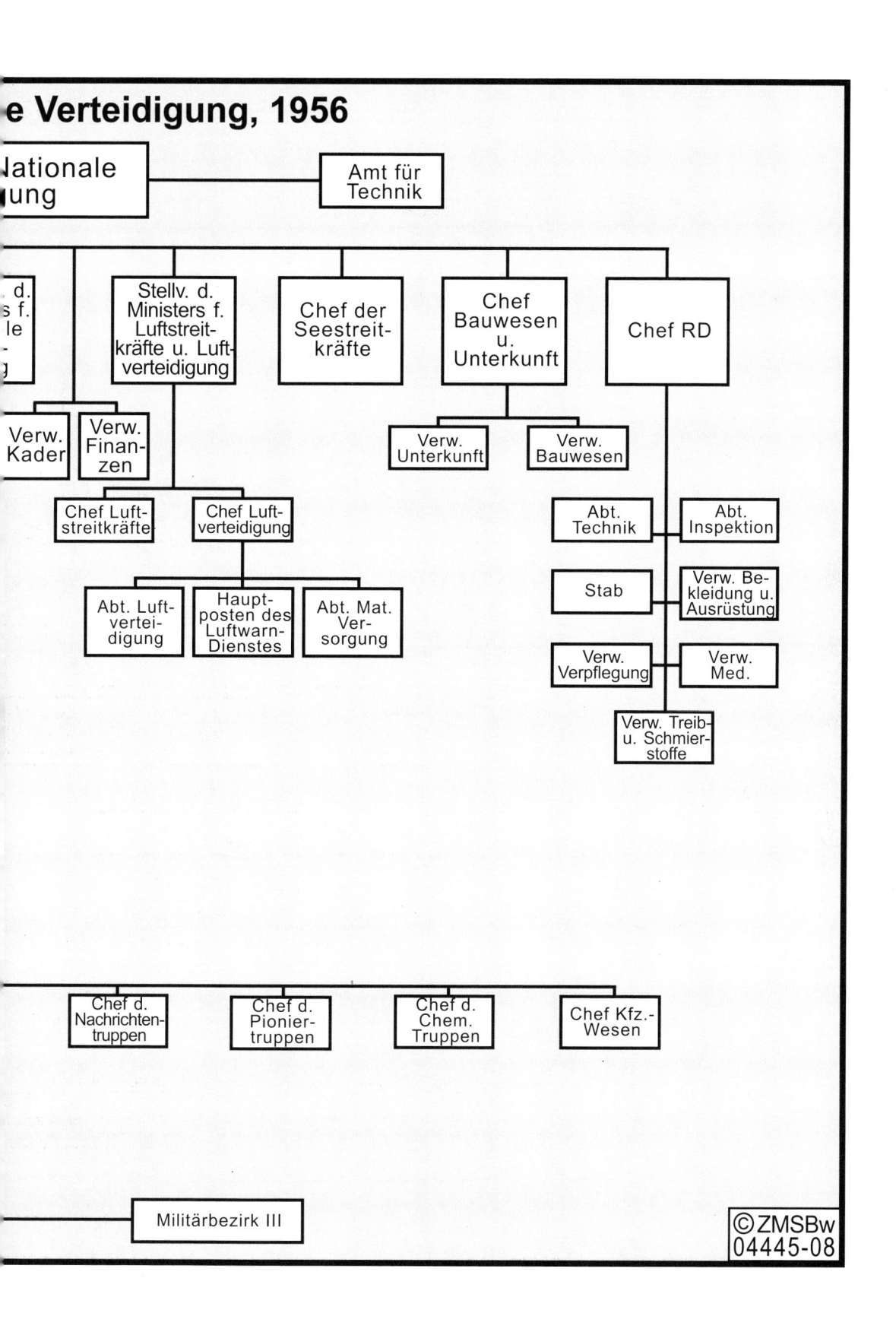

...e Verteidigung, 1956

- ...Nationale ...ung
  - Amt für Technik
  - Stellv. d. Ministers f. Luftstreitkräfte u. Luftverteidigung
    - Verw. Kader
    - Verw. Finanzen
    - Chef Luftstreitkräfte
    - Chef Luftverteidigung
      - Abt. Luftverteidigung
      - Hauptposten des Luftwarn-Dienstes
      - Abt. Mat. Versorgung
  - Chef der Seestreitkräfte
  - Chef Bauwesen u. Unterkunft
    - Verw. Unterkunft
    - Verw. Bauwesen
  - Chef RD
    - Abt. Technik
    - Abt. Inspektion
    - Stab
    - Verw. Bekleidung u. Ausrüstung
    - Verw. Verpflegung
    - Verw. Med.
    - Verw. Treib- u. Schmierstoffe

- Chef d. Nachrichtentruppen
- Chef d. Pioniertruppen
- Chef d. Chem. Truppen
- Chef Kfz.-Wesen

- Militärbezirk III

© ZMSBw 04445-08

KPD-Funktionäre und Wehrmachtoffiziere – Die neue Militärelite

Die Besetzung der Leitungsfunktionen des neuen Ministeriums unterschied sich von der bisherigen, seit 1952 bewährten Führungsriege der KVP. Zwölf leitende Offiziere, darunter die Generale Heinz Hoffmann, Rudolf Dölling und Heinz Keßler sowie Vizeadmiral Waldemar Verner, waren Ende November 1955 zum Studium in die Sowjetunion geschickt worden und standen im Frühjahr 1956 für den Aufbau der NVA nicht zur Verfügung. Damit fehlte gewissermaßen die „erste Garnitur" der erfahrenen Führungskader. Man konnte sich daher ausrechnen, dass manche Generale, die 1956 anfangs eine leitende Position im Ministerium übernahmen, eine zeitweilige, wenn nicht sogar nur eine Notlösung darstellten.

Die Berufung von Generaloberst Willi Stoph zum Minister für Nationale Verteidigung der DDR war zweifellos kein Teil dieser Notlösung, sondern eher eine optimale Personalentscheidung. Stoph, Jahrgang 1914, gehörte seit 1931 der KPD an. 1953 wurde er Mitglied des SED-Politbüros, des eigentlichen Machtzentrums in der DDR. Er war bei seiner Berufung zum Verteidigungsminister bereits mit einer einflussreichen politischen Parteiposition ausgestattet und konnte darüber hinaus mehrjährige Erfahrungen in der Führung von staatlichen Schlüsselressorts, so als Minister des Innern, vorweisen. Bereits in seinen früheren Verwendungen hatte er sich als guter Organisator und Administrator ausgezeichnet. Hinzu kam, dass seine Untergebenen und Mitarbeiter ihn wegen seines Fleißes und seiner Korrektheit achteten. Im Unterschied zu einigen anderen Angehörigen der militärischen Führung fiel Willi Stoph weder durch Alkoholexzesse noch durch andere Verfehlungen auf. Am 7. Oktober 1959 wurde der Generaloberst, der zweifellos das volle Vertrauen der sowjetischen Führung besaß, zum „Armeegeneral", dem zu dieser Zeit höchsten militärischen Dienstgrad in der DDR, befördert.

Generalmajor Fritz Köhn, KPD-Mitglied seit 1931, stellvertretender „Kaderchef" der NVA, 1959

In der militärischen Hierarchie folgten unter dem Minister seine Stellvertreter im Generalsrang. Der 1. Stellvertreter des Ministers war offiziell der „zweite Mann" im neuen Ministerium. Er hatte bei Abwesenheit des Ministers dessen funktionelle Pflichten zu übernehmen. Ihm unterstellt waren der Chef der Verwaltung Ausbildung und die Chefs der Waffengattungen. Er leitete zudem die Chefs der beiden Militärbezirke der Landstreitkräfte an, führte den Vorsitz der Armee-Sportorganisation „Vorwärts" und zeichnete für die Anleitung der Wehrorganisation GST verantwortlich. Die Funktion des 1. Stellvertreters übernahm der bisherige stellvertretende KVP-Chef für Ausbildung und Lehranstalten, Generalmajor Heinrich Dollwetzel. Der knapp 54-jährige konnte bei seiner Ernennung einen tadellosen Lebenslauf als kommunistischer Funktionär, Spanienkämpfer und „Freund der Sowjetunion" vorweisen. Dennoch erwies sich die Besetzung schon bald als Fehler. Wegen verschiedener Vorkommnisse wurde Dollwetzel im August 1956 von seiner Dienststellung entbunden und als Leiter an eine Offizierschule strafversetzt.

Zu den einflussreichsten Positionen in den Streitkräften gehörten weiterhin der Chef des Hauptstabes und der Chef des Politapparates. Der Hauptstab bildete das Planungs-, Koordinierungs- und Führungsorgan des Ministers für alle militärischen Maßnahmen. Er stellte im Prinzip den Ersatz für einen Generalstab dar, den zwar alle anderen Armeen der Warschauer-Pakt-Staaten besaßen, dessen Installierung jedoch aufgrund der Potsdamer Beschlüsse von 1945 in der NVA nicht erlaubt war.

Im Hauptstab war angesichts der großen organisatorischen Herausforderungen des Übergangs von der KVP zur NVA personelle Kontinuität und Erfahrung gefragt. Mit Generalleutnant Vincenz Müller in der Funktion des Chefs des Hauptstabes bekam Willi Stoph in der Tat einen überaus fähigen Militär an die Seite gestellt. Müllers Karriere besaß freilich keinen kommunistischen Hintergrund. Er hatte es vielmehr in der Wehrmacht bis zum Generalleutnant, Ritterkreuzträger und Führer eines Armeekorps gebracht. In sowjetischer Gefangenschaft war er dem Nationalkomitee Freies Deutschland beigetreten. Nach seiner Rückkehr aus der UdSSR trug er seit 1952 als Generalleutnant und Chef des Stabes der KVP entscheidend zum Aufbau der noch getarnten ostdeutschen Streitkräfte bei. Seine Rolle als militärischer Kopf der KVP machte ihn nunmehr auch beim Aufbau der regulären DDR-Streitkräfte unverzichtbar. Dass er dennoch nur eine Übergangslösung war, sollte sich bald zeigen. Am 1. März 1958 schied Müller krankheitsbedingt aus dem aktiven Dienst aus.

Sein Nachfolger wurde Generalleutnant Heinz Hoffmann, seit 1930 KPD-Mitglied und Spanienkämpfer. Hoffmann war seit 1952 Chef der KVP und dadurch eigentlich prädestiniert, der erste Verteidigungsminister zu werden. Er musste jedoch nach seiner Rückkehr aus der UdSSR erst einmal mit einem Stellvertreterposten vorlieb nehmen. Aber bereits im Oktober 1959 erhielt Hoffmann seine Beförderung zum Generaloberst, um dann im Juli 1960, wenige Wochen vor seinem 50. Geburtstag, Nachfolger Stophs im Ministeramt zu werden. Heinz Hoffmann, 1961 zum Armeegeneral befördert, blieb bis zu seinem Tod 1985 die überragende Persönlichkeit der ostdeutschen Militärelite. Er prägte den Aufbau und die Entwicklung der ostdeutschen Streitkräfte wie kein anderer. Für ihn waren die Streitkräfte zuallererst ein Machtinstrument

Die ehemaligen Wehrmachtgenerale und nunmehrigen NVA-Generale Vincenz Müller (li.) und Arno von Lenski, 1956

Generalmajor Rudolf Dölling, 1957 bis 1959 Chef der Politischen Verwaltung der NVA, 1959

Generalleutnant Heinz Keßler, Chef der LSK/LV der NVA, 1962

Generalmajor Hans Wulz (hier in KVP-Uniform)

in den Händen der Partei. Als legendär galten sein jovialer Umgang mit den einfachen Soldaten sowie seine privaten Eskapaden.

Machtpolitisch nicht zu unterschätzen war der Chef der Politischen Verwaltung. Die Politische Verwaltung stellte das leitende Organ für die politische Arbeit in der NVA und den direkten Draht aus der Armee zur SED-Führung und umgekehrt von der Partei in die Armee dar. Die Politische Verwaltung, die 1961 zur Politischen Hauptverwaltung der NVA (PHV) aufgewertet wurde, verantwortete die politisch-ideologische Erziehung der Armeeangehörigen im Sinne der SED-Politik. Sie verfügte in der Truppe über einen Politapparat und führte die SED- und FDJ-Organisationen in der Armee.

Im Januar 1956 ernannte die Parteiführung Generalmajor Friedrich Dickel zum stellvertretenden Verteidigungsminister und obersten Politchef der NVA. Er zählte neben den Generalen Heinrich Dollwetzel, Walter Allenstein, Ewald Munschke und Rudolf Menzel zu der Gruppe der bewährten Altkommunisten in der Führungsetage des Strausberger Ministeriums. Der gebürtige Wuppertaler Friedrich Dickel, Jahrgang 1913, war 1931 der KPD beigetreten und hatte nach seiner Rückkehr nach Deutschland rasch in der ostdeutschen Polizei und im Militär Karriere gemacht. 1963 schied er als Stellvertreter des Ministers und Chef für Technik und Bewaffnung aus der NVA aus und wurde Minister des Innern. Den Posten des obersten Politchefs der Armee hatte bereits 1959 der Altkommunist Waldemar Verner übernommen. Verner, der 1961 zum Admiral befördert wurde, behielt diese Funktion bis zu seinem Dienstende im Jahr 1978 bei.

Die gesamte politische und militärische Führungstätigkeit im Ministerium war darauf gerichtet, in kürzester Frist eine einsatzbereite und schlagkräftige Armee aufzubauen, die im Sinne der SED als politisch und militärisch zuverlässig galt. Eine Trennung von militärischer Führung und Wehrverwaltung fand nicht statt. Der Minister nahm zugleich die Funktionen des militärischen Befehlshabers und der politischen Führung wahr. Die Generale und Admirale der NVA repräsentierten die höchsten militärischen Nomenklaturkader der DDR und standen damit auch im Dunstkreis der politischen Macht des kommunistischen Regimes. Sie unterlagen dem Einfluss der Parteiführung, waren aber zugleich Durchsetzer der Parteipolitik. Im Gründungsjahr der NVA bestand die militärische Elite der DDR aus 26 Generalen und Admiralen.

Wie bereits bei der KVP setzte sich auch die Militärelite der NVA nicht nur aus ehemaligen Spanienkämpfern und KPD-Funktionären, sondern auch aus ehemaligen Wehrmachtangehörigen zusammen. Anfangs wurden noch vier ehemalige Generale der Wehrmacht in die NVA übernommen. Neben Generalleutnant Vincenz Müller war Generalmajor Karl Walther 1956 kurze Zeit im medizinischen Bereich der NVA tätig. Generalmajor Arno von Lenski leitete bis zum Sommer 1958 die Verwaltung Panzertruppen im Verteidigungsministerium. Generalmajor Hans Wulz als Leiter der Standortkommandantur Ost-Berlin war der letzte Wehrmachtgeneral im aktiven Dienst der NVA. Er wurde am 30. September 1958 aus der Armee entlassen. Allein schon wegen der kurzen Dienstzeit in der NVA blieb der Einfluss dieser ehemaligen Generale der Wehrmacht auf die weitere Entwicklung der jungen sozialistischen Paktarmee begrenzt. Der ehemalige Generalfeldmarschall Friedrich Paulus, der 1953 in die DDR zurückgekehrt war, war zu keinem Zeitpunkt Angehöriger der KVP oder der NVA. Er ließ sich jedoch für deutschlandpolitische Ziele der SED instrumentalisieren.

Nach der Gründung der NVA befanden sich im damaligen, etwa knapp 18.000 starken NVA-Offizierbestand über 4.800 ehemalige Angehörige der Wehrmacht. Offiziere bildeten dabei mit knapp über 500 Mann nur eine relativ kleine Gruppe. Sie waren zumeist über das Nationalkomitee „Freies Deutschland" und die sowjetische Kriegsgefangenschaft frühzeitig für die Volkspolizei geworben worden und hatten dort rasch verantwortungsvolle Aufgaben übertragen bekommen. Sowohl die Sowjets als auch die meisten NVA-Angehörigen schätzten die militärischen Erfahrungen und Kenntnisse der Ehemaligen. Trotz aller Anpassung blieben jedoch vor allem die ehemaligen Offiziere für die SED „klassenfremde Elemente" und damit ein Sicherheitsrisiko.

Angesichts der angespannten internationalen Situation im Herbst 1956 hielt es daher die SED-Führung wenige Monate nach der NVA-Gründung für erforderlich, sich der Zuverlässigkeit des Führungspersonals zu versichern. Im Herbst 1956 beauftragte die SED-Führung das Ministerium für Staatssicherheit, eine umfassende Analyse der Rolle von Wehrmachtoffizieren in der DDR-Volksarmee vorzunehmen. Die dafür zuständige Hauptabteilung I des Geheimdienstes legte wenig später ihren Bericht vor. Danach befanden sich unter den etwa 1.000 im Ministerium für Nationale Verteidigung beschäftigten Offizieren noch 60 ehemalige „faschistische Offiziere". Auch vier der insgesamt sieben Divisionskommandeure der NVA waren ehemals Offiziere in der Wehrmacht gewesen; das gleiche Bild ergab sich bei den Stabschefs dieser Verbände.

DDR-Präsident Wilhelm Pieck beglückwünscht Generaloberst Willi Stoph, 1958

Das SED-Politbüro beschloss daher am 15. Februar 1957, ehemalige Wehrmachtoffiziere rasch auszusondern. Bis Ende 1957 sollten all diejenigen in die Reserve versetzt werden, die „aktiv führend in der Reichswehr und Hitler-Armee tätig waren, z.B. Offiziere des Generalstabes, Kandidaten für den Generalstab, Teilnehmer am Überfall in Spanien". Diese Gruppe, eingesetzt vor allem in Stabs- und Kommandofunktionen, hatte bisher gewissermaßen den organisatorischen Aufbaustab und das militärische Rückgrat der Streitkräfte verkörpert. Sogenannte Spezialisten, die sich nicht in Stabs- oder Kommandostellen befanden, durften vorerst im aktiven Dienst der NVA verbleiben. Alle übrigen mussten spätestens bis Ende 1959 die Armee verlassen.

In der Praxis wurden bis Mitte 1959 fast 300 NVA-Offiziere mit Wehrmachtvergangenheit in die Reserve versetzt, für eine Berufsvorbereitung freigestellt oder entlassen. Die Entlassung, die die Betroffenen nicht selten mit Unverständnis aufnahmen, geschah auch aus propagandistischen Erwägungen. Zweifellos konnte sich die DDR-Führung nunmehr noch besser und glaubwürdiger von der als militaristisch apostrophierten und vorgeblich von „Nazigeneralen" geführten westdeutschen Bundeswehr abheben.

Heinz Hoffmann auf einer internationalen
Pressekonferenz in Genf, 29. Mai 1959
Wir sind nicht Generale des Krieges, sondern Generale
des Kampfes gegen den Krieg.

Quelle: Neues Deutschland vom 30.5.1959

Im März 1964, sieben Jahre nach dem Politbürobeschluss über die Entlassung der Offiziere, waren noch 67 ehemalige Wehrmachtoffiziere aktiv. Die meisten von ihnen waren in der Lehre an Schulen und Akademien, in der militärwis-

Militärwissenschaftliche Abhandlung von Heinz Hoffmann, 1960

Konteradmiral Felix Scheffler als Matrose während eines „Bordpraktikums" bei den Seestreitkräften (v.l.n.r.: Walter Ulbricht, Felix Scheffler, Vizeadmiral Waldemar Verner), 1959

senschaftliche Arbeit und im medizinischen Dienst tätig. Immerhin gelang es im Laufe der Jahre mehr als einem Dutzend ehemaliger Wehrmachtoffiziere, einen General- beziehungsweise Admiralrang im DDR-Militär zu erreichen.

Eine größere Rolle als die vormaligen Wehrmachtoffiziere spielten allerdings ehemalige Unterführer der Wehrmacht im ostdeutschen Offizierkorps. Vertreter dieser Dienstgradgruppe waren dort nicht nur quantitativ stärker vertreten, sondern stiegen oftmals auch rascher in die Führungselite der Armee auf. Über 40 ehemalige Unteroffiziere und Feldwebel der Wehrmacht wurden in der KVP/NVA zu Generalen und Admiralen ernannt.

Die Generalität stellte freilich nur einen geringen Teil des militärischen Führungskorps der NVA, das aus tausenden von Offizieren bestand. Das Durchschnittsalter im Offizierkorps betrug zu dieser Zeit 28 Jahre. 73,5 Prozent der Offiziere entstammten ihrer sozialen Herkunft nach (Beruf des Vaters) aus der Industriearbeiterschaft, 8 Prozent kamen aus Landarbeiterfamilien, 11,6 Prozent aus Angestelltenkreisen und nur 3,4 Prozent wurden als Bauern eingestuft. 79,5 Prozent gehörten der SED als Mitglied oder Kandidat an. Schien dadurch zumindest eine generelle politische Zuverlässigkeit im Sinne der SED gegeben, gestalteten sich die fachlichen Voraussetzungen für den weiteren Aufbau des Führungskorps noch denkbar schlecht und damit für die Verant-

Wehrmachtzugehörigkeit von Offizieren der NVA, 1956 bis 1962		
Jahr	Wehrmacht insgesamt	Davon als Offizier
1956	4.837	500
1957	5.371	464
1958	4.703	400
1959	4.095	258
1960	3.883	129
1961	3.706	96
1962	4.475	84

wortlichen in den Streitkräften weiterhin problematisch. Nur rund zehn Prozent aller Offiziere besaßen im Gründungsjahr der Armee eine zehnklassige Schulausbildung, etwa gleich viele konnten das Abitur nachweisen. Die Analyse des Standes der militärischen Qualifikation bot ebenfalls ein wenig befriedigendes Bild. Noch immer verfügte ein Viertel aller NVA-Offiziere über keine oder über eine nur ungenügende militärische Ausbildung. Die militärakademische Ausbildung für die Führungskader fehlte fast vollständig.

Ab 1956/57 glaubte die Partei- und Armeeführung, bei einem Teil der NVA-Offiziere Tendenzen einer gewissen „Abwendung vom Volk" und gar ein elitäres Verhalten zu erkennen. Um die Beziehungen der Offiziere sowohl zu den Untergebenen als auch zum einfachen Volk, speziell zur „Arbeiterklasse", zu stärken, leitete sie ab Mitte 1958 verschiedene Maßnahmen ein, die vor allem auf vermeintlich positiven Erfahrungen der chinesischen Volksbefreiungsarmee beruhten. So legte ein Politbüro-Beschluss der SED vom Januar 1959 fest, dass alle NVA-Offiziere jährlich vier Wochen Dienst als Soldat in der Truppe zu leisten hatten. Das galt auch für die Generale und Admirale, was nicht selten zu absurden Situationen führte und bei den Betroffenen zumeist auf Unverständnis stieß. Beispielsweise musste Konteradmiral Felix Scheffler im Mai 1959 ein Bordpraktikum als Matrose auf dem Küstenschutzschiff KS 401 leisten. Annähernd parallel zur Tätigkeit von Offizieren als Mannschaftssoldat beziehungsweise Matrose in den Einheiten begann ein weiteres Experiment chinesischen Ursprungs in der NVA, das vor allem auf die Verbesserung der Verbindungen zu den Arbeitern in den Betrieben zielte. 1959 wurden in diesem Zusammenhang etwa 1.700 vorwiegend junge NVA-Offiziere ohne zivilberufliche Qualifikation für einen Einsatz in der „Produktion" vom Dienst freigestellt. Anfang Februar 1961 brach die SED diese Aktionen – nicht zuletzt auf Druck Moskaus – wieder stillschweigend ab.

Zu einer flüchtigen Episode bei der Herausbildung einer neuen militärischen Führungsgeneration gestaltete sich auch die Einrichtung einer Kadettenschule der NVA. Der Standort der neuen Schule, in der Schüler auf den Offizierberuf vorbereitet werden sollten, war Naumburg. Mit dem ersten Ausbildungsjahr 1956/57 fanden 211 Kadetten in den Klassen 6 bis 9 Aufnahme. Die Ausbildung endete mit dem Abschluss der 12. Klasse (Abitur). Man versprach den jungen Männern, deren Väter zumeist selbst Offiziere oder Parteifunktionäre waren, einen raschen Aufstieg im Militär. Die spezifische soziale Zusammensetzung sowie die soziale Situation der Kadetten, ein zum Teil völlig überfrachteter Schulalltag sowie zunehmende Fragen zum Sinn und zu den Aufgaben der Kadettenschule führten jedoch dazu, dass die Kadettenausbildung zunehmend in die Kritik geriet. Die endgültige Entscheidung über das Schicksal der ersten und einzigen sozialistischen Kadettenschule auf deutschem Boden fiel im Mai 1960, als das SED-Politbüro die Auflösung der NVA-Schule mit Beendigung des Schuljahres 1960/61 beschloss. Die Kadettenschule in Naumburg war letztlich ein untauglicher Versuch der SED, die Heranbildung eines neuen, sozialistischen Offizierkorps quasi künstlich zu beschleunigen. Es gelang nicht, mit den Kadetten den gewünschten Typus des allseitig gebildeten, militärisch erzogenen und qualifizierten sowie ideologisch absolut systemkonformen Nachwuchs für die Führungsschicht der NVA bereitzustellen.

Mitteilungsblatt der Naumburger Kadettenschule, 1958

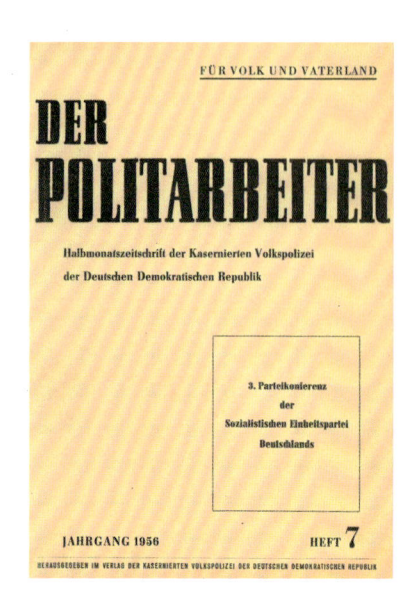

Sonderheft zur 3. Parteikonferenz der SED, März 1956

Nur bedingt einsatzfähig – Die schwierigen Aufbaujahre

Der Aufbau des Ministeriums und der nachfolgenden Stäbe, Verbände, Truppenteile und Einheiten war mit einem enormen Organisations- und Arbeitsaufwand verbunden. Eine Vielzahl von Aufgaben galt es gleichzeitig zu lösen. Personelle Engpässe, mangelnde Sachkenntnis, Zeitdruck sowie technische und materielle Probleme führten zu Verzögerungen und Reibungsverlusten.

Besonders rasch mussten beispielsweise strukturelle und organisatorische Veränderungen sowie Umbenennungen durchgesetzt werden. So entstanden auf der Basis der Territorialen Verwaltungen der KVP nunmehr die Stäbe der neuen Militärbezirke V und III mit Sitz in Pasewalk (später Neubrandenburg) und Leipzig, die ab 1957 die Bezeichnung „Kommando" erhielten. Im Militärbezirk V, der im Wesentlichen den Norden der DDR umfasste, waren unter anderem eine Mechanisierte Division in Potsdam, eine Panzerdivision (PD) in Eggesin sowie zwei Infanteriedivisionen in Schwerin und Prenzlau aufzustellen. Für den Militärbezirk III (Leipzig) ergab sich unter anderem die Aufstellung einer Infanteriedivision in Erfurt, einer Mechanisierten Division in Halle und einer Panzerdivision in Dresden. Bis Ende 1956 wurden dann nach dem Vorbild der Sowjetarmee die Kampfverbände auf zwei einheitliche taktische Verbände der Landstreitkräfte, die Motorisierte Schützendivision (MSD) und die Panzerdivision, umgestellt. Zu den NVA-Landstreitkräften zählten Ende 1956 fast 67.000 Mann.

Aus den Stäben und Truppen der Aeroklubs der KVP entstanden 1956 die Verwaltungen Luftstreitkräfte (LSK) und Luftverteidigung (LV), die später das gemeinsame „Kommando LSK/LV" bildeten, sowie zwei Fliegerdivisionen mit sechs Geschwadern, je einem Fliegertechnischen Bataillon und einer Funktechnischen Kompanie sowie weiteren Einheiten. Den LSK/LV gehörten Ende 1956 knapp 10.500 Mann an, darunter 2.700 Offiziere. Im Flugzeugbestand

Vorgesetzte zeichnen Soldaten der NVA nach einer Übung aus, 1960.

befanden sich überwiegend noch Jak-11, schrittweise kamen nun die lang erwarteten Strahljäger des Typs MiG-15 in die Teilstreitkraft. Bis August 1956 blieben noch alle militärischen Luftfahrzeuge der DDR mit dem roten Sowjetstern als Hoheitszeichen versehen. Aus den Flak-Einheiten der KVP entstanden die Truppenteile der Verwaltung Luftverteidigung. Sie verfügten vor allem über 37-mm- und 85-mm-Flak sowie Fla-MG 14,5 mm.

Am 21. Februar 1956 hatte Verteidigungsminister Stoph in einem Befehl die Bildung der Verwaltung Seestreitkräfte bis zum 1. März und die nachfolgende Aufstellung der Einheiten, Truppenteile und Verbände der Seestreitkräfte festlegt. Auch hier stellten die Dienststellen der VP-See die Grundlage dar. Die ersten der insgesamt 1.800 Offiziere, 2.150 Maate und 4.550 Matrosen dieser Teilstreitkraft leisteten am 1. März 1956 im Ständehaus in Rostock ihren NVA-Schwur. Bis Ende des Jahres entstanden mehrere Flottillen, zu denen unter anderem Minenleg- und Minenräumabteilungen sowie Küstenschutzabteilungen gehörten. Im Gründungsjahr der NVA erhielten die Seestreitkräfte der DDR zu ihrem aus der VP-See übernommenen Bootsbestand zwei Küstenschutzschiffe aus der UdSSR.

Generaloberst Willi Stoph mit chinesischen Offizieren, 1959

Bis zum Ende des Jahres 1956 konnte der größte Teil der grundlegenden Befehle und Anordnungen zur Umwandlung der KVP in die NVA sowie zur Neuaufstellung von Stäben, Truppenteilen und Schulen praktisch umgesetzt werden. Die Zuführung von Waffen und Gerät sowie von Ausrüstung und Bekleidung geschah schrittweise. Mit Wirkung vom 31. Dezember 1956 wurde die Kasernierte Volkspolizei nach einer Übergangszeit von fast einem Jahr endgültig aufgelöst. Wenige Monate später, im Frühjahr 1957, stellte Verteidigungsminister Generaloberst Willi Stoph fest: „Nach angestrengter Arbeit ist die Aufstellung der Verbände und Truppenteile im Wesentlichen abgeschlossen worden."

Dies war jedoch nur ein Teil der Wahrheit, denn der Übergang von der KVP zur NVA und ihrer Entwicklung zu einer modernen sozialistischen Koalitionsarmee brachte eine Vielzahl von Problemen mit sich, die keinesfalls schon alle gelöst waren. Dazu gehörten Fragen zur Personalentwicklung. So zog der Beschluss der SED-Führung vom Juni 1956, die Armee personell von 120.000 Mann auf 90.000 Mann zu reduzieren, sie aber weiterhin auf der Grundlage der „Freiwilligkeit" aufzubauen, erhebliche Schwierigkeiten nach sich. Im Prinzip konnte jeder junge männliche DDR-Bürger in die NVA eintreten, wenn er „guten Willens" war, „ehrlich zur Arbeiter-und-Bauern-Macht" stand, die bürgerlichen Ehrenrechte besaß und „in der Geschäftsfähigkeit" nicht beschränkt war. Das Einstellungsalter lag in der Regel bei 18 bis 25 Jahren. Die Dienstzeit für Mannschaftssoldaten betrug zwei Jahre, für Soldaten im Flottendienst und in fliegenden Einheiten der Luftstreitkräfte drei Jahre, für Unteroffiziere vier Jahre, für Maate teilweise fünf Jahre und für Offiziere mindestens zehn Jahre.

Ein Panzer T-34 durchfährt ein Wasserhindernis

Die kaum ausgeprägte Bereitschaft der DDR-Jugendlichen zum „freiwilligen" Militärdienst sowie ein ständiges „Kommen und Gehen" führten jedoch dazu, dass der Auffüllungsstand in manchen Einheiten der NVA anfangs nur bei etwa 50 Prozent lag. Sie galten dadurch als nicht mehr gefechtsbereit. Immer wieder mussten Truppenteile und Einheiten aufgelöst, andere kadriert oder zusammengelegt werden. Die Nachwuchsgewinnung, vor allem für Soldaten und Un-

Personalstärke der NVA, Dezember 1956	
Offiziere	17.800
Unteroffiziere	24.800
Mannschaften	43.050
Gesamt	85.650

Nicht liegenlassen!

GENOSSE, SEI WACHSAM!

Die Gefährlichkeit und der verbrecherische Charakter der Expansionspolitik der Bonner Imperialisten fordert von uns revolutionäre WACHSAMKEIT!

Darum:
- Alle Befehle und Anordnungen, Marschwege, Unterbringungsräume, aktiven Handlungen der Truppenteile usw. unterliegen der Geheimhaltung.
- Haltet streng die Regeln der gedeckten Truppenführung ein und laßt keine Ausnahmen zu.

Zum Erfolg der Truppenübung trägt jeder bei durch:
- Gewissenhafte Sicherung der Gefechtsstände.
- Genaue Kontrolle der Ausweisdokumente und Anwendung der Parolentabelle.
- Führen ständiger Beobachtung und Meldung aller Beobachtungsergebnisse an den Vorgesetzten.
- Zeichnungen, Flugblätter, Aufzeichnung u. ä. nicht liegenlassen.
- Schützenwaffen haben stets am Mann zu sein!
- Pistolen nicht am Gurtkoppel, sondern in der Brusttasche des Kampfanzuges tragen!

Melde alle Vorkommnisse und Beobachtungen, die auf die Arbeit des Klassenfeindes hindeuten sofort Deinem Vorgesetzten!

Ag 117/VI/a-1/67-34

Aufruf an die Soldaten zur Wachsamkeit und Geheimhaltung während einer Truppenübung

teroffiziere, rückte damit in den Mittelpunkt der Tätigkeit der politischen und militärischen Führung der NVA. So senkte man die Einstellungsvoraussetzungen und die Truppenstärke, um die Einheiten rasch aufzufüllen und personell zu stabilisieren. Dies gelang nur schrittweise. Eine Folge war, dass nunmehr auch viele ungeeignete Jugendliche in die Volksarmee aufgenommen wurden, die den bereits insgesamt schlechten disziplinaren Zustand der Armee zusätzlich belasteten.

Als besorgniserregend schätzte die Armeeführung in diesem Zusammenhang nach wie vor Desertionen ein. Die Gründe für eine Fahnenflucht, zumeist über die offene Grenze in den Westen, waren vielfältig und reichten von der mangelnden Fürsorge der Vorgesetzten über Verstöße gegen die Disziplin und das Gesetz bis hin zur Ablehnung des politischen Systems der DDR.

Vor diesem Hintergrund schenkte die SED der politischen Zuverlässigkeit der Armee, insbesondere ihres Führungskorps, weiterhin besondere Beachtung. Die Parteiführung sah sich im Interesse der eigenen Machterhaltung veranlasst, ihre führende Rolle in den Streitkräften endgültig durchzusetzen und zu zementieren. Ziel war es, die NVA unter der Losung der „Einheit von politischer und militärischer Erziehung und Ausbildung" weiter zu politisieren und uneingeschränkt in den Dienst der Partei zu stellen. Um die Einflussnahme der SED auf die Armee zu erhöhen, verstärkte man unter anderem den Einfluss der Politorgane und Parteiorganisationen in der Truppe, sicherte sich den Zugriff auf die Personalauswahl, ging gegen das sogenannte „Nurfachmanntum" von Offizieren vor und baute den Überwachungs-, Disziplinierungs- und Strafverfolgungsapparat in der NVA aus. Insgesamt befanden sich 1958 knapp 38.000 Mitglieder und Kandidaten der SED in der Armee, wobei bereits fast alle Offiziere der SED angehörten.

Aus dem Beschluss des Politbüros des ZK der SED „Über die Rolle der Partei in der Nationalen Volksarmee", 14. Januar 1958

Die Hauptquelle der gegenwärtigen und zukünftigen Erfolge der Nationalen Volksarmee ist die Führung durch die Partei. [...] Die Kommandeure sind verpflichtet, die Sekretäre der Parteiorganisationen der Bataillone, der Regimenter und selbständigen Einheiten in der Regel zu den Beratungen der jeweiligen militärischen Leitungen hinzuzuziehen und vor wichtigen Entscheidungen zu hören. Jeder Kommandeur, jeder Vorgesetzte muss sich bewusst sein, dass er in erster Linie politischer Funktionär ist und seine Arbeit im Auftrag der Partei der Arbeiterklasse durchführt."

Quelle: BArch, AZN Strausberg 32600, Bl. 17

Fahnenfluchten in der NVA, 1956 bis 1961						
Jahr	1956	1957	1958	1959	1960	1961
Insgesamt	233	180	112	120	131	144
Davon Offiziere	13	18	13	12	18	–

Das Jagdflugzeug MiG-17F wird seit 1957 als Tagjagdflugzeug und seit 1971 auch als Jagdbomber eingesetzt.

Im selben Jahr begann die Parteiführung, ihre Sicherheits- und Militärpolitik umfassend zu gestalten und zu organisieren. Dazu beschloss sie „Maßnahmen zur Stärkung der Verteidigungsbereitschaft" der DDR. Diese betrafen nicht nur die Streitkräfte, sondern auch eine Reorganisation der Verteidigungsindustrie. Die Angehörigen der bewaffneten Kräfte, darunter auch die der NVA, müssten „von tiefem Hass gegen den Imperialismus" und dem Willen, jeden Feind der DDR „zu vernichten", erfüllt sein. Wie ein Politbürobeschluss von 1956 und die Direktive Nr. 4/1959 des Verteidigungsministers deutlich machten, schreckte die SED-Führung nicht davor zurück, zur Bekämpfung der „Feinde der DDR" im eigenen Land auch Truppen der NVA einzusetzen. Sie sollten „konterrevolutionäre Unruheherde" beseitigen und Putschversuche im Innern des Landes niederschlagen. Keinesfalls blieb diese innere Funktion der Armee, wie auch von der SED selbst kolportiert, nur auf die 1950er-Jahre beschränkt, sondern sie galt mindestens für das nachfolgende Jahrzehnt.

Am Übergang zu den 1960er-Jahren konnte die junge NVA durchaus erste bescheidene Erfolge bei der Erhöhung ihrer Kampfkraft, aber auch in der Gefechtsausbildung der Soldaten und bei der Herstellung der Einsatzbereitschaft verbuchen. Dies lag vor allem an der moderneren Bewaffnung und Ausrüstung, die maßgeblich aus der Sowjetunion kam.

Schützenpanzerwagen SPW-152 und Panzer T-34 im Gelände

So stattete man im Militärbezirk V die Verbände mit mittleren Panzern vom Typ T-34/85 und T-54 aus, wobei letztere vorerst nur für die 9. Panzerdivision bestimmt waren. Auch im südlichen Militärbezirk III verbesserte sich der Kampfwert der Verbände durch die Zuführung neuer Infanteriebewaffnung, Panzertechnik, neuer Artilleriesysteme und Nachrichtentechnik. Mitte 1957 trafen in den LSK/LV Kampfflugzeuge vom Typ MiG-17 ein, deren Allwetter-Abfangvariante MiG-17PF ab 1959 zur Truppe kam. Im Herbst 1959 rüstete die Führung zudem erstmals ein Geschwader mit dem Überschallflugzeug MiG-19 aus. Die LSK/LV verfügten Ende des Jahrzehnts über fast 200 MiG-Maschinen unterschiedlicher Bestimmung, über eine Vielzahl von Übungs-, Transport- und Verbindungsflugzeugen wie MiG-15UTI, Jak-18A, Il-14, An-2, Aero-45 und L-60 sowie etwa 30 Hubschrauber. Hinzu kamen verschiedene Flakgeschütze und Funkmessstationen. In den Seestreitkräften waren ab Ende 1956 die 1., 3., 4., 6., 7. und 9. Flottille gebildet worden, die 1959/60 auf drei Flottillen – 1., 4. und 6. Flottille – reduziert wurden. 1957 fand die Übergabe des Schulschiffs „Ernst Thälmann" an die Seeoffiziersschule statt. Da die DDR-Werften nicht nachkamen, lieferte die Sowjetunion bis 1960 unter anderem Torpedoschnellboote „Projekt 183", U-Boot-Jäger „Projekt 201M" und zwei weitere Küstenschutzschiffe.

Erste Parade der NVA in Ost-Berlin, 1956

DIE STREITKRÄFTE DER DDR UNTER ULBRICHT UND HONECKER (1956–1989)

Führende Partei- und Armeekader bei einer gemeinsamen Übung, (rechts im Bild: Erich Honecker)

Felddienstanzug (Sommer): Soldat der Mot. Schützen (li.); Unteroffizier mit Sturmgepäck, 1961

Ein wichtiges Kriterium der Gefechtsbereitschaft bildeten neben einer modernen Ausrüstung und Bewaffnung und deren Einsatzbereitschaft auch das Niveau der Ausbildung und die Führungsqualität der Kommandeure und Stäbe. Auch hier bot sich das Bild, dass vieles auf einem guten Weg war, der Ausbildungsstand sich jedoch insgesamt noch als relativ niedrig darstellte. Dies äußerte sich bei den Landstreitkräften beispielsweise darin, dass die Soldaten das Gelände nur unzureichend ausnutzten und sich ungenügend tarnten. Außerdem missachteten sie teilweise die Regeln des Feuerkampfes. Das Zusammenwirken zwischen Mot. Schützen und Panzern war wenig entwickelt und das Verhalten bei der Anwendung von Kernwaffen noch weitgehend unklar. Unzureichende Ergebnisse insbesondere im Schießen mit Schützenwaffen zeigten sich in allen Waffengattungen.

In ersten größeren Übungen, seit 1957 auch im Zusammenwirken mit den in der DDR stationierten sowjetischen Stäben und Truppen, konnten schrittweise die wachsenden Fähigkeiten in der Gefechtsausbildung unter Beweis gestellt werden. Ähnliches galt für die Luftstreitkräfte und die Truppen der Luftverteidigung. Diese konnten zwar Gefechtsaufgaben unter einfachen Wetterbedingungen erfüllen und Luftziele im Unterschallbereich bis in eine Höhe von 8.000 Metern bekämpfen. Die Kommandeure und Stäbe der LSK/LV verfügten aber kaum über die notwendige Erfahrung und die praktischen Fähigkeiten, Gefechte zu führen und zu organisieren, Objekte und Truppen zu decken oder andere Teilstreitkräfte zu unterstützen. Auch die Verbände und Einheiten der Seestreitkräfte/Volksmarine waren aufgrund ihres Ausbildungsstandes bislang nur in der Lage, taktische Aufgaben unter einfachen Bedingungen lösen. Oftmals parallel mit der Einführung und dem Vertrautmachen mit der neuen Technik rückte die planmäßige Gefechtsausbildung in den Mittelpunkt der Tätigkeit der Stäbe und Truppen. Stärkere Beachtung erhielten

Übersicht zur Hauptbewaffnung der NVA-Seestreitkräfte (Auswahl), 2. Hälfte der 1950er-Jahre
Kampfschiffe und -boote:
Minenleg- und Räumschiff vom Typ „Krake"
Küstenschutzschiff Typ „Riga"
Torpedoschnellboot „Projekt 183"
U-Boot-Jäger „Projekt 201 M"

Verbindungs- und Transportflugzeug AN-2 der LSK/LV, Anfang der 1960er- Jahre

zum Beispiel bei den Mot. Schützen das Schießen bei Tag und Nacht, in der Bewegung und mit Schutzmaske und bei den Panzereinheiten das Fahren bei Tag und Nacht unter schwierigen Geländebedingungen. Das Streben nach einer Erhöhung der Gefechtsbereitschaft der Truppe war nicht zuletzt mit einer intensiveren operativ-taktischen Ausbildung des Führungspersonals verbunden. Dem diente eine zielstrebige und systematische Qualifizierung der Offiziere, insbesondere der Kommandeure und Stäbe. Die leitenden Kader und Stäbe sollten befähigt werden, die Truppen in einem Kernwaffenkrieg unter einfachen und schwierigen Bedingungen und unter Berücksichtigung der militärgeografischen Lage der DDR zu führen. Am 5. Januar 1959 gründete man die Militärakademie „Friedrich Engels" in Dresden. Sie war fortan die höchste militärische Ausbildungsstätte der DDR und diente der akademischen Aus- und Weiterbildung von Offizieren.

In der zweiten Hälfte der 1950er-Jahre, die als Aufbauphase der NVA gilt, bestand die militärische Hauptaufgabe der jungen DDR-Armee vorrangig darin, die Stäbe, Verbände und Truppenteile darauf vorzubereiten, Gefechte zu führen und in Teilen den Schutz der Grenzen der DDR zu gewährleisten. Auch wenn entscheidende Grundlagen bereits durch die KVP gegeben waren, verlangte der Aufbau der NVA erhebliche materielle und personelle Anstrengungen. Nur durch die Unterstützung der Sowjetarmee und den teilweise großen Enthusiasmus der Armeeangehörigen gelang es, die meisten Schwierigkeiten im Aufbauprozess der Streitkräfte zu meistern. Die Defizite in der Ausrüstung und Bewaffnung sowie bei der Ausbildung und Erziehung der Soldaten waren allerdings noch unübersehbar.

Wimpel in Form des Absolventenabzeichens der Militärakademie „Friedrich Engels"

Übersicht über die Hauptbewaffnung der NVA-Landstreitkräfte (Auswahl), 2. Hälfte der 1950er-Jahre		
Schützenwaffen	Gepanzerte Gefechtsfahrzeuge	Geschützbewaffnung
9-mm-Pistole M	Schützenpanzerwagen SPW-40	82-mm-Granatwerfer 42
7,62-mm-Selbstladekarabiner S (SKS-45)	Schützenpanzerwagen SPW-152 W 1	82-mm-Rückstoßfreies Geschütz (B 10)
7,62-mm-Maschinenpistole K und KmS (Kalaschnikow)	Schwimmpanzer PT-76	107-mm-Rückstoßfreies Geschütz (B 11)
7,62-mm-leichtes Maschinengewehr D	Mittlerer Kampfpanzer T-54	85-mm-Selbstfahrende Panzerabwehrkanone (SfPak) SD 44
7,62-Kompanie-Maschinengewehr RP-46		85-mm-Kanone D 44 und D 44 N
46-mm-Panzerbüchse RPG-2		85-mm-Kanone K 52
14,5-mm-Fla-Maschinengewehr ZUP-2 und ZUP-4		23-mm-Flak ZU-23-2
		57-mm-Flak S-60
		100-mm-Flak KS-19
		57-mm-Flak SFL (S 68), ZSU-57-2

Übersicht zur Hauptbewaffnung der NVA-Luftstreitkräfte/Luftverteidigung (Auswahl), 2. Hälfte der 1950er-Jahre	
Kampf- und Übungsflugzeuge	Transport- und Verbindungsflugzeuge
Übungsjagdflugzeug MiG-15 UTI	Passagierflugzeug Super Aero-45
Jagdflugzeuge MiG-17 F und MiG-17 PF	Passagierflugzeug AN-14 („Bienchen")
Überschalljagdflugzeuge MiG-19 S und MiG-19 PM	Verbindungsflugzeug L-60 Brigadyr

Vom Mauerbau zur Wehrpflicht – Dienen in der Volksarmee

Am Ende ihrer Aufbauphase stand die DDR-Volksarmee vor ihrer ersten großen „Bewährungsprobe". Nachdem der Flüchtlingsstrom aus der DDR in den Westen Anfang der 1960er-Jahre unablässig anstieg, drohte die DDR auszubluten. Seit 1949 hatten bereits über 2,6 Millionen Menschen aus den unterschiedlichsten Motiven heraus ihre Chance genutzt, die DDR zu verlassen. Die Herrschenden in Ost-Berlin und in Moskau sahen nur einen Ausweg: Die Grenzen der DDR müssen geschlossen werden!

In Absprache mit der sowjetischen Führung bereitete die DDR daher die Abriegelung West-Berlins und die Schließung der Grenzen zur Bundesrepublik vor, auch wenn SED-Chef Walter Ulbricht noch im Juni 1961 beteuerte, dass niemand die Absicht habe, „eine Mauer zu errichten". Die sowjetischen Militärs legten die Planungen für die Grenzschließung in groben Zügen fest und machten deutlich, dass ihre Truppen in einem Ring um Berlin für alle Eventualitäten bereitstünden. Die Ostdeutschen selbst sollten unter strengster Geheimhaltung die Aktion weiter ausarbeiten und letztlich auch durchführen. Beabsichtigt war, an vorderster Front Polizei- und Grenzpolizeikräfte des DDR-Innenministeriums sowie „Kampfgruppen der Arbeiterklasse" einzusetzen. Dahinter gestaffelt sollten NVA-Truppen in Bereitschaft stehen. Die NVA-Führung alarmierte dazu die 1. Mot. Schützendivision Potsdam und die 8. Mot. Schützendivision Schwerin und verlegte sie auf Übungsplätze nördlich und südwestlich von Berlin.

Am Sonntag, dem 13. August 1961, 0:00 Uhr lösten die verantwortlichen Militärs in der NVA Gefechtsalarm („Erhöhte Gefechtsbereitschaft") aus. In den folgenden Stunden wurden die Sektorengrenzen von mehr als 5.000 Grenz- und ebenso vielen Volkspolizisten, 4.500 Mitgliedern der „Kampfgruppen" sowie von über 7.300 Soldaten der NVA abgeriegelt. Kräfte der Schweriner Division mit über 3.000 Mann, 100 Panzern und 120 Schützenpanzerwagen nahmen ihre Einsatzräume in Ost-Berlin ein, die sich etwa 1.000 m vor der Grenze befanden. Die 1. Mot. Schützendivision mit mehr als 140 Panzern und 200 Schützenpanzerwagen hatte gemeinsam mit der 5. Grenzbrigade den

DDR-Grenzposten auf Streifengang in Ost-Berlin, 1965

NVA-Panzersoldaten am Ost-Berliner Bahnhof Friedrichstraße, August 1961

Berliner Außenring zu sichern. Die Anwendung der Schusswaffe war kategorisch verboten.

In den Morgenstunden des 13. August hatte das Ulbricht-Regime das „Schlupfloch" Berlin für die DDR-Bürger geschlossen. In den folgenden Wochen ersetzte man die provisorischen Stacheldrahtrollen durch eine Mauer aus Betonplatten und Hohlblocksteinen. Erst Anfang Dezember 1961 hob die Armeeführung die erhöhte Gefechtsbereitschaft für die NVA auf. Die militärische Operation zur Abriegelung West-Berlins galt damit aus der Sicht der DDR und der UdSSR als erfolgreich beendet. Die Berliner Mauer wurde zum Symbol für den Kalten Krieg und zu einem Kennzeichen der SED-Diktatur. Bereits wenige Tage nach dem Mauerbau starb der erste Flüchtling in Berlin, der 24-jährige Günter Litfin, durch eine Kugel der ostdeutschen Grenzpolizisten. Insgesamt waren an der Berliner Mauer bis 1989 mindestens 138 Todesopfer des DDR-Grenzregimes zu beklagen.

Am 15. September 1961 unterstellte die SED-Führung die Deutsche Grenzpolizei (DGP) dem Verteidigungsministerium und bildete das „Kommando der Grenztruppen" in der NVA. Damit begann ein neuer Entwicklungsabschnitt der Grenzsicherung.

Die Schließung der Grenzen im Sommer 1961 war für die Menschen mit weitreichenden Folgen verbunden. Im militärischen Bereich wurde dies insbesondere bei der personellen Auffüllung sichtbar. Nun konnten sich die jungen Männer dem staatlichen Rekrutierungsdruck in den Schulen und Betrieben nicht mehr durch Flucht in den Westen entziehen. Allein 1960 waren noch knapp 10.000 Jugendliche im Alter von 15 bis 18 Jahren und über 24.000 Jugendliche zwischen 18 und 25 Jahren aus der DDR geflüchtet. Auch demographische Entwicklungen stellten das Freiwilligenprinzip immer mehr in Frage. Einen Ausweg aus diesem Dilemma eröffnete nur die allgemeine Wehrpflicht.

Am 24. Januar 1962 verabschiedete die Volkskammer erwartungsgemäß einmütig das Gesetz über die allgemeine Wehrpflicht (Wehrpflichtgesetz).

Protokoll der 1. Sitzung des Nationalen Verteidigungsrates (Deckblatt), 1960

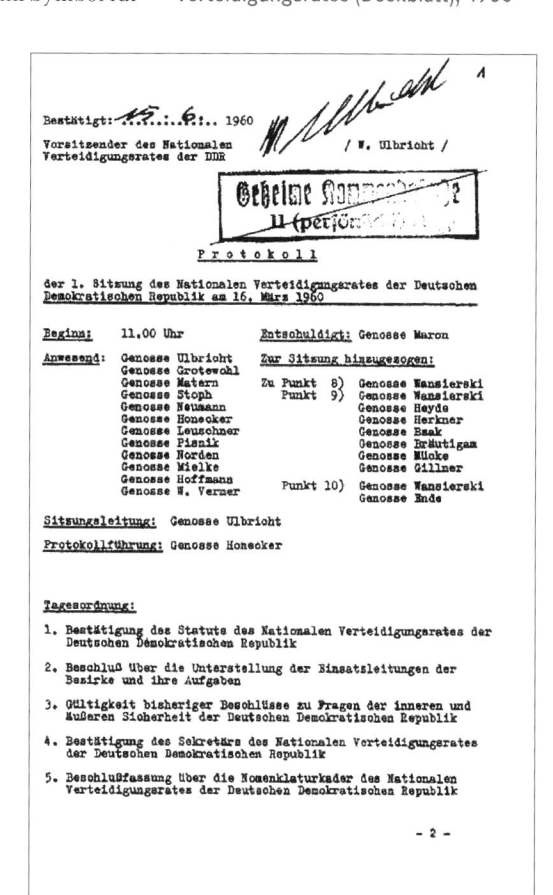

Musterungsstützpunkt in Kamenz, 1964

Das von der Volkskammer verabschiedete Gesetz legte den Grundwehrdienst auf 18 Monate, den des Reservistendienstes für Soldaten und Unteroffiziere auf höchstens 21 Monate fest. Die Dauer des Grundwehrdienstes wurde in Anlehnung an die damaligen Regelungen der Wehrdienstzeit in der Bundesrepublik beschlossen. Die allgemeine Wehrpflicht erstreckte sich auf die männlichen Bürger der DDR vom 18. bis zum vollendeten 50. Lebensjahr. Bei Offizieren endete sie mit der Vollendung des 60. Lebensjahres. Im Verteidigungsfall unterlagen alle männlichen Bürger zwischen 18 und 60 Jahren der Wehrpflicht. Der gemusterte Wehrpflichtige konnte vom vollendeten 18. Lebensjahr bis zum 31. Dezember des Jahres, in dem er das 26. Lebensjahr vollendete, zum Grundwehrdienst einberufen werden. Wehrpflichtige hatten auch die Möglichkeit, sich freiwillig als Soldat auf Zeit mit einer Mindestdienstdauer von drei Jahren zu verpflichten. Als Berufssoldaten galten demgegenüber Unteroffiziere, die sich für eine mindestens zehnjährige Dienstzeit verpflichteten, alle Offiziersschüler sowie die Offiziere und Generale/Admirale in einem aktiven Wehrdienstverhältnis. Im Gesetz wurden zudem die Rechte und Pflichten der NVA-Wehrpflichtigen fixiert. Dazu gehörte das aktive und passive Wahlrecht der Soldaten. Das Gesetz regelte darüber hinaus die Versorgung. Es beinhaltete auch Sonderreglungen für den Verteidigungszustand sowie Strafbestimmungen.

Das Wehrpflichtgesetz von 1962 schuf erstmals Voraussetzungen für eine systematische militärische Ausbildung aller wehrfähigen männlichen Bürger und gewährleistete künftig eine kontinuierliche personelle Auffüllung der Streitkräfte. Neben der Beseitigung des Rekrutierungsproblems erhoffte sich die SED, Bildung und Qualifikation in der Truppe verbessern zu können. Das Wehrpflichtgesetz ermöglichte zudem eine gezielte politische und ideologische Erziehung junger DDR-Bürger zu „sozialistischen Soldatenpersönlichkeiten". Der Wehrdienst galt in diesem Sinne als „Schule der politisch-militärischen Ausbildung und Erziehung" und sollte disziplinierend und indoktrinierend wirken. Die Wehrpflicht schuf letztlich auch die Basis für eine planmäßige Reservistenausbildung, um allen Militärdienstfähigen eine umfassende militärische Ausbildung zu ermöglichen. So wurden allein in den 1960er-Jahren beispielsweise jährlich zirka 15.000 Studenten und Fachschüler militärisch ausgebildet. Die zentrale Ausbildungseinrichtung für männliche Studierende befand sich in Seelingstädt bei Ronneburg.

Von den NVA-Angehörigen war anstelle des bisherigen Schwurs der Fahneneid zu leisten.

Fahneneid der Nationalen Volksarmee, 1962 bis Frühjahr 1990
Ich schwöre: Der Deutschen Demokratischen Republik, meinem Vaterland, allzeit treu zu dienen und sie auf Befehl der Arbeiter-und-Bauern-Regierung gegen jeden Feind zu schützen.
Ich schwöre: An der Seite der Sowjetarmee und der Armeen der mit uns verbündeten sozialistischen Länder als Soldat der Nationalen Volksarmee jederzeit bereit zu sein, den Sozialismus gegen alle Feinde zu verteidigen und mein Leben zur Erringung des Sieges einzusetzen.
Ich schwöre: Ein ehrlicher, tapferer, disziplinierter und wachsamer Soldat zu sein, den militärischen Vorgesetzten unbedingten Gehorsam zu leisten, die Befehle mit aller Entschlossenheit zu erfüllen und die militärischen und staatlichen Geheimnisse immer streng zu wahren.
Ich schwöre: Die militärischen Kenntnisse gewissenhaft zu erwerben, die militärischen Vorschriften zu erfüllen und immer und überall die Ehre unserer Republik und ihrer Nationalen Volksarmee zu wahren.
Sollte ich jemals diesen meinen feierlichen Fahneneid verletzen, so möge mich die harte Strafe der Gesetze unserer Republik und die Verachtung des werktätigen Volkes treffen.
  Quelle: Gesetzblatt der DDR, Teil I, 1962, S. 6

Die 18-monatige Grundwehrdienstzeit erforderte eine zweimalige Einberufung im Jahr, die in der Regel im Frühjahr und Herbst stattfand. Am 4. April 1962 rückten die ersten Wehrpflichtigen in die Kasernen ein. Regulär entlassen und zur Reserve versetzt wurden die Grundwehrdienstleistenden seit 1963 jeweils ebenfalls im Frühjahr und Herbst jeden Jahres. Die Militärstreifen hatten an solchen Tagen auf Bahnhöfen und in Zügen alle Hände voll zu tun, um die gerade entlassenen Soldaten zur Raison zu bringen. Alkoholexzesse und das Tragen von Armee-Effekten waren ebenso Anlass für das oftmals harte Durchgreifen der Militärstreifen wie verbale Beschimpfungen oder Handgreiflichkeiten.

Die übergroße Mehrheit der gemusterten Jugendlichen kam gezwungenermaßen ihrer gesetzlichen Pflicht zum Dienst in der NVA nach. Der Grundwehrdienst wurde für Generationen junger Männer zu einem festen Bestandteil ihrer Biografie.

Anders als in der Bundesrepublik gab es in der DDR kein Recht auf Kriegsdienstverweigerung. Gegner der Wehrpflicht und des Wehrdienstes wurden von der SED mit Feinden des Friedens und des Sozialismus gleichgesetzt und gesellschaftlich geächtet. Die Anzahl der Wehrpflichtigen, die den Wehrdienst ablehnten, war jedoch vergleichsweise gering. In den Jahren 1962 bis 1964 verweigerten etwa 1.500 Wehrpflichtige den Wehrdienst. Die meisten dieser sogenannten Totalverweigerer waren Zeugen Jehovas, deren Glaubensbekenntnis einen Waffendienst generell ablehnt. Die Militärjustiz ging gegen Verweigerer strafrechtlich vor.

Nach einem anfänglich eher konzeptionslosen Umgang mit Wehrdienstverweigerern reagierte die politische und militärische Führung der DDR mit einer überraschenden Regelung, die am 7. September 1964 in einer Anordnung

Armeegeneral Heinz Hoffmann besucht die ersten einberufenen Wehrpflichtigen der NVA, 1962

Einberufung von Reservisten zur NVA, 1968

des Nationalen Verteidigungsrates veröffentlicht wurde. Kernaussage war, dass in der NVA Baueinheiten geschaffen werden, in denen Wehrpflichtige als „Wehrersatzdienst" ihren Dienst „aus religiösen Anschauungen oder aus ähnlichen Gründen" ohne Waffe ableisten konnten. Damit war in der DDR die im Warschauer Pakt zu diesem Zeitpunkt einmalige Möglichkeit einer legalen Waffendienstverweigerung eingeführt worden.

Wehrpflicht und Wehrdienst wurden nach 1962 mit weiteren Durchführungsbestimmungen und Anordnungen geregelt. Die Wehrpflicht bot auch den Anlass, Uniformen und Ausrüstung praxistauglicher zu gestalten. Dazu gehörte in den 1960er-Jahren die Einführung neuer Felddienstanzüge mit dem sogenannten „Ein-Strich-kein-Strich"-Muster, die die Flecktarnanzüge ablösten, sowie später einer Uniformjacke in offener Fassonausführung mit silbergrauem Uniformhemd und dunkelgrauem Binder.

Strukturell änderte sich allerdings am Wehrsystem der DDR über lange Jahre nichts. 1968 arbeitete man die Wehrpflicht in die Verfassung ein; der Dienst zur Verteidigung der DDR wurde zur „Ehrenpflicht" erhoben. Im März 1982 löste ein neues Wehrdienstgesetzes das Gesetz von 1962 ab.

Gemeinsam gegen den Feind – Kriegsschauplatz, Militärdoktrin und Kriegführung im Bündnis

Für den Kriegsfall lagerten in den Panzerschränken des sowjetischen Generalstabes streng geheime, systematisch aktualisierte Planungen zum Einsatz der Vereinten Streitkräfte. Das potenzielle mitteleuropäische Schlachtfeld bezeichnete die sowjetische Militärsprache als „Westlichen Kriegsschauplatz". Hier standen sich NATO-Kräfte und Warschauer-Pakt-Truppen direkt gegenüber.

Im Osten bildete die Sowjetarmee mit insgesamt rund vier Millionen Mann (1970) und ihren Kernwaffen die militärische Hauptkraft. Ihre strategische Vorhut im Herzen Europas waren die eigenen, in der DDR stationierten Truppen. Diese bestanden Mitte der 1960er-Jahre aus sechs Armen mit 20 Divisionen und einer Luftarmee mit fünf Divisionen. Etwa die Hälfte ihrer Landstreitkräfte waren Panzerdivisionen.

Als angenommener Gegner konzentrierte sich im Westen, auf dem Territorium der Bundesrepublik Deutschland und an sie angrenzender Staaten, ebenfalls eine außerordentlich starke Streitmacht, die aus den Streitkräften beziehungsweise aus Teilen der Armeen der Bundesrepublik, der USA, Großbritanniens, Frankreichs, Kanadas, Dänemarks, der Niederlande und Belgiens bestand. Die USA, Großbritannien und Frankreich verfügten über Kernwaffen.

Aus der eigenen Geschichte sowie basierend auf ideologischen Grundsätzen des Marxismus-Leninismus hatte die UdSSR die Lehre gezogen, zu jeder

Propagandaplakat der NVA, 1950er-Jahre

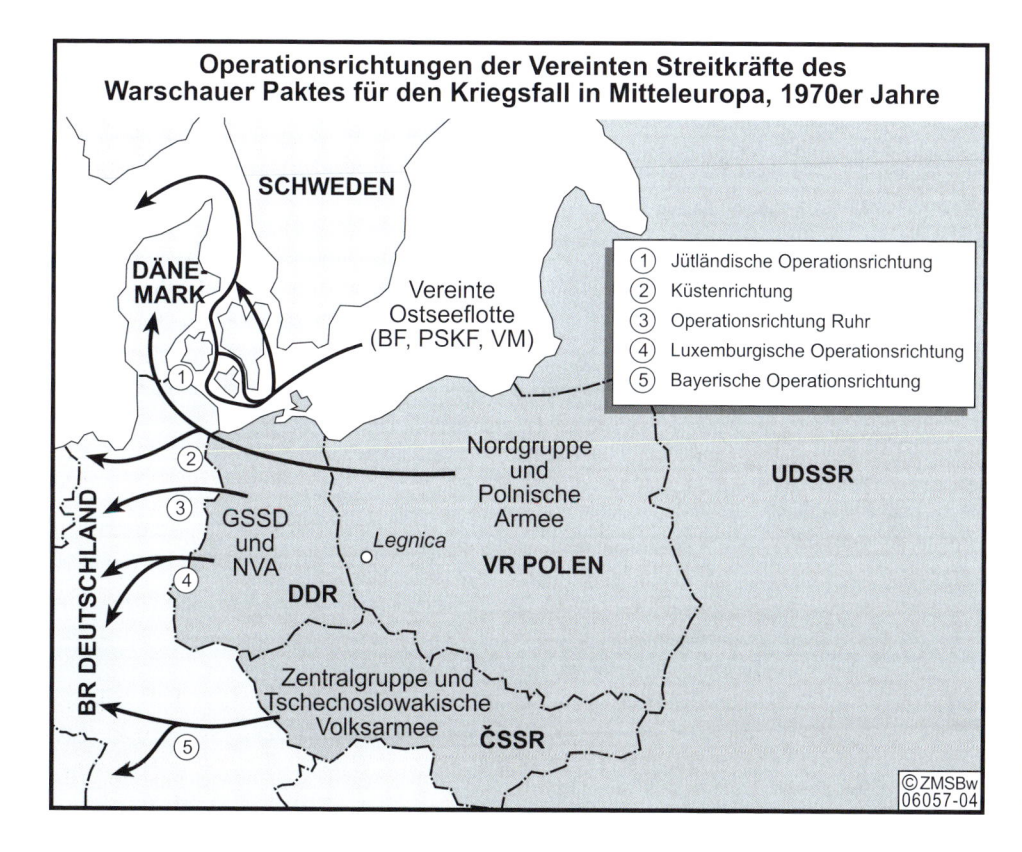

Geplante Stoßrichtungen der Warschauer Pakt-Truppen

Kernwaffen in der Bundesrepublik: Eine Atomrakete der US-Armee in Rheinland-Pfalz, 1963

Zeit militärisch auf einen überraschenden Überfall des Gegners vorbereitet zu sein und von Anfang an das Heft des Handelns zu übernehmen. Ausgehend von einer Politik der Stärke und der militärischen Überlegenheit sollte jeder Aggressor mit gewaltigen Schlägen auf seinem eigenen Territorium vernichtet werden. Anfang 1960 erklärte der sowjetische Parteichef Nikita S. Chruschtschow vor dem Hintergrund der massenweisen Einführung von Raketenkernwaffen den allumfassenden Raketenkernwaffenkrieg zur neuen Militärstrategie der UdSSR. Zwei Jahre später legten dann zum ersten Mal Marschall Wassili D. Sokolowski und andere hohe sowjetische Militärs in ihrem Buch „Militärstrategie" die neuen sowjetischen Methoden zur Führung eines Kernwaffenkrieges öffentlich dar.

Aus dem Programm der SED, 1963

Solange die imperialistischen Kräfte das Wettrüsten betreiben, sich dem Verbot der Kernwaffen, der Auflösung ihrer aggressiven Militärblocks und der allgemeinen Abrüstung widersetzen, ist die militärische Überlegenheit des sozialistischen Lagers für die Erhaltung des Friedens und den Schutz des sozialistischen Aufbaus unerlässlich.

Quelle: Protokoll der Verhandlungen des VI. Parteitages der SED, Bd. IV, Berlin (Ost) 1963, S. 373

Strategisches Grundprinzip und Hauptthema der sowjetischen Militärstrategie, die auch als Militärdoktrin bezeichnet wurde, blieb die Angriffskonzeption, die strategische Offensive. Eine strategische Verteidigung war nicht vorgesehen. Verteidigungshandlungen sollte es nur im operativen und taktischen Rahmen geben. Dennoch erforderte die neue Militärdoktrin veränderte Strukturen in den Streitkräften, eine modifizierte Ausbildung sowie neue Methoden und Formen der Kampfführung. Davon betroffen waren seit Anfang der 1960er-Jahre auch die mit der Sowjetarmee im Warschauer Pakt vereinten Streitkräfte der „Bruderstaaten" im Ostblock.

Über mehr als zwei Jahrzehnte hinweg ließ das östliche Bündnis keinen Zweifel daran, im Kriegsfall den Feind abzuwehren und dann in einer Gegenoffensive das wirtschaftliche Potenzial des Gegners in der gesamten Tiefe des Raumes endgültig zu zerschlagen. Diese Offensivstrategie zur „Verteidigung des Sozialismus" sah bis zu Anfang/Mitte der 1980er-Jahre einen offensiven, auch mit Kernwaffen geführten Krieg vor. Das erforderte eine schnelle Inbesitznahme des fremden Territoriums und damit Kampfhandlungen, die in relativ kurzer Zeit abzuschließen waren. Ein zukünftiger Krieg zwischen dem „sozialistischen und dem kapitalistischen Weltsystem" wurde von den sowjetischen Militärs lange Zeit als Weltkrieg und als der entscheidende bewaffnete Zusammenstoß der beiden Gesellschaftsordnungen eingestuft, der trotz seiner verheerenden Ausmaße letztlich siegreich für den Sozialismus sein würde.

Das Territorium der DDR bildete in Mitteleuropa den vordersten strategischen Raum der Vereinten Streitkräfte. Die DDR war daher von großer Bedeutung für die Kriegsplanungen des Pakts, zumal sie in der Hauptstoßrichtung einer angenommenen Offensive der NATO-Streitkräfte lag und selbst Ausgangspunkt von mehreren eigenen Operationsrichtungen war.

Auf dem Gebiet der DDR sollten sich im Kriegsfall nach den bis in die 1980er-Jahre gültigen Plänen zwei Fronten der 1. Strategischen Staffel der Vereinten Streitkräfte des Warschauer Pakts entfalten, die aus sowjetischen, polnischen und NVA-Truppen bestanden – die 1. Front/Westfront und die 2. Front, auch als Küstenfront bezeichnet.

NVA-Soldaten im Felddienstanzug (Flächendruck mit vier Tarnfarben), 1961

Die Aufgaben der 1. Front mit sowjetischen und ostdeutschen Verbänden lagen in den zentralen Operationsrichtungen Ruhrgebiet (Ruhr), Lothringen/Luxemburg und Bayern/Süddeutschland. Nach einem Angriff der NATO hätten Kräfte der Westfront eine Luftverteidigungsoperation geführt, um anschließend den Hauptschlag gegen die zentralen NATO-Bereiche zu richten und diese in Teilen zu zerschlagen. Nach sechs bis sieben Tagen sollte unter Umgehung des Ruhrgebietes die Westgrenze der Bundesrepublik Deutschland erreicht werden. Der operative Einsatz der NVA geschah entsprechend der sowjetischen Planung nur im Zusammenwirken mit den Kräften der Sowjetarmee. In einer Planungsvariante sollte die im Süden der DDR dislozierte 3. Armee der NVA (Leipzig) innerhalb der 1. operativen Staffel der Front an der Seite sowjetischer Armeen in Richtung Westen entlang der Linie Gießen–Koblenz bis zum Rhein vorstoßen. Zugleich galt es, durch schwache Kräfte amerikanische Truppen im Thüringer Wald zu binden, die danach von der 1. Gardepanzerarmee der sowjetischen Streitkräfte zerschlagen werden sollten. Eine andere Variante verortete die 3. NVA-Armee anfangs in der 2. operativen Staffel der Front. Zur Verstärkung der Angriffswucht dieser zentralen 1. Front sollte eine weitere Front der 2. strategischen Staffel (2. Westfront) aus dem Militärbezirk Weißrussland heran- und in den Streifen Gießen–Frankfurt am Main eingeführt werden. Weitere Planungen für die Warschauer-Pakt-Truppen umfassten den Vormarsch bis zur französischen Atlantikküste. Der 1. Front standen hunderte taktisch-operative Kernwaffen zur Verfügung. Die DDR selbst besaß keine Atomwaffen. Die Raketensysteme der NVA-Landstreitkräfte konnten jedoch als Träger für nukleare Gefechtsköpfe genutzt werden und wären damit Teil des nuklearen Potentials der Fronten geworden. Ende der 1960er-Jahre stellten die Gefechtstruppen der NVA-Landstreitkräfte mit ihren rund 125.000 Mann etwa ein Viertel der 1. Front.

Am rechten Flügel der 1. Front sahen die sowjetischen Planungen vor, in einem Streifen entlang der Ostseeküste zwei Tage nach Kriegsbeginn die Küstenfront bereitzustellen und in den Operationsrichtungen Nordseeküste und Jütland zum Angriff überzugehen. Die Küstenfront stand formal unter Führung

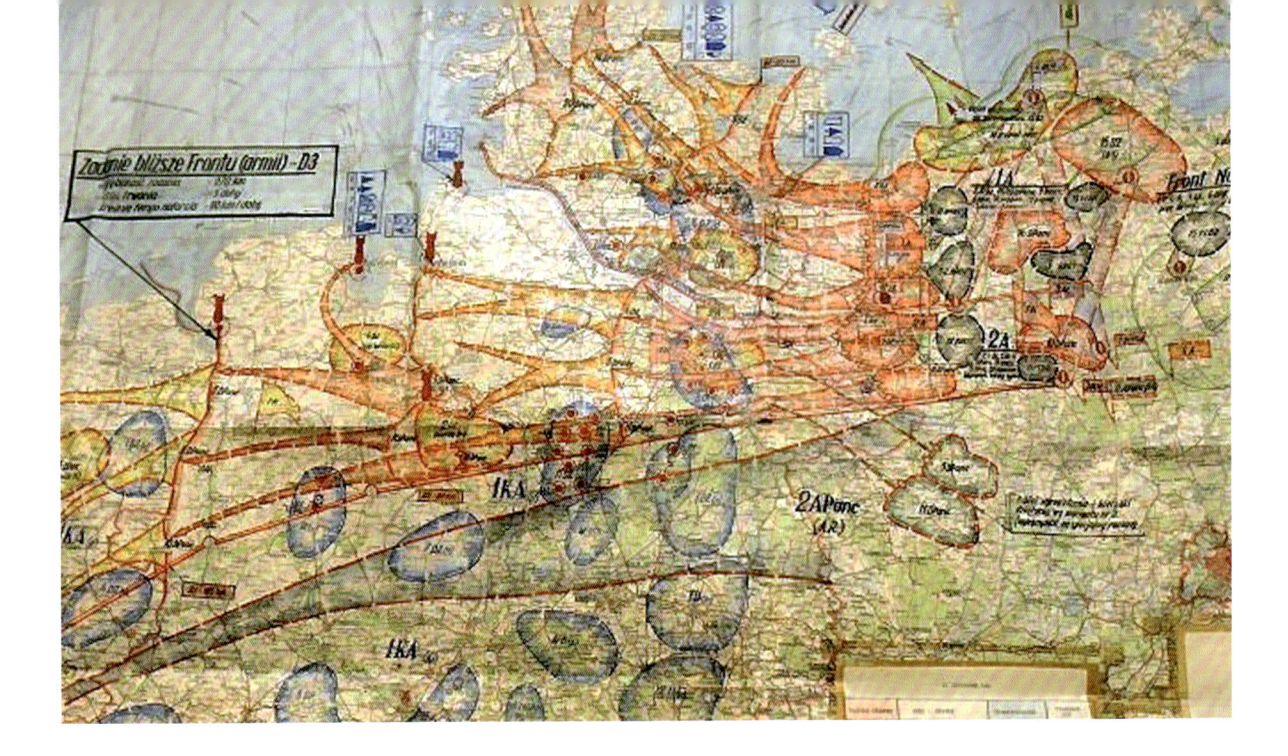

Plan einer Angriffsoperation der Vereinten Streitkräfte des Warschauer Pakts, 1969

der Polnischen Armee und formierte sich aus deren Verbänden und Truppenteilen sowie aus Teilen der Vereinten Ostseeflotte und Kräften der Sowjetarmee und der NVA. Die sogenannte Küstenrichtung verlief entlang der südlichen Nordseeküste. Sie begann im nordwestlichen Teil der DDR, führte über Niedersachsen und Bremen durch die Niederlande und endete im nordwestlichen/westlichen Teil Belgiens. Die Tiefe der Operationsrichtung betrug etwa 550 Kilometer, die Breite schwankte zwischen 100 und 200 Kilometern. Die Front sollte in Küstenrichtung entlang der Linie Salzwedel–Lüneburg vorrücken und das 1. Armeekorps der niederländischen Streitkräfte und mögliche Reserven des III. Armeekorps der USA zerschlagen, den Übergang über die Weser erzwingen und bis zum etwa neunten Tag an die niederländische Grenze vorstoßen. Da die polnischen Kräfte der Front zu Kriegsbeginn erst aus Polen in die DDR vorverlegt werden müssten, sollten zunächst Teile der NVA-Landstreitkräfte in der vordersten Linie der Front zum Einsatz kommen. So war vorgesehen, das 5. Armeekorps/die 5. Armee der NVA (Neubrandenburg) in die Küstenfront zu integrieren.

In der Nebenstoßrichtung Jütland, für die bis Anfang der 1970er-Jahre auch NVA-Truppen eingeplant waren, sollte der Hauptstoß über Mölln und Rendsburg nach Dänemark führen. Im Bereich der Ostseeausgänge nahm die Cimbrische Halbinsel zweifellos eine besondere Stellung ein, da ihr der Warschauer Pakt die Rolle eines Ausgangsraumes für eine westliche Aggression zuschrieb. Als problematisch galt es, Hamburg zu blockieren und einzunehmen.

Ein ähnliches Problem bei der Einnahme einer Großstadt zeigte sich in Berlin, weil sich im Westteil der Stadt militärische Kontingente der USA, Großbritanniens und Frankreichs befanden. Sie mussten im Kriegsfall schnell blockiert beziehungsweise zerstört werden.

Die östlichen Seestreitkräfte unterstützten die Landstreitkräfte und hatten die Aufgabe, die angreifenden Gruppierungen der westlichen Seestreitkräfte innerhalb von acht Tagen zu zerschlagen und die Seeherrschaft in der Ostsee zu übernehmen. Danach wollte man mit einer Landungsoperation die Inseln im Bereich der Meerengen in der westlichen Ostsee einnehmen und die Truppen der Küstenfront bei ihrem Angriff entlang der Meeresküste und in Richtung Jütland unterstützen. Anschließend ging es darum, in die Nordsee vorzustoßen und dort die Seeherrschaft im südöstlichen Gebiet zu erkämpfen.

Die Volksmarine der DDR war in Friedenszeiten gemeinsam mit der Baltischen Flotte der UdSSR und der Polnischen Seekriegsflotte Bestandteil der „Verbündeten Ostseeflotten". Im Kriegsfall und bei gemeinsamen Manövern und Übungen agierten die drei nationalen Marinen unter der Bezeichnung „Vereinte Ostflotte"(VOF). Sie war wie die Front bei den Landstreitkräften eine operativ-strategische Vereinigung. Die Aufgaben der DDR-Marine in der VOF leiteten sich aus der westlichen Randlage der DDR und den strategisch-operativen Besonderheiten der Ostsee ab. Sie sollte die Angriffsgruppierung des Gegners in der westlichen Ostsee frühzeitig schwächen. Zudem übernahm sie die Aufgabe, eine operativ-strategische Luft- und Seelandung auf den dänischen Inseln (bis 1980) und taktische Landungen an der Küste der Bundesrepublik vorzubereiten, durchzuführen und abzusichern. Auch ein Vorstoß mit Raketenkräften in die Kieler Bucht gehörte zu ihren Aufgaben. Da die NVA über keine Marineinfanterie verfügte, wurde für taktische Landungen anfangs das Mot. Schützenregiment-28 in Prora, später das Rostocker Mot. Schützenregiment vorbereitet.

Manöver „Quartett" des Warschauer Pakts in der DDR, 1963

Aus einem Bericht der NVA-Führung, September 1971
Ausgehend davon, dass das Territorium der DDR im Falle eines Krieges Bereitstellung-, Entfaltungs- und Ausgangsraum sowie Hauptdurchgangsrichtung für die militärische Operation der NVA, der Sowjetarmee und der Polnischen Volksarmee in der strategischen Hauptrichtung auf dem westlichen Kriegsschauplatz zur Zerschlagung des Gegners auf seinem Territorium wäre, erwachsen unserer Landesverteidigung eine Reihe umfangreicher, äußerst komplizierter und außerdem zeitlich zusammenfallender Aufgaben. Quelle: BArch, DVW 1/39496, Bl. 108.

Diese Aufgaben trugen vorrangig militärisch-sicherstellenden Charakter und wurden allgemein unter dem Begriff der Operationsfreiheit der Vereinten Streitkräfte gefasst. Dazu gehörten Maßnahmen, die die ungehinderte Bewegung der Vereinten Streitkräfte entsprechend der operativen Planung auf dem Territorium der DDR sicherstellen und ihre Entfaltung in voller Gefechtsbereitschaft ermöglichen sollten: die Sicherstellung sicherer Nachrichtenverbindungen, die Zerschlagung von Feindkräften auf dem DDR-Territorium, die Sicherung der Transportwege und Flussübergänge, die transportmäßige Sicherstellung auf Straßen, Schienen und Wasserwegen, die Unterstützung der materiell-technischen und medizinischen Sicherstellung und die Beseitigung der Folgen des Einsatzes von Massenvernichtungswaffen.

Alle militärischen Planungen im Rahmen des Warschauer Pakts beruhten auf sowjetischen „Empfehlungen". Diese umfassten jeweils einen Fünfjahreszeitraum. Sie wurden dem Strausberger Ministerium für Nationale Verteidigung vorgelegt, das darüber mit einem gewissen Spielraum verhandeln konnte. Im Ergebnis dessen entstanden dann die verbindlichen Protokolle über die „Bereitstellung von Truppen und Flottenkräften der DDR in den Bestand der Vereinten Streitkräfte", die die wesentlichsten Linien der NVA-Entwicklung sowie des militärischen Ausbaus des DDR-Territoriums beinhalten.

Im gedeckten Gefechtsstand während einer Übung, 1970er-Jahre

Die Teilnahme von Stäben und Truppen der NVA an den Handlungen der Vereinten Streitkräfte im Bestand der 1. Strategischen Staffel und der Vereinten Ostseeflotte setzte entsprechende Bewaffnung und Kampftechnik, kriegsnahe Ausbildung und Erziehung der Soldaten sowie hohe Gefechts- und Mobilmachungsbereitschaft der Verbände, Truppenteile und Einheiten voraus. In den 1960er-Jahren wurden dafür in allen drei Teilstreitkräften und in den Grenztruppen wesentliche Grundlagen geschaffen.

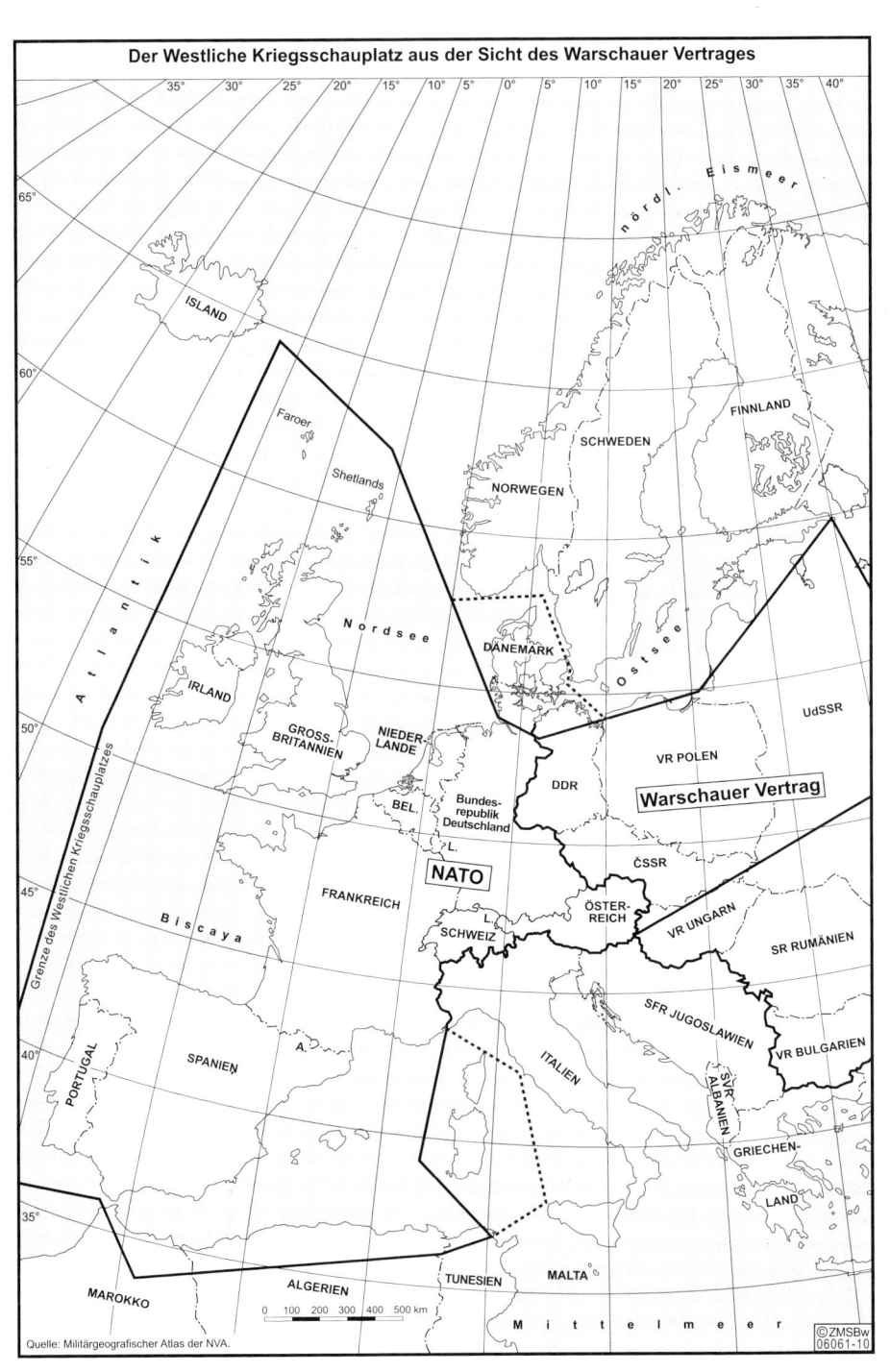

Der sowjetische Generalstab unterteilte die Welt in strategische Regionen und Kriegsschauplätze.

Zu Lande, in der Luft und zur See – Strukturen, Bewaffnung und Ausrüstung

Mit Beginn des Jahrzehnts wurde die Entwicklung der DDR-Volksarmee vor allem durch die sogenannte Revolution im Militärwesen sowie durch die ihr von den Sowjets übertragenen Aufgaben auf dem europäischen Kriegsschauplatz beeinflusst. So rüstete man bis 1963 alle Teilstreitkräfte mit verschiedenen Raketenwaffen aus, was zu Veränderungen in der Struktur und der Gliederung der Armee führte. Bei den Landstreitkräften ergab sich daraus die Notwendigkeit, die Manövrierfähigkeit der Truppen zu erhöhen, um erfolgreich und schnell Raketen-Kernwaffenschläge auszunutzen. Deshalb maß man der Panzerwaffe eine steigende Bedeutung bei. Sie erhöhte auch den Kampfwert der Infanterie. Als wichtig erschien zudem, die Deckung der Truppen gegen Kampfflugzeuge durch moderne Flugabwehrsysteme zu verbessern.

Die Friedensstärke der NVA betrug zu Beginn der 1960er-Jahre etwa 120.000 (Soll)Mann; im Kriegsfall sollte die Armee auf über 280.000 Soldaten anwachsen. Der personelle Bestand der NVA erhöhte sich im Lauf des Jahrzehnts. Eine Folge war, dass die Verbände sofort aus den Dislozierungsräumen heraus ohne Zuführung von neuen Kräften zum Kampf übergehen konnten.

Verdienstmedaille der NVA, gestiftet 1956

LANDSTREITKRÄFTE

Am Ende der 1950er-Jahre hatten die Landstreitkräfte im Wesentlichen jene Grundstruktur eingenommen, die sie in den folgenden drei Jahrzehnten beibehielten. Jeder Militärbezirk der Landstreitkräfte besaß eine Panzerdivision und zwei Mot. Schützendivisionen sowie einen sogenannten Armeekomplex mit verschiedenen Sicherstellungs- und Spezialtruppen. Die 1956 aufgestellte 6. Mot. Schützendivision in Prenzlau fiel allgemeinen Kürzungen zum Opfer und wurde Ende 1958 aufgelöst. Auf ihrer Basis entstanden Ausbildungsregimenter. Die Kommandos der Militärbezirke bildeten im Kriegsfall den Stab eines Armeekorps beziehungsweise später einer Feldarmee. Bis zum Ende der 1960er-Jahre entstanden Stäbe und Einheiten der Territorialverteidigung. Die Landstreitkräfte wurden im Unterschied zu den anderen Teilstreitkräften zuerst noch vom Verteidigungsministerium direkt sowie über die beiden Militärbezirke geführt.

Die Landstreitkräfte der NVA bestanden aus Waffengattungen, Spezialtruppen und Diensten. Zu den Waffengattungen gehörten die Mot. Schützentruppen, die Panzertruppen, die Raketentruppen/Artillerie, die Truppenluftabwehr und die Fallschirmjäger. Hinzu kamen Aufklärungs- und Nachrichtentruppen sowie Einheiten der Chemischen Abwehr. Zu den zahlreichen Diensten zählten Technische Dienste, der Verpflegungsdienst und der Medizinische Dienst. Ende der 1960er-Jahre hatte man erreicht, dass die Versorgung der Streitkräfte mit Munition, Treib- und Schmierstoffen, Verpflegung, Bekleidung und Ausrüstung etwa für einen Kriegsmonat gesichert war. Nach Auflösung der Offiziersschulen der Waffengattungen nahm Ende 1963 die Offizierschule der Landstreitkräfte in Löbau den Lehrbetrieb auf. Sie erhielte 1964 den Namen „Ernst Thälmann".

Wimpel der NVA-Landstreitkräfte

Grabenbagger BTM beim Aushub eines Grabens

Artillerie-Zugmittel LKW Ural 375 D

Panzerbüchse RPG-7 zur Panzernahbekämpfung

Die tragende, universale und personell stärkste Waffengattung der Landstreitkräfte bildeten die motorisierten (mot.) Schützentruppen. Während die Soldaten anderer Waffengattungen vorrangig als Besatzung (Panzer) oder Bedienung (Raketentruppen/Artillerie) eines größeren Waffensystems kämpften, „fochten" die mot. Schützen mit ihren persönlichen (Schützen-) Waffen sowie mit der Bordbewaffnung von Schützenpanzerwagen und Schützenpanzern. 1957 hatte die Einführung der Maschinenpistole „Kalaschnikow" begonnen, die rasch den Selbstladekarabiner S ablöste. Die mot. Schützentruppen waren vollmotorisiert und mit Panzern und gepanzerten Gefechtsfahrzeugen ausgerüstet. Dadurch verbesserten sich die Gefechtsmöglichkeiten, die Beweglichkeit und die Feuerkraft der Divisionen, Regimenter und Einheiten erheblich.

Gesamtpersonalstärke der NVA (Ist; ohne Grenztruppen), 1956 und 1966

	1956	1966
Landstreitkräfte	66.750	70.550
LSK/LV	10.400	23.600
Volksmarine	8.500	10.500
Gesamt	85.650	104.650

Personelle Stärke und Hauptbewaffnung einer Panzerdivision und einer Mot. Schützendivision im Vergleich, 1956 und 1966

	1956	1966
Panzerdivision		
Personalstärke	6.692 Mann	6.802 Mann
Anzahl der Panzer	277	333
Anzahl der Rohre	102	63 plus taktische Raketen und PALR
Mot. Schützendivision		
Personalstärke	7.035	8.117
Anzahl der Panzer	195	209
Anzahl der Rohre	201	129 plus taktische Raketen und PALR

Eine Mot. Schützendivision setzte sich im Prinzip aus drei Mot. Schützenregimentern, einem Panzerregiment und einem Artillerieregiment zusammen. Sie verfügte 1962 über etwa 8.000 Mann und knapp 200 Panzer T-54 sowie über 320 SPW-152. Letzterer ermöglichte den Transport von zwei mot. Schützengruppen, war aber oben offen und nicht schwimmfähig. Er wurde schrittweise durch den Acht-Rad-SPW-60 ersetzt.

Die Panzertruppen bildeten entsprechend der herrschenden Doktrin die Hauptstoßkraft der Landstreitkräfte. Sie agierten selbständig oder im Zusammenwirken mit den mot. Schützen und anderen Waffengattungen. Der „strukturmäßige" Panzer in den Aufbaujahren der NVA war noch der sowjetische T-34/85. Die Besatzung bestand aus vier Mann. Zum Kampfsatz gehörten 56 bis 60 Granaten, knapp 2000 Patronen und 20 bis 25 Handgranaten F-1. Ein Panzerregiment, das zu jeder Mot. Schützendivision gehörte, bestand aus drei Panzerbataillonen. Ein Panzerbataillon setzte sich wiederum aus drei Panzerkompanien mit jeweils zehn Panzern zusammen. Anfang der 1960er-Jahre verfügte die NVA über rund 1.300 T-34/85 in verschiedenen Modernisierungsgraden. Dieser Bestand reduzierte sich jedoch rasch. Relativ schnell wurden auch die schweren Panzer der NVA vom Typ IS 2, ausgestattet mit einer 122-mm-Kanone, einem Fla-MG und drei weiteren Maschinengewehren, ausgemustert. Bereits 1957 hatte die Einführung des T-54 begonnen. Er besaß eine vertikal stabilisierte 100-mm-Kanone, zwei Maschinengewehre 7,62-mm und ein 12,7-mm-Fla-MG. Mit seinen 400 kW erreichte er eine maximale Geschwindigkeit von etwa 55 km/h. Der Kraftstoffverbrauch betrug auf der Straße rund 190 Liter/100 km, im Gelände zusätzlich etwa 100 Liter. Mitte der 1960er-Jahre kam der T-55, der in den nächsten Jahren mit modernisierten Versionen zum Standardpanzer der NVA wurde. Mit rund 36 Tonnen Gefechtsmasse und einem Fahrbereich von 400 km, einem Nachtsichtgerät sowie mit der Fähigkeit zur Unterwasserfahrt erfüllte er bereits in den 1960er-Jahren vielseitige Anforderungen des modernen Gefechts. Die Panzerfamilie T-54/55 konnte mit zusätzlichen Geräten wie Planierschild, Minenräumgerät und Schneepflug ausgerüstet werden. Zudem existierten zahlreiche Ableitungen, so unter anderem die Panzerzugmaschinen T-54 T und T-54TB, das Brückenlegegerät BLG-60 oder der Kranpanzer T-55 TK.

Von besonderer Bedeutung waren die neu gebildeten Raketeneinheiten. Vier Jahre nach dem ersten Start einer Rakete „Honest John" der Bundeswehr war auch die NVA in der Lage, die ersten taktischen und operativ-taktischen Raketen selbständig zu starten. Anlässlich der alljährlichen Militärparade

Kampfpanzer T-54 im Gelände

Minenräumpanzer T-55 zum Schaffen minenfreier Fahrspuren

Start einer taktischen Rakete des Komplexes Luna M

wurden am 1. Mai 1964 taktische Raketen der NVA auf Startfahrzeugen der Öffentlichkeit vorgestellt. Ein Jahr später fuhren erstmals operativ-taktische Raketen auf Startfahrzeugen über den Ost-Berliner Marx-Engels-Platz

Der Aufbau von Raketentruppen hatte freilich schon mit dem Beschluss des Nationalen Verteidigungsrates der DDR vom Januar 1961 begonnen, der vorsah, bis 1963 eine Raketenbrigade mit über 1.000 Mann Personal aufzustellen. Unter der Tarnbezeichnung „selbständige Artilleriebrigade-2" (sABr-2) entstand sie ab Mitte Mai 1962 in der Nähe von Pasewalk im Nordosten der DDR. Die ersten Startrampen kamen im Herbst 1962 in die Brigade.

Die erste Verbands-Raketenabteilung erhielt die 9. Panzerdivision im Dezember 1962 am Standort Spechtberg. Ihr Startkomplex 2K6 konnte mit Raketen vom Typ 3R9 bzw. 3R10 bestückt werden. Danach stellte man in den NVA-Divisionen weitere Raketeneinheiten auf und schuf zudem verbesserte Raketenkomplexe auf Kettenstartrampen. Die Raketentruppen gliederten sich in Brigaden, Abteilungen und Batterien.

Die taktischen und operativ-taktischen Raketen der Landstreitkräfte waren die einzigen Kernwaffenträger der NVA. Die Führung der DDR hatte jedoch keine Verfügungsgewalt über atomare Sprengköpfe. Im Kriegsfall war vorgesehen, Kernwaffengefechtsköpfe durch Spezialeinheiten der Sowjetarmee an die NVA-Raketentruppen zu übergeben.

Gemeinsam mit den Raketentruppen bildete die altehrwürdige Artillerie nunmehr die neue Waffengattung „Raketentruppen und Artillerie". Die Artillerie bestand vorrangig aus Haubitzen- und Kanoneneinheiten, ausgerüstet unter anderem mit der 122-mm-Haubitze H 38 und der 130-mm-Kanone

Sowjetische Raketensysteme in den NVA-Landstreitkräften, 1962 bis 1990

Komplex	2K6 Luna	2K52 Luna-M	2K79 Totschka	2K9	9K62	9K72 Elbrus
Bestimmung	taktisch	taktisch	taktisch	operativ-taktisch	operativ-taktisch	operativ-taktisch
Rakete	3R9/3R10	9M21	9M79	8K11	8K14	8K14
Reichweite (in km)	45/32	65	70	170	300	300
Lenkung	nicht lenkbar	nicht lenkbar	Trägheitsnavigation	Trägheitsnavigation	Trägheitsnavigation	Trägheitsnavigation
Startrampe	2P16; Schwimmpanzer PT-76	9P113M; ZIL-135 LM	9P129; BAZ-5921	8U218; SFL-ISU-152 K	2P19; SFL-ISU-152 K	9P117M/M1; MAZ-543
NATO-Bezeichnung	Frog-5	Frog-7	SS-21; Scarab	SS-1b; Scud-A	SS-1c; Scud-B	SS-1c; Scud-B

122-mm-Haubitz-Batterie

M 46. Hinzu kamen Panzerjäger-, Granatwerfer- und Geschosswerfereinheiten sowie reaktive Artillerie- und Panzerabwehr-Lenkraketenkräfte. Zu deren Bewaffnung gehörten unter anderem 122-mm-Granatwerfer 43, 100-mm-Panzerabwehrgeschütze T-12 und MT-12, Geschosswerfer BM-24 und BM-21 sowie Panzerabwehr-Lenkraketen.

Anfang der 1960er-Jahre erreichte auch die Truppenluftabwehr den Status einer selbständigen Waffengattung der Landstreitkräfte. Sie entstand auf der Grundlage der Flakartillerie der frühen NVA. Im ersten Jahrzehnt ihres Bestehens zeigte sich – auch in Konkurrenz mit dem Ausbau der Luftverteidigung der LSK/LV – eine Unterschätzung dieser Waffengattung durch die Armeeführung, was im Personalabbau und in Strukturveränderungen sichtbar wurde. Erst durch neue sowjetische Vorgaben und die Lehren aus dem Sechs-Tage-Krieg 1967 zwischen Israel und den arabischen Staaten, bei dem die israelische Armee mit einem Überraschungsschlag die Luftstreitkräfte ihrer Gegner fast vollständig am Boden zerstört hatte, veränderte sich die Situation. Auf den Flugplätzen der NVA wurden nunmehr Deckungen und Unterstände geschaffen, der pioniertechnische Ausbau forciert und Flugabwehrbatterien eingesetzt. So kam es zur Wiedereinführung der Flak-Regimenter an Stelle von Abteilungen in den Divisionen sowie neben der Ausrüstung mit Rohrflak der Kaliber 57-mm und 100-mm zur Ausrüstung mit neuen Funkmess-Feuerleitgeräten und der Fla-SFL ZSU-23/4 „Schilka". Letztere war ein ideales Mittel

57-mm-Flak S 60

Ausbildung an der 152-mm-Haubitze 43, 1964

DIE STREITKRÄFTE DER DDR UNTER ULBRICHT UND HONECKER (1956–1989)

Absetzen von Aufklärern aus dem Hubschrauber Mi-4, 1966

zur Deckung der Truppen auf dem Gefechtsfeld, da sie nicht nur geländegängig und gepanzert war, sondern mit ihrer Vierlingskanone gegen Luft- und auch Erdziele einsetzbar war. Im Rahmen der Luftverteidigung bereitete man zudem Autobahnabschnitte als Landebahnen vor und erweiterte die Funktechnischen Truppen der LSK/LV.

Schließlich etablierte sich Anfang der 1960er-Jahre eine bei der Gründung der NVA ebenfalls noch nicht vorhandene Waffengattung der Landstreitkräfte: die Fallschirmjäger. Das Bataillon entstand in Prora auf Rügen und verfügte über ungefähr 500 Mann. Die Fallschirmjäger waren mit Handfeuerwaffen, Granatwerfern und rückstoßfreien Geschützen ausgerüstet. Zum äußeren Kennzeichen der Fallschirmjäger wurde die mit Stolz in der Öffentlichkeit getragene orange Baskenmütze.

Struktur der Luftverteidigungsdivisionen der LSK/LV, 1962	
Bezeichnung	Standort
1. Luftverteidigungsdivision	Cottbus
Jagdfliegergeschwader-1 und Fliegertechnisches Bataillon-1	Cottbus
Jagdfliegergeschwader-3 und Fliegertechnisches Bataillon-3	Preschen
Jagdfliegergeschwader-7 und Fliegertechnisches Bataillon-7	Drewitz
Jagdfliegergeschwader-8 und Fliegertechnisches Bataillon-8	Marxwalde
Fla-Raketenregiment-16	Bernau
Fla-Raketenregiment-14	Straßgräbchen
Funktechnisches Regiment-4	Cottbus
2. Luftverteidigungsdivision	Trollenhagen/Neubrandenburg
Jagdfliegergeschwader-2 und Fliegertechnisches Bataillon-2	Trollenhagen/Neubrandenburg
Jagdfliegergeschwader-9 und Fliegertechnisches Bataillon-9	Peenemünde
Fla-Raketenregiment-17	Stallberg
Fla-Raketenregiment-18	Sanitz
Fla-Raketenregiment-13	Parchim
Funktechnisches Regiment-2	Trollenhagen

Das Jagd- und Aufklärungsflugzeug MiG-21 F 13 kommt 1961/62 in die LSK/LV.

LUFTSTREITKRÄFTE/LUFTVERTEIDIGUNG (LSK/LV)

Die 1960er-Jahre waren für die LSK/LV der NVA sowohl mit grundlegenden strukturellen Veränderungen als auch mit einer durchgängigen Modernisierung und Neuausstattung von Bewaffnung und Technik verbunden. Die weitreichendste Entscheidung stellte die Bildung von zwei Luftverteidigungsdivisionen (LVD) mit Wirkung vom 1. Dezember 1961 dar. Diese Grundstruktur der LSK/LV hatte bis zum Ende der NVA Bestand. Die beiden Luftverteidigungsdivisionen entstanden im Wesentlichen auf der Grundlage der bisherigen Fliegerdivisionen, vereinten aber nunmehr die Jagdfliegergeschwader und ihre Fliegertechnischen Bataillone mit den Fla-Raketenregimentern und den Funktechnischen Regimentern unter einem Dach. Die 1. LVD erhielt ihren Stabssitz in Cottbus und hatte Anfang der 1960er-Jahre einen Personalbestand von etwa 8.700 Mann. Die rund 7.100 Mann der 3. LVD wurden von Neubran-

Oben: Mehrzweckjagdflugzeug MiG-21 SPS

Oben links: Das Passagier- und Transportflugzeug IL-14 kann bis zu 28 Passagiere befördern

MiG-Jagdflugzeuge der LSK/LV im Paarflug, 1971

Ein Torpedoschnellboot „183"
der Volksmarine in voller Fahrt

denburg/Trollenhagen aus geführt. Der Offiziersausbildung diente seit Ende 1963 die Offizierschule der LSK/LV in Kamenz. Sie erhielt den Namen „Franz Mehring".

Die strukturelle Entwicklung der LSK/LV wurde von Anfang an durch die Einführung moderner Bewaffnung und Technik begleitet. So kamen 1964 die ersten MiG-21 PFM. Der Gefechtsbestand der Jagdfliegerkräfte konnte vollständig auf Modifikationen der MiG-21 umgerüstet werden. Diese bildete künftig in verschiedenen Versionen das Standardjagdflugzeug der NVA.

Die durchgängige Ausrüstung der Jagdflieger- und Hubschrauberkräfte mit Typen aus der MiG- beziehungsweise der Mi-Familie wurde ergänzt durch den Auf- und Ausbau von Fla-Raketentruppenteilen sowie die Nutzung leistungsfähiger Radargeräte und Führungssysteme. Bereits 1961 hatte der erste NVA-Truppenteil den Raketenkomplex SA-75 „Dwina" erhalten. Die Einführung eines neuen Komplexes vom Typ S-75 „Wolchow" begann im Frühjahr 1965. Sechs Jahre später kamen schließlich Fla-Raketenkomplexe S-1125 „Newa" in die Truppe.

VOLKSMARINE

Im Oktober 1960 benannte der Nationale Verteidigungsrat die Seestreitkräfte der DDR in „Volksmarine" um und führte eine neue Dienstflagge ein. Der Name erinnerte an die revolutionären Matrosen, die am Ende des Ersten Weltkrieges eine sogenannte Volksmarine-Division gebildet hatten.

1961 wurde die 6. Brigade der Grenzpolizei als 6. Grenzbrigade Küste der Volksmarine operativ unterstellt. Ein Jahr später begann die Aufstellung einer Spezialküstenartillerieabteilung in Kühlungsborn, hinter der sich die Küstenraketenkräfte der Volksmarine verbargen. Diese Abteilung, die später in Schwarzenpfost stationiert war, bestand aus zwei Batterien des Küstenraketensystems „Sopka". Der erste scharfe Start einer Rakete S-2 geschah am 11. Mai 1965. Dieser Raketenkomplex blieb für längere Zeit in der Volksmarine. 1962 kamen zudem die ersten sowjetischen Raketenschnellboote des „Projekts 205" (OSA-I; modernisiert: OSA-II) in die Einheiten. Die Raketenschnellboote, in einer Raketenschnellbootsbrigade zusammengefasst, bildeten in der Folge die Hauptstoßkräfte der Flotte. Zu einem Raketenschnellboot gehörten Seezielraketen P-15, die eine Reichweite bis zu 40 Kilometer besaßen.

Wimpel der Volksmarine

Haupteinsatzgebiet der Volksmarine ist die Ostsee.

Die DDR hatte im Laufe der 1950er-Jahre auch eigene Schiffs- und Bootstypen entwickelt, die nun vor allem in der ersten Hälfte der 1960er-Jahre in die Volksmarine kamen. Aus der Peenewerft Wolgast trafen 1962 beispielsweise die ersten Muster des Landungsbootes Labo 100/Projekt 46 in den Einheiten ein, die zwei Panzer und Infanterie anlanden konnten. Sie blieben bis zum Ende der 1970er-Jahre im Bestand. Das mittlere Landungsschiff Robbe/Projekt 47 war für die geplanten Landungsoperationen der Vereinten Ostseeflotte notwendig. In Wolgast wurde das Leichte TS-Boot (LTS) vom Typ Iltis/Projekt 63.3 gebaut, wovon zwischen 1964 und 1977 30 Boote in die Volksmarine kamen. Sie waren bis zu etwa 50 sm/h schnell, besaßen zwei Torpedorohre und drei Mann Besatzung. Ein weiterer Typ der Leichten Torpedoschnellboote mit der Bezeichnung Hydra/Projekt 68.2 entstand ebenfalls in der DDR. Neue Schiffe kamen auch zu den U-Jagdkräften der Volksmarine, darunter der in der DDR gebaute U-Jäger vom Typ Hai/Projekt 12 ab 1965.

Ein weiterer Einschnitt in der Entwicklung der Volksmarine zeigte sich 1963. Im Frühjahr des Jahres stellte man die 6. Flottille als Verband der Stoßkräfte der Volksmarine im Stützpunkt Sassnitz auf. Zwei Jahre später, im Mai 1965, wurde Bug/Dranske im Norden der Insel Rügen als neuer Stützpunkt der Flottille eingeweiht, was mit einer grundlegenden Umstrukturierung des Verbandes verbunden war. Die 6. Flottille verfügte am Ende des Jahrzehnts über 72 Schnellboote. Die bisher im Bestand der 6. Flottille befindlichen Küstenschutzschiffe der Küstenschutzschiffsbrigade wurden der 4. Flottille in Warnemünde unterstellt. Ebenso kam die Landungsschiffsbrigade zu einer anderen Flottille. Die bisherige Seeoffizierschule und die Flottenschule vereinigten sich zur „Offizierschule der Volksmarine" mit Standorten in Stralsund und zeitweise in Parow. 1964 wurde der neuen Offizierschule der Name „Karl Liebknecht" verliehen. Mitte des Jahrzehnts verfügte die Volksmarine nunmehr unter anderem über 12 Raketenschnellboote, 2 Batterien „Sopka", 4 Küstenschutzschiffe, 27 Torpedoschnellboote, 32 Leichte Torpedoschnellboote, 18 U-Jäger, 67 Minensucher und 20 Küstenschutzboote.

MLR-Schiffe der Volksmarine im Hafen, 1960er-Jahre

Die Grenzanlagen zu West-Berlin, Anfang der 1960er-Jahre

Lied der Volksmarine

Wir führen auf Schiffen und Booten die Fahne von Kronstadt und Kiel.
Getreu dem Vermächtnis der Roten Matrosen zum siegreichen Ziel.
Wir halten Torpedo und Mine zum Schutze der Küste bereit.
Wir meistern Geschütz und Maschine, sind seeklar zu jeder Zeit.
Wir lieben die See und das Leben, wir hassen die Feinde, die drohn.
Der Heimat sind wir treu ergeben, Soldaten der Revolution.
Wir schwören bei unserer Ehre zu schützen die deutsche Nation
und sind an dem Baltischen Meere des Sozialismus Bastion.
Refrain: Aus dem Volke geboren, der Partei verschworen.
Dem Frieden unsere Taten wir Volksmarinesoldaten

Text: Fregattenkapitän Gerhard Vogelsang

Neue Entwicklungen betrafen auch die Marinefliegerkräfte. Hatten diese im Sommer 1959 eher bescheiden mit der Aufstellung einer Hubschrauberkette der LSK/LV angefangen, wuchsen sie seit 1962/63 zu einer Staffel heran. Zur Ausrüstung zählten vor allem der Mehrzweckhubschrauber Mi-4A mit drei Mann Besatzung und einem 12,7-mm-MG, seit 1965 der U-Boot-Abwehr-Hubschrauber Mi-4 M mit verschiedenen Ortungsgeräten und Bomben an Bord.

Der Minister und seine Stellvertreter im Ministerium für Nationale Verteidigung, 1. Januar 1963		
Dienststellung	Dienstgrad	Name
Minister für Nationale Verteidigung	Armeegeneral	Heinz Hoffmann
Stellvertreter des Ministers und Chef der Politischen Hauptverwaltung	Admiral	Waldemar Verner
Stellvertreter des Ministers und Chef des Hauptstabes	Generalmajor	Sigfrid Riedel
Stellvertreter des Ministers für Ausbildung	Generalleutnant	Kurt Wagner
Stellvertreter des Ministers für Technik und Bewaffnung	Generalmajor	Friedrich Dickel
Stellvertreter des Ministers und Chef der Rückwärtigen Dienste	Generalmajor	Walter Allenstein
Stellvertreter des Ministers und Chef der LSK/LV	Generalleutnant	Heinz Keßler

GRENZTRUPPEN DER NVA

Die Grenztruppen der NVA waren aus der Deutschen Grenzpolizei hervorgegangen und wenige Wochen nach dem Mauerbau 1961 dem Verteidigungsministerium unterstellt worden. Aus der bisherigen Grenzbereitschaft wurde das Grenzregiment, aus der Grenzabteilung das Grenzbataillon. Mehr als 38.000 Mann, darunter über 4.000 Offiziere und etwa 6.600 Unteroffiziere, wechselten in die Obhut des Ministeriums für Nationale Verteidigung und erhielten die steingraue Uniform mit der Waffenfarbe „Hellgrün". 1962 entstand die Stadt-Kommandantur der Hauptstadt der DDR, Berlin. Ihr waren die zum „Schutz der Staatsgrenze zu West-Berlin" eingesetzten Grenzsicherungskräfte und einige Einrichtungen der NVA unterstellt.

Die Hauptaufgabe der Grenztruppen der NVA bestand in der „ununterbrochenen und zuverlässigen Sicherung der Staatsgrenze" der DDR. Um dies zu gewährleisten, wurde in allen Grenzeinheiten eine ständige Gefechtsbereitschaft aufrechterhalten. Alle wichtigen Vorschriften der NVA besaßen auch für die Grenztruppen Gültigkeit und bestimmten das Leben in den Einheiten. Dennoch zeigten sich im Dienst und im Leben zwischen „normalen" NVA-Angehörigen und Angehörigen der Grenztruppen teilweise signifikante Unterschiede. So war nicht nur die Ausbildung dezentralisiert, sondern es gab auch teilweise andere Ausrüstung, Technik und Bewaffnung. Als typischer Fahrzeugtyp galt beispielsweise der Trabant „Kübel". In der ersten Hälfte der 1960er-Jahre verfügten die Grenztruppen noch über einige mittlere Panzer T-34/85 sowie über etwa 150 SPW-40 und SPW-152.

Insgesamt war in den 1960er-Jahren der Kampfwert der Verbände und Truppenteile in allen Teilstreitkräften der NVA durch neue sowjetische Waffensysteme beträchtlich gestiegen. Die DDR-Volksarmee wurde in Fragen der Bewaffnung und Ausrüstung an der Seite der „Bruderarmeen" zu einem gleichwertigen Bestandteil der Vereinten Streitkräfte des Warschauer Pakts.

Übergabe der Truppenfahne durch den Chef der Grenztruppen der NVA, Generalmajor Erich Peter (li.), an den Kommandeur eines Grenzausbildungsregiments, 1965

Gefechtsausbildung in der NVA, 1964

DIE STREITKRÄFTE DER DDR UNTER ULBRICHT UND HONECKER (1956–1989)

Geballte Militärmacht - „Waffenbrüder" in Manövern und Übungen

Panzer im Gelände

Einen bedeutenden Anteil an der operativ-taktischen Gefechtsausbildung hatten die Übungen und Manöver im Rahmen der Koalitionsstreitkräfte. Sie dienten vorrangig dazu zu erlernen, manöverreiche Kämpfe mit und ohne Kernwaffen zu führen und mit den Bündnispartnern zusammenzuwirken.

Die erste gemeinsame Übung von ostdeutschen und sowjetischen Truppen auf dem Territorium der DDR unter Leitung des Oberkommandierenden der Vereinten Streitkräfte, Marschall Andrej A. Gretschko, fand im Mai 1961 statt. Erstmalig wurde dabei das Zusammenwirken zwischen Fronten und Teilen der verbündeten Streitkräfte und das Zusammenwirken mit den Luftverteidigungskräften der GSSD zur Abwehr eventueller massierter Luftangriffe des Gegners geübt. Die Volksmarine setzte man erstmals 1961 im Bestand der Vereinten Ostseeflotte ein.

Ausdruck der schrittweise wachsenden Leistung der NVA waren gemeinsame Handlungen von mehreren Armeen unter einheitlicher Führung. An den operativen Herbstübungen 1962 „Vitr" in der ČSSR sowie „Baltyk-Odra" in Polen und in der DDR nahmen der Stab der 7. Panzerdivision und das Mot. Schützenregiment-7 beziehungsweise der Stab der 8. Mot. Schützendivision und das Mot. Schützenregiment-28, Kräfte der Volksmarine und Fallschirmjäger der NVA teil. In den nächsten Jahren erhöhten sich die an gemeinsamen Manövern beteiligten Kräfte und Mittel fast kontinuierlich. 1963 fand das Manöver „Quartett" mit vier Armeen – Sowjetarmee, NVA, Polnische Volksarmee und Tschechoslowakische Volksarmee – im Süden der DDR unter der erstmaligen Leitung von DDR-Verteidigungsminister Armeegeneral Heinz Hoffmann statt. Beteiligt waren 41.000 Armeeangehörige, 700 Panzer, über 8.000 SPW und Kraftfahrzeuge und mehr als 500 Flugzeuge und Hubschrauber. Während der Übung kamen die charakteristischen Merkmale moderner Operationen und Gefechte zum Ausdruck: Die Truppen marschierten mit hohem Tempo über große Entfernungen, überwanden Wasserhindernisse auf breiter Front, durchbrachen Verteidigungsstellungen und entwickelten zielstrebig den Angriff in die Tiefe. Bei diesem Manöver vom September 1963 wurde erstmals eine sowjetische Division einem Armeebefehlshaber der NVA, in diesem Fall dem Befehlshaber der 3. Armee, Generalmajor Hans Ernst, unterstellt. Sichtbar wurde eine verstärkte Ausbildung zum Kernwaffeneinsatz. Beim Manöver der Vereinten Streitkräfte „Oktobersturm", das 1965 vom Oberkommandierenden der GSSD, Armeegeneral Petr K. Koschewoi geleitet wurde, fanden in der DDR erstmals Übungshandlungen außerhalb von Truppenübungsplätzen statt.

Neben der militärischen Ausbildungs- und Übungsfunktion hatten die großen Manöver des Warschauer Pakts stets eine eindeutige militärpolitische Intention. Diese richtete sich als Stärke-, Droh- und Abschreckungsdemonstration in erster Linie gegen die NATO. Die Manöver dienten aber auch der Selbstdarstellung der SED und der NVA vor den anderen „Bruderstaaten" und der eigenen Bevölkerung als Garanten für Frieden und Sozialismus. Dazu fan-

NVA-Offiziere während der Übung „Druschba" in Polen, 1985

Gemeinsame Gefechtsausbildung von Soldaten der NVA und der GSSD, 1980

den Militärkonzerte und Auftritte von Kulturgruppen, sogenannte Freundschaftsmärsche und propagandistische Großveranstaltungen statt. Vor der Öffentlichkeit zumeist geheim gehalten wurden dagegen Kriegsspiele und Kommandostabsübungen unter Leitung des sowjetischen Generalstabs. Die NVA nahm erstmals 1963 an einem operativ-strategischen Kriegsspiel der Serie „Sapad" und seit Anfang der 1970er-Jahre an den operativ-strategischen Übungen des Oberkommandos der Vereinten Streitkräfte „Sojus" teil.

Abzeichentausch nach einem Leistungsvergleich mit sowjetischen „Waffenbrüdern", 1985

Seit Gründung der NVA versuchte die SED-Propaganda, die „Waffenbrüderschaftsbeziehungen" zwischen den Armeen im Warschauer Vertrag als ausschlaggebenden Faktor der militärischen Überlegenheit des sozialistischen Lagers der verbündeten Streitkräfte darzustellen. So gehörte es zum festen Ritual führender Politiker und Militärs der DDR, in fast all ihren militärpolitischen Reden und Schriften mindestens einmal die „unverbrüchliche Waffenbrüderschaft" und Freundschaft zur Sowjetarmee und den anderen Bruderarmeen zu glorifizieren. Für die DDR und ihre Militärführung waren dabei die Beziehungen zur Sowjetarmee von entscheidender Bedeutung. Insbesondere ging es um die Zusammenarbeit mit den in der DDR stationierten sowjetischen Truppen. Die Volksmarine pflegte im Rahmen der Verbündeten Ostseeflotten intensive Beziehungen zur Baltischen Rotbannerflotte. Die militärischen Beziehungen zwischen der NVA und der Sowjetarmee entwickelten sich schrittweise und waren von unterschiedlicher Qualität. Ende Mai 1964 gab es die ersten gegenseitigen Vereinbarungen über eine planmäßige Zusammenarbeit mit der GSSD. Später erließ das DDR-Verteidigungsministerium eine eigenständige „Waffenbrüderschaftsordnung" über die Zusammenarbeit zwischen der NVA und den „Bruderarmeen" im Bündnis. Sie legte solche Maßnahmen wie Erfahrungsaustausche, Leistungsvergleiche und den Austausch von Kulturgruppen fest. Lange verbargen sich hinter diesen „brüderlichen Beziehungen" reine Propagandaaktivitäten.

Sonderausgabe der Zeitung „Volksarmee" zum Manöver „Quartett", 1963

DIE STREITKRÄFTE DER DDR UNTER ULBRICHT UND HONECKER (1956–1989)

Truppenfahne der NVA

Von Scharnhorst zu Pieck – Vorbilder, Traditionen und Brauchtum

Für die NVA bildeten Traditionen und ihre Pflege wichtige Aspekte für die Selbstdarstellung. Vor allem in den Anfangsjahren des ostdeutschen Militärs ging es auch um handfeste Legitimationsbedürfnisse: Den neuen militärischen Formationen in der DDR musste eine eigene nationale Tradition und damit eine eigene Identität gegeben werden. Diese sollte den Bruch mit den Traditionen früherer deutscher Streitkräfte und die Abgrenzung vom Traditionsverständnis der Bundeswehr verdeutlichen und zugleich die Traditionen der nationalen und internationalen „revolutionären Arbeiterbewegung" sowie die eigene „DDR-Identität" in den Mittelpunkt stellen.

Traditionsbildend für die NVA wurden solche Ereignisse der deutschen Militärgeschichte, bei denen es darum gegangen war, Unterdrückte und Ausgebeutete zu befreien, Kriege zu verhindern oder revolutionär zu beenden oder um einen „gesellschaftlichen Fortschritt" durchzusetzen. Soldatentugenden wie Tapferkeit, Disziplin und Treue waren in diesem Kontext ohne eine politisch korrekte Zuordnung nicht gefragt. Aus der Gesamtheit des deutschen militärhistorischen Erbes wählte man nur im Sinne der SED passende Ereignisse, Verhaltensweisen und Persönlichkeiten aus. Mitte der 1950er-Jahre entstand so schrittweise eine „progressive" militärische Traditionslinie der NVA, die sich vom Bauernkrieg 1524/25 bis in die Gegenwart zog. Dem Bauernkrieg folgten traditionsbildend in der historischen Reihenfolge die Befreiungskriege gegen die napoleonische Fremdherrschaft 1813/14, die Revolutionstruppen von 1848/49, die „Rote Ruhrarmee" von 1920 und die „Thälmann-Brigade" des Spanischen Bürgerkrieges 1936 bis 1939 sowie der Widerstandskampf der KPD gegen Hitler und sein verbrecherisches System.

Blick in die Ausstellung des Armeemuseums der DDR

Angehörige der Grenztruppen der DDR werden auf dem Marktplatz von Wernigerode vereidigt, 1988.

Die letzte große „Traditionssäule" der DDR-Volksarmee bildeten die sogenannten Traditionen des militärischen Schutzes von „Frieden und Sozialismus". Dazu zählten die Verantwortlichen im Politapparat beispielsweise Traditionen des 13. August 1961 und von Einsätzen der Armee in der Volkswirtschaft. Nicht zuletzt flossen „gemeinsame Kampftraditionen" wie Manöver sowie Traditionen der „sozialistischen Waffenbrüderschaft" im Warschauer Pakt in den Traditionsbestand der NVA ein. Die Militärgeschichtsschreibung unterstützte die Traditionsarbeit in den Streitkräften mit historischen Publikationen, die sich stets der jeweils von der SED vorgegebenen geschichtspolitischen Linie unterzuordnen hatten. Im Frühjahr 1969 entstand die erste umfassende Traditionspflegeordnung der NVA. Spätestens seit diesem Zeitpunkt wurde die Traditionsarbeit zu einem regulären Bestandteil der Führungstätigkeit der Kommandeure und Politorgane.

Vor allem in der Aufbauzeit der KVP/NVA sowie dann nochmals in den 1980er-Jahren kam interessanterweise der preußischen Militärtradition aus der Zeit 1806 bis 1815 eine besondere Bedeutung zu. Im Rekurs auf die Befreiungskriege beschwor man damit die nationale Einheit und leitete aus der preußisch-russischen Waffenbrüderschaft die sozialistische (ost)deutsch-sowjetische Waffenbrüderschaft ab. Vor allem der „Reformer-Patriot" Gerhard Johann David von Scharnhorst genoss in der NVA höchste Wertschätzung. Bereits

Wimpel zur Militärparade der NVA, 1979

Großer Zapfenstreich der NVA in Ost-Berlin, 1985

Großer Wachaufzug der NVA in Ost-Berlin anlässlich des 38. Jahrestages der DDR, 1987

bei der Schaffung der ostdeutschen Streitkräfte wurde er quasi als Gründungspate bemüht.

Die militärische Traditionspflege in der NVA umfasste zuvorderst die Namensverleihung zum Gedenken an hervorragende Persönlichkeiten der deutschen und internationalen Arbeiterbewegung, von Patrioten und fortschrittlichen Heerführern. Traditionsnamen wurden an Verbände, Truppenteile, Lehreinrichtungen, Kampfschiffe und Institutionen, anfangs auch an Kasernen verliehen. Im Januar 1959 erhielt die höchste militärische Ausbildungsstätte der NVA, die Militärakademie in Dresden, den Ehrennamen »Friedrich Engels« verliehen. Bis 1990 gab es knapp 300 Namensverleihungen, in der Mehrheit von solchen Personen, die zwischen 1933 und 1945 dem kommunistischen Widerstand angehörten. Allein den Namen des ersten Präsidenten der DDR, Wilhelm Pieck, trugen mehrere Truppenteile und Einrichtungen der NVA, so eine Kaserne und ein Geschwader der LSK/LV, die Militärpolitische Hochschule in Berlin-Grünau und das Schulschiff der Volksmarine. Erst spät fanden auch Oberst i. G. Claus Graf Schenk von Stauffenberg und andere Männer des 20. Juli 1944 ihren Platz in den militärhistorischen Traditionen der DDR und

ALS
ANERKENNUNG
FÜR
VORBILDLICHE LEISTUNGEN
WURDE

VOR DER
ENTFALTETEN TRUPPENFAHNE
FOTOGRAFIERT

G.U. DEN
28.04.1976

KOMMANDEUR
Elmke
Oberstleutnant

Anerkennung für vorbildliche Leistungen, Gefreiter Rainer Wenzke, 1976

DIE STREITKRÄFTE DER DDR UNTER ULBRICHT UND HONECKER (1956–1989)

Ehrenwache vor der Adolf-Bytzeck-Kaserne in Eggesin anlässlich der Namensverleihung, 1969

der NVA. 1990 wurden Gebäude in der Liegenschaft des Ministeriums für Abrüstung und Verteidigung in Strausberg nach ihnen benannt. Namen lebender Persönlichkeiten durften nicht verliehen werden.

Militärische Zeremonielle galten in der NVA als immanenter Teil der Traditionspflege. Zu den bedeutendsten gehörten die großen Militärparaden der NVA, die seit den 1950er-Jahren auf dem Ost-Berliner Marx-Engels-Platz, später auf der Karl-Marx-Allee durchgeführt wurden. Als Tag der Parade legte man anfangs den 1. Mai fest, seit 1974 fanden die Ost-Berliner Paraden jährlich am 7. Oktober, dem „Tag der Republik", statt.

Im Rahmen der Parade bildeten die Fußtruppen mehrere Marschblöcke, traditionell angeführt von Offizierhörern der Militärakademie „Friedrich Engels". Es schlossen sich jeweils Marschblöcke der Offizierschulen der Teilstreitkräfte und der Grenztruppen an. Danach folgten die motorisierten Truppen. Mehrere Musikkorps sorgten für die musikalische Begleitung.

Zum Alltagsbild von Ost-Berlin gehörte seit 1962 der Wachwechsel vor dem „Mahnmal für die Opfer des Faschismus und Militarismus" an der Straße Unter den Linden. Dort war eine Ehrenwache mit zwei Ehrenposten eingerichtet worden. In der Regel halbstündlich lösten sich zwei Posten ab, die dort Wache hielten. Dieser sogenannte Kleine Wachaufzug hatte am 1. Mai 1962, 10:00 Uhr, seine Premiere, als Angehörige des Wachregiments der NVA – in Paradeuniform und mit geschultertem Karabiner – vor dem Mahnmal aufzogen. Am gleichen Tag und an gleicher Stelle fand auch der erste „Große Wachaufzug" der NVA statt, der in der Folge jeden Mittwoch sowie an bestimmten Gedenk- und Feiertagen durchgeführt wurde. Der Große Wachaufzug bestand

Links: Friedrich-Engels-Preis der NVA für hervorragende Leistungen in der Wissenschaft, gestiftet 1970 in drei Stufen

Rechts: Die höchste militärische Auszeichnung der DDR: der Scharnhorst-Orden

aus dem Musikkorps und dem Spielmannszug, einer Ehrenkompanie mit Truppenfahne und der Ehrenwache.

Besonders öffentlichkeitswirksam gestaltete sich das traditionsreiche militärische Abendzeremoniell des Großen Zapfenstreichs. Dieses herausragende Ereignis der Militärmusik und Traditionspflege der NVA fand erstmalig am 1. März 1962 in Ost-Berlin statt. Der Große Zapfenstreich wurde durch ein Ehrenbataillon mit Musikkorps, Spielmannszug, Fahnenkommando und Fackelträgern gestaltet. Eng an das traditionelle russisch-preußische Vorbild angelehnt, freilich ohne religiöse Bezüge, erhielt der Zapfenstreich in der NVA einen neuen Inhalt, der 1981 nochmals vollständig musikalisch überarbeitet wurde. Er begann mit der Meldung des Kommandeurs an den Abnehmenden des Zapfenstreichs und endete mit dem Vorbeimarsch des Ehrenbataillons zu den Klängen des Yorckschen Marsches.

Die meisten militärischen Zeremonielle der NVA, auch wenn sie mit neuen „fortschrittlichen" Inhalten versehen worden waren, konnten letztlich ihre Herkunft aus der offiziell verpönten preußisch-deutschen Militärgeschichte nicht verleugnen. Vor allem Berufssoldaten nahmen mit Stolz an den Zeremoniellen teil und hatten in diesem Zusammenhang nichts gegen die westliche Bezeichnung als „rote Preußen" einzuwenden.

Im Umfeld der Traditionspflege fand auch das militärische Auszeichnungswesen seinen Platz. Angehörige der NVA konnten grundsätzlich staatliche Auszeichnungen der DDR, Auszeichnungen „befreundeter Staaten" und staatliche Auszeichnungen, die durch die NVA verliehen wurden, erhalten. Zur letzteren Gruppe gehörten in den Aufbaujahren der Armee die Verdienstmedaille der NVA, die Medaille „Für treue Dienste" und die Medaille für vorbildlichen Grenzdienst.

Soldatenauszeichnung: Schützenschnur in drei Stufen (Fassung ab 1985)

DIE STREITKRÄFTE DER DDR UNTER ULBRICHT UND HONECKER (1956–1989)

Mitte der 1960er-Jahre kamen zahlreiche neue Auszeichnungen hinzu. Das betraf mit dem sogenannten Bestenabzeichen für gute Ausbildungsleistungen und dem Militärsportabzeichen zum einen die Soldatenauszeichnungen, zu denen noch das Sportabzeichen, die von den Soldaten begehrte Schützenschnur, das gern getragene Klassifizierungsabzeichen („Qualispange") sowie das Abzeichen für gutes Wissen zählten. Zum anderen ging es um die Einführung verschiedener anderer Abzeichen wie der Absolventenabzeichen, des Leistungsabzeichens der Grenztruppen, des Fallschirmsprungabzeichens und des Reservistenabzeichens.

Zur Kategorie der militärischen Orden gehörte dagegen der Scharnhorst-Orden. Er wurde am 17. Februar 1966 gestiftet und bildete seitdem die höchste militärische Auszeichnung der NVA. Zum Orden gehörten eine Urkunde und eine Prämie von 5.000 Mark. Ebenfalls im Februar 1966 wurden der Kampforden „Für Verdienste um Volk und Vaterland" (in drei Klassen) sowie die „Medaille der Waffenbrüderschaft" (in drei Stufen) gestiftet. 1970 stiftete man den „Friedrich-Engels-Preis" und den „Theodor-Körner-Preis" für hervorragende Leistungen in der Forschung im Interesse der Landesverteidigung sowie bei der Schaffung bedeutender Werke der Literatur, bildenden Kunst, der Musik, des Films, des Fernsehens und des Theaters. Im September 1982 fasste der Nationale Verteidigungsrat einen Beschluss über die Stiftung des „Militärischen Verdienstordens der DDR" und der „Militärischen Verdienstmedaille der DDR". Beide waren ausschließlich für Angehörige ausländischer Streitkräfte gedacht. Eine Sonderrolle unter den NVA-Auszeichnungen spielten der 1968 und erneut 1984 gestiftete „Blücher-Orden für Tapferkeit" sowie die „Blücher-Medaille für Tapferkeit". Sie galten als spezielle Auszeichnungen für den Kriegsfall und blieben bis zum Ende der NVA geheim. Das Tragen von militärischen Orden und Medaillen aus der Zeit der deutschen Streitkräfte vor 1945 war verboten. An frühere Zeiten des Militärs erinnerte jedoch der Ehrendolch, der von allen Offizieren, Generalen und Admiralen zur Ausgangs- oder Paradeuniform an Staatsfeiertagen und anderen besonderen Anlässen sowie auf besonderen Befehl getragen werden konnte.

Kampforden der NVA, gestiftet 1966 in drei Stufen

Flagge des Vorsitzenden des Nationalen Verteidigungsrates der DDR

In der Kaserne I – Soldatenalltag, Sport und kulturelle Betätigung

Das Ideal des NVA-Soldaten verkörperte sich in den Augen der Armeeführung in der sogenannten sozialistischen Soldatenpersönlichkeit. Der vorbildliche sozialistische Soldat ließ sich von den Beschlüssen der SED leiten, brachte sein „Klassenbewusstsein" durch aktive gesellschaftliche Arbeit in seinem „Kampfkollektiv" zum Ausdruck, rang hartnäckig um Beherrschung der Bewaffnung und Kampftechnik, führte Befehle widerspruchslos aus und legte eine vorbildliche Disziplin an den Tag. Sicherlich gab es unter den Wehrpflichtigen Leistungsbereitschaft und Leistungswillen, Engagement, politische Überzeugung im Sinne der Partei und militärisches Können. Das bedeutete allerdings noch lange nicht, dass alle Wehrdienstleistenden dem von der SED postulierten neuen Typ eines Soldaten entsprachen beziehungsweise entsprechen wollten.

Sowohl der militärische Dienst als auch der Alltag in den Einheiten der NVA wurde grundsätzlich von den Forderungen der ständigen Gefechtsbereitschaft bestimmt. So mussten 85 Prozent des gesamten Personalbestandes bei Auslösen einer höheren Stufe der Gefechtsbereitschaft ständig in der Kaserne präsent sein. Der Gewährleistung dieser permanenten Gefechtsbereitschaft wurde im Prinzip alles andere untergeordnet. Eine harte Ausbildung, viele Übungen, ein straffes Dienstregime und wenig Freizeit waren die Folgen. Darüber hinaus waren die Armeeangehörigen quasi rund um die Uhr der „politischen Arbeit" durch Vorgesetzte, Politorgane, Partei- und Massenorganisationen ausgesetzt, die sowohl eine politisch-ideologische Indoktrinierung als auch den Versuch der Erziehung zu „sozialistischen Soldatenpersönlichkeiten" beinhaltete. Die mehr oder weniger sichtbare Tätigkeit des MfS und der Militärjustiz schuf in den Kasernen nicht zuletzt ein Klima des gegenseitigen Misstrauens, der Überwachung und der Einschüchterung.

Unter diesen rigiden Bedingungen verbrachten vor allem die Grundwehrdienstleistenden die meiste Zeit ihres streng reglementierten Dienstes in den Kasernen der NVA und der Grenztruppen. Viele dieser Kasernen waren bereits vor 1945 errichtet und in der Folge nur unzureichend modernisiert worden. Überbelegung sowie schlechte sanitäre Verhältnisse in den alten Unterkünften führten zu Unzufriedenheit und Unmut bei Generationen von Soldaten. In den ersten Neubauten der KVP und NVA hatte man noch nach sowjetischem Vorbild Schlafsäle für ganze Kompanien projektiert, die sich jedoch für deutsche Verhältnisse als unzweckmäßig erwiesen. Eher typisch wurden in der Folgezeit mittelgroße Mannschaftsstuben mit bis zu 16 Soldaten. Ihre Ausstattung bestand aus Stahlprofilbetten (Doppelstock), Mannschaftsschränken, Schemeln, Unterkunftstischen und einem Materialschrank. Erst seit den späten 1960er-Jahren wurden Kasernen auch mit kleineren Unterkunftsräumen errichtet.

Neue Kasernenkomplexe entstanden unter anderem in Bad Düben, Beelitz, Delitzsch, Dranske, Goldberg, Suhl oder Tautenhain. Sie waren vor allem durch Typenbauten wie das fünfgeschossige Unterkunftsgebäude geprägt. In den neuen Kasernen dominierten bis zu 20 qm große „Soldatenstuben", die sich im Idealfall fünf Soldaten teilen sollten.

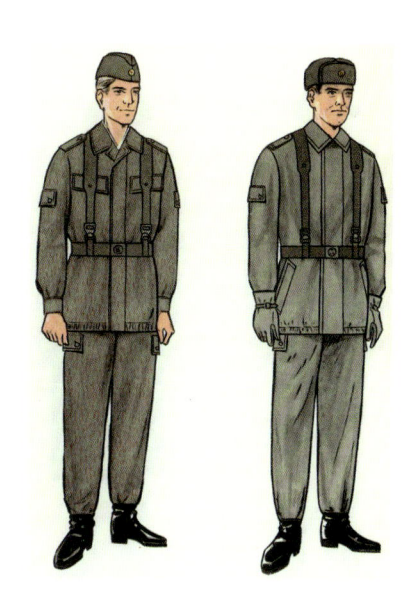

Felddienstanzug „Ein-Strich-kein-Strich" der Landstreitkräfte (Sommer/Winter), 1972

Eingang zum Ausbildungszentrum-20 in Eggesin/Karpin, 1987

Schrankordnung entsprechend der Dienstvorschrift, 1970er-Jahre

Neben der sogenannten Unterkunftszone mit Unterkunfts-, Stabs-, Lehr- und Wirtschaftsgebäuden gab es auf dem Kasernenareal in der Regel einen Freizeitbereich mit Sportplatz und Klubgebäuden sowie eine „Parkzone" mit Hallen und Abstellflächen für die Technik, mit Werkstätten und einer Tankstelle. Die medizinische Grundversorgung in der Kaserne wurde durch einen Medizinischen Punkt (Med. Punkt) weitgehend gesichert. Insgesamt befand sich der Gesundheitszustand der NVA-Angehörigen auf einem guten Niveau. Im Vergleich zum zivilen Sektor war beispielsweise der Krankenstand in der Armee deutlich geringer.

In der Kaserne eingesperrt, war der Tagesdienstablauf der Soldaten streng geregelt. Seine straffe Organisation galt als Ausdruck militärischer Disziplin und Ordnung. Dennoch führten Schlendrian und falsche Planung immer wieder dazu, dass Mannschaften und Unteroffiziere einerseits mitunter bis in die Nacht beschäftigt wurden, andererseits den Tag manchmal regelrecht „vergammelten".

Geweckt wurde wochentags um 6:00 Uhr mit dem Signal oder Kommando „Kompanie aufstehen!" des Unteroffiziers vom Dienst (UvD). Dieser sowie die jeweiligen Stubenältesten hatten dann zu prüfen, ob die Soldaten aufgestanden waren. Danach ließ der UvD zum Frühsport heraustreten. Danach war Zeit für die persönliche Körperpflege („Morgentoilette"), für das Stuben- und Revierreinigen und das Frühstück, zu dem die Soldaten zumeist geschlossen mit Essbesteck und Plastiktasse in den Speisesaal geführt wurden.

Die Teilnahme an Frühstück, Mittagessen und Abendbrot war „Befehl", also Pflicht für jeden Grundwehrdienstleistenden. Im Mannschaftsspeisesaal gab es morgens Mehrfruchtmarmelade, ein wenig Butter, Teewurst, die auf-

Essensversorgung im Sommerlager

Angetreten zur Kfz-Inspektion (LKW W-50), 1980er-Jahre

grund ihrer gummiartigen Konsistenz auch als „Zementwurst" bezeichnet wurde, Schrippen, Brot und „Muckefuck" (eine Art Kaffeeersatz) in Aluminiumkannen. Sonntags konnte man sich in den Kasernen auf zwei Stück Kuchen pro Mann freuen. Zum Mittag gab es in steter Wiederholung die legendäre „tote Oma", also frische Blutwurst mit Salzkartoffeln und Sauerkraut, sowie diverse Eintöpfe, Suppen und andere einfache Gerichte wie Makkaroni mit Gulasch und hin und wieder auch Schnitzel. Abends konnte man sich mit Brot, Margarine, Butter, Schmalz, verschiedenen eintönigen Wurstsorten wie Kochsalami, Jagdwurst oder Bierschinken, mit Schmelzkäse und manchmal auch mit Bockwurst, Brathering oder Salaten stärken. Dazu gab es Tee.

Der offizielle Verpflegungssatz bestand Anfang der 1960er-Jahre aus 180 g Fleisch, 80 g Fetten, 55 g Zucker und 200 g entrahmter Frischmilch mit durchschnittlich zirka 4.200 Kalorien. Änderungen der Verpflegungsnorm hingen von der wirtschaftlichen Lage ab. Insgesamt stieg der Verpflegungssatz für die Grundnorm von anfangs 3,25 Mark bis auf 4,50 Mark in den 1980er-Jahren. So standen dem NVA-Soldaten nunmehr unter anderem weit über 200 g Fleisch- und Wurstwaren, 50 g Butter und 35 g Fisch zu. Mitte 1990 erreichte der Verpflegungssatz dann mit 5,15 DM seinen Höchststand. Die Qualität des Essens hing immer auch vom Können der Truppenköche ab. Sogenannte Fresspakete, die von Eltern, Ehefrau oder Verwandten an Soldaten geschickt wurden, ergänzten die Truppenverpflegung. Abwechslung boten zudem Feiertage mit oft besserem Essen und Feldlager mit Verpflegung aus der Gulaschkanone und der Ausgabe von „Komplekte", die, angelegt für den Ernstfall, unter anderem aus Büchsenbrot, Büchsenwurst und Keksen bestand. Die Dienstgradgruppen in der NVA waren im Übrigen beim Essen strikt voneinander getrennt. Offiziere, die wie alle anderen Berufssoldaten als „Selbstverpfleger" galten, wurden beispielsweise zumeist in eigenen Speisesälen von Ordonnanzen bedient und hatten die Wahl unter verschiedenen Essensangeboten.

Zurück zum Tagesdienstablauf. Nach Frühstück und Morgenappell überprüften Unteroffiziere und der Hauptfeldwebel die Anzugsordnung und die Ausrüstung der angetretenen Soldaten. Dann ging es zur Ausbildung. Daran nahmen alle Armeeangehörigen in der befohlenen Uniform teil, sofern sie

Zeitschrift für die Kulturarbeit in der NVA

In der Truppenbibliothek, 1963

Freizeitgestaltung im Klubraum der Kompanie, 1960er-Jahre

nicht zur Verrichtung von Tagesdiensten befohlen wurden. Nach der mehrstündigen Ausbildung pflegten die Soldaten für eine oder eine halbe Stunde persönliche Waffen und Kampftechnik sowie Bekleidung und Ausrüstung. Der „normale" Ausbildungstag war in der Regel um 17:00 Uhr, samstags gegen Mittag abgeschlossen. Der Abend war für Freizeit, „gesellschaftliche Arbeit", Kultur und Sport vorgesehen. Verkaufsstellen innerhalb der Kasernen boten Nahrungs- und Genussmittel. Vor allem die filterlosen Zigarettensorten „KARO" und „Salem gelb" standen bei den Soldaten hoch im Kurs. Eine Viertelstunde vor dem Zapfenstreich kam das Zeichen zur Vorbereitung auf die Nachtruhe um 22:00 Uhr. Die Stube musste nochmals gereinigt und gelüftet werden, bevor der UvD auf seinem Stubendurchgang die Anwesenheit der Soldaten und die Sauberkeit der Unterkunft überprüfte. Der Stubendiensthabende meldete die Stube zum Beispiel so: „Genosse Unteroffizier! Stube 3 mit fünf Soldaten belegt, vier Soldaten anwesend, ein Soldat im Urlaub. Stube gereinigt und gelüftet, Stubendienst Soldat Meier." Danach war Nachtruhe.

Das militärische Leben in der Kaserne wurde durch Dienstvorschriften und Befehle geregelt. So legte beispielsweise die Innendienstvorschrift „DV 10/3" den Umgang der Armeeangehörigen miteinander im Dienst fest. Danach hatten Vorgesetzte ihre Untergebenen mit „Sie" und „Genosse" und dem Namen („Genosse Schmidt"), wenn der Namen nicht bekannt war, mit „Genosse" und dem Dienstgrad („Genosse Gefreiter") anzusprechen. Die offizielle Bezeichnung für den Hauptfeldwebel der Kompanie, der für die innere Ordnung in der Einheit verantwortlich war, lautete zwar „Innendienstleiter", doch im Grunde hatte sich der alte deutsche Militärbegriff „Spieß" in der sozialistischen (ost-)deutschen Armee erhalten. Genauestens festgelegt waren dagegen die Dankesworte, mit denen jeder Armeeangehörige bei einer Beglückwünschung oder Belobigung durch Vorgesetzte zu antworten hatte: „Ich diene der Deutschen Demokratischen Republik".

Die Innendienstvorschrift umfasste auch Urlaub und Ausgang. Jeder Armeeangehörige, der aktiven Wehrdienst leistete, hatte Anspruch auf Erholungsurlaub. Grundwehrdienstleistende erhielten während ihrer 18-monatigen Dienstzeit 18 Tage. Pro Halbjahr sollte den wehrpflichtigen Soldaten mindestens zweimal Urlaub gewährt werden. Ein sogenannter Verlängerter Kurzurlaub (VKU) übers Wochenende war dabei bereits mit einem Tag Erholungsurlaub verbunden. Beliebt waren Kurzurlaube von Sonnabend nach Dienst bis Montag zum Dienst. Die Gewährung von Kurzurlaub lag freilich ebenso wie die Erlaubnis zum Ausgang in den Händen der Vorgesetzten, die darüber nicht selten willkürlich entschieden.

Eine weitere wichtige Regelung war die Disziplinarvorschrift (DV 10/6). Sie legte die Disziplinarbefugnisse und die disziplinarische Verantwortlichkeit fest.

Der Rahmendienstplan, die ständige Gefechtsbereitschaft und die Urlaubs- und Ausgangsregelungen schränkten die persönliche Freiheit der Soldaten, der Unteroffiziere, aber auch vieler Offiziere extrem ein und stießen bei den Betroffenen auf Unverständnis. Erst in der Reformzeit der NVA 1989/90 kam es hier zu längst überfälligen Veränderungen.

Weniger streng geregelt, aber dennoch zumeist organisiert, gab es für die Armeeangehörigen in unterschiedlichem Maße auch Möglichkeiten, nach

Dienstschluss ihre knapp bemessene Freizeit in der Kaserne selbst zu gestalten. Man konnte Briefe schreiben, schlafen oder Bierkrüge und andere Devotionalien beispielsweise aus Wäscheklammern basteln. Breiten Raum nahm der Freizeitsport, zumeist im Rahmen der Armeesportvereinigung (ASV) „Vorwärts" betrieben, ein. Eine wichtige Rolle spielten Meisterschaften und Sportfeste in den Truppenteilen sowie die sogenannten Fernwettkämpfe. Große Popularität in der Armee erlangte zum Beispiel die jährliche Aktion „Stärkster Mann der Volksarmee".

Auch die kulturelle Massenarbeit als Teil der politischen Arbeit sollte dazu beitragen, dass sich die Wehrpflichtigen am Abend und an den Wochenenden sinnvoll beschäftigten. Jede Einheit verfügte dafür über Klubräume und eine Bibliothek. In größeren Standorten wurden zudem in Klubhäusern kulturelle Veranstaltungen wie Konzerte, Theatervorstellungen und Literaturgespräche sowie regelmäßige Kinoveranstaltungen organisiert. Soldaten fuhren in geschlossenen Gruppen ins Theater der nächstgrößeren Stadt; Ensembles und andere Kulturschaffende gastierten in den Dienststellen. Die Kaserne sollte so zur „geistig-kulturellen Heimstatt" der NVA-Angehörigen werden. Insofern gab es in manchen Dienststellen der NVA tatsächlich eine durchaus abwechslungsreiche und niveauvolle Kulturarbeit. In anderen Einheiten spielte sie dagegen kaum eine Rolle. Die Freizeitgestaltung der wehrdienstleistenden Soldaten beschränkte sich dort vor allem auf das Nichtstun, das Ausleben der sogenannten EK-Bewegung und nicht zuletzt auf übermäßigen Alkoholkonsum.

Militärsportabzeichen der NVA, eingeführt 1965

Belobigungen und Bestrafungen nach der DV 10/6, 1963	
Disziplinarstrafen	Belobigungen
Tadel	Aussprechen des Dankes
Verweis	Löschung einer Disziplinarstrafe
Strenger Verweis	Geld- oder Sachprämie
Dienstverrichtung außer der Reihe – bis zu fünfmal	Einmal Ausgang außer der Reihe mit oder ohne Verlängerung der Ausgangszeit
Nichtgewährung von Ausgang und Kurzurlaub bis zu vier Wochen	Vorzeitige Beförderung zum nächsthöheren Dienstgrad
Arrest in einer Arrestanstalt bis zu 10 Tagen	Fotografieren vor der entfalteten Truppenfahne und Aushändigung einer Urkunde mit Foto
Kasernenarrest bis zu 10 Tagen	Sonderurlaub bis zu drei Tagen
Verwarnung wegen Vernachlässigung der Dienstpflichten	Namensnennung im Anordnungs- und Mitteilungsblatt des Ministeriums für Nationale Verteidigung und Aushändigung einer Urkunde
Aberkennung der Auszeichnung „Vorbildlicher Soldat/Unteroffizier"	Brief an die Arbeitsstelle bzw. an den Ehepartner oder an die Eltern über vorbildliche militärische Pflichterfüllung
Herabsetzung in der Dienststellung	Eintragung in das Ehrenbuch und Aushändigung einer Urkunde
Herabsetzung im Dienstgrad um eine oder mehrere Stufen mit oder ohne Herabsetzung in der Dienststellung	Veröffentlichung des Namens an der Ehrentafel und Aushändigung einer Urkunde
Entlassung aus dem aktiven Wehrdienst (nach Ablauf der Dauer des Grundwehrdienstes) mit oder ohne Herabsetzung im Dienstgrad um eine oder mehrere Stufen	Auszeichnung mit einem Offiziersdolch mit Gravur oder einer Schusswaffe mit Gravur

In der Kaserne II – EK-Bewegung, Alkohol und besondere Vorkommnisse

Im Selbstbild zeigte sich die NVA nach außen als eine Armee ohne Klassenschranken und Standesdünkel, als Streitkräfte mit harmonischen „sozialistischen" Beziehungen zwischen Vorgesetzten und Untergebenen. Glaubte man der Propaganda der SED, zogen angeblich alle Armeeangehörige in ihren „Kampfkollektiven" gemeinsam an einem „Strang", um die Kampfkraft und Gefechtsbereitschaft der Volksarmee zu erhöhen.

In der NVA galt als grundlegendes Führungsprinzip die militärische Einzelleitung, die sich als Einheit von politischer, militärischer, ökonomischer und administrativer Führung darstellte. Der Kommandeur verkörperte dieses Führungsprinzip in seiner Person. Er war Repräsentant des sozialistischen Staates und Vollstrecker des Willens der SED. Die Untergebenen, in der NVA als Unterstellte bezeichnet, hatten den Befehlen des Kommandeurs bedingungslos zu gehorchen. Ungeachtet dessen bestand jedoch die Möglichkeit, sich in dienstlichen oder persönlichen Angelegenheiten mit Eingaben und Beschwerden schriftlich oder mündlich an die Vorgesetzten zu wenden.

Zweifellos gab es in manchen Truppenteilen und Stäben der NVA durchaus ausgeglichene, auf gegenseitigem Respekt und Vertrauen aufbauende Beziehungen zwischen Vorgesetzten und Untergebenen, in denen die Fürsorge der Vorgesetzten für ihre Unterstellten erlebbar wurde. Diese Art von Beziehungen war jedoch keineswegs die Regel. Die Masse der Armeeangehörigen, insbesondere der Grundwehrdienstleistenden, sah sich in der Truppe zumeist einer ganz anderen Erfahrungswelt ausgesetzt. Sie lernten während ihrer Dienstzeit schon längst überholt geglaubte Rituale, Gewohnheiten und Formen des alten Kommiss aus früheren Zeiten kennen. So wurden junge Rekruten während ihrer Grundausbildung immer wieder schikaniert. Zu diesen Schikanen gehörten Appelle, die unmotiviert und nach Dienstschluss stattfanden, willkürliche Einschränkungen der Essens- und Freizeit, die genüssliche und überkorrekte Suche nach Staub in den Stuben, unsinnige Putzarbeiten aller Art, das Umkippen von Spinden, Mülleimern und Betten in der Stube und das Hinauswerfen von Spindinhalten aus dem Fenster. Eine unwürdige Behandlung von Soldaten zeigte sich auch im Strafexerzieren ganzer Züge und Kompanien. Neben einzelnen Offizieren missbrauchten immer wieder Unterführer ihre Dienstbefugnisse gegen Rekruten und verletzten die persönliche Würde der Soldaten. Schon allein der hohe Anteil von ehemaligen Unteroffizieren und Feldwebeln der Wehrmacht in der KVP/NVA hatte dafür gesorgt, dass nicht nur „alte" Redensarten und Zoten, sondern auch das Gebrüll des „Spießes", wie es bereits in früheren deutschen Armeen zu hören war, frühzeitig in die ostdeutschen Streitkräfte Einzug hielten. Generationen von Soldaten in der DDR mussten sich in der Kaserne das Anbrüllen durch Vorgesetzte sowie einen rüden Umgangston gefallen lassen. Es ist daher wenig verwunderlich, wenn NVA-Soldaten ihre Vorgesetzten statt als „Klassenbrüder" eher als ihre Feinde betrachteten, weil sie sich von ihnen oft ungerecht behandelt und gedemütigt fühlten. Die immer wieder von SED-Funktionären erhobene Forderung, die

Wehrdienstausweis der DDR

„Sorge um den Menschen" in den Streitkräften zu verstärken, blieb bis Ende 1989 weitgehend eine Farce.

Offiziell als „Störungen der sozialistischen Beziehungen" galten nicht nur die Fehlhandlungen von Vorgesetzten gegen Untergebene und umgekehrt, sondern auch Erscheinungen, Handlungen, Disziplinverstöße, Vorkommnisse und Straftaten innerhalb der Dienstgradgruppen. So wurden die Beziehungen zwischen den Grundwehrdienstleistenden untereinander in der Kaserne vor allem durch die sogenannte Bewegung der Entlassungskandidaten (EK), kurz „EK-Bewegung", geprägt. Die EK-Bewegung basierte auf der Existenz dreier unterschiedlicher Diensthalbjahre in den meisten Einheiten. Sie war in den inneren Verhältnissen der NVA und der Grenztruppen spätestens ab Mitte der 1960er-Jahre zu einem bestimmenden Faktor geworden. Ähnliche Phänomene zeigten sich allerdings auch in den „Bruderarmeen" des Pakts.

Ein havarierter LKW wird geborgen

Eine Ursache für die EK-Bewegung war, dass sich nach Dienstschluss in den Einheiten der NVA eine Art Machtvakuum bot, da die meisten Berufssoldaten die Kasernen verlassen hatten und die Masse der Soldaten und Unteroffiziere im Grunde sich nunmehr selbst überlassen blieb. Die ständige Anwesenheit fast des gesamten Personals auf engstem Raum – rund um die Uhr – bewirkte bei den meisten Wehrpflichtigen ein Gefühl des permanenten Eingesperrtseins, des Frustes, der Sinnlosigkeit des Dienstes, welches letztlich in der Ablehnung des bestehenden Armeesystems und der Vorgesetzten mündete und sich nicht selten in Aggressionen entlud. In diesem Umfeld übernahmen die EK nach Dienstschluss faktisch das Kommando in den Unterkünften.

Das Wesen der EK-Bewegung bestand darin, dass vor allem die Angehörigen des dritten und damit letzten Diensthalbjahres einen regelrechten Kult um ihren Status als potenzielle Entlassungskandidaten trieben und sich dabei gegenüber Jüngeren Vorrechte herausnahmen, deren Durchsetzung fast immer mit psychischen und physischen Gewalttätigkeiten verbunden war. Die EK-Bewegung zeichnete sich über die Jahre hinweg durch typische Formen, Methoden und Mittel aus, die in der gesamten Armee zu finden waren. Wichtigstes äußeres Symbol eines EK war ein 1,5 Meter-Schneiderbandmaß, von denen jeweils ein Zentimeter ab dem 150. Tag vor der Versetzung in die Reserve abgeschnitten und an Verwandte und Freunde verschickt wurde. Weit verbreitet war zudem das Verstreuen der Abschnitte des Bandmaßes in Speiseräumen und vor den Dienstzimmern der Offiziere. Jeder EK fertigte darüber hinaus sogenannte Heimgängersouvenirs mit versteckten Bandmaßen in Spielzeug-Gummi-Tieren und anderen Behältern an und beschriftete Schulterstücke, Käppis sowie andere Gegenstände mit gegen die NVA gerichteten Losungen.

Ein (EK)-Lied!
Wir gehen in die Kneipe,
die Knarre hängt im Spind.
Die NVA macht pleite,
weil wir besoffen sind.
Und fragen uns die Leute
Warum geht ihr denn nach Haus?
Da brüllt die ganze Meute:
Hier hälts kein Schwein mehr aus!

Anlässlich der Entlassung aus dem aktiven Wehrdienst werden Erinnerungstücher und Reservistenmedaillen ausgegeben, 1980er-Jahre.

Die Aktivitäten der EK erhöhten sich ab dem 150. Tag vor der Versetzung in die Reserve. Leidtragende waren die jungen Rekruten des ersten Diensthalbjahres, die sich als Spritzer, Spitz, Frischer oder Muscha schon zahlenmäßig nicht gegen die Drangsalierungen der höheren Diensthalbjahre wehren konnten. Anfangs schienen die Formen und Rituale der EK-Bewegung noch weitgehend harmlos zu sein. Doch bereits seit Ende der 1960er-Jahre zeigten sich deutlichere Auswüchse in der Truppe. In den 1970er- und 1980er-Jahren gestalteten sich dann die „Aktionen" in der EK-Bewegung immer brutaler. Gewaltsame und sexuelle Demütigungen nahmen zu. Der NVA-Führung gelang es nicht, die eigentlichen Ursachen des EK-(Un-)Wesens aufzudecken. Statt-

Neueinberufene Wehrdienstleistende werden von ihren Vorgesetzten am Bahnhof empfangen, 1988.

Aus Streichhölzern gefertigtes Bandmaßbehältnis der EK

dessen maß sie den EK-Auswüchsen einen vorgeblich westlich gesteuerten „konterrevolutionären" Stellenwert zu.

Dabei war das EK-Problem der NVA „hausgemacht", weil es die Führung versäumt hatte, die Bewegung rechtzeitig einzudämmen oder gar zu stoppen. Viel zu lange hatten Vorgesetzte die Auswirkungen der EK-Bewegung auf den Zustand und die Disziplin der Einheiten unterschätzt.

EK-Spruch, Ende der 1960er-Jahre
Rechts ein Gewehr, links ein Gewehr – wir wollen zur Bundeswehr.
Rechts ein MG, links ein MG – wir müssen alle zur Volksarmee.

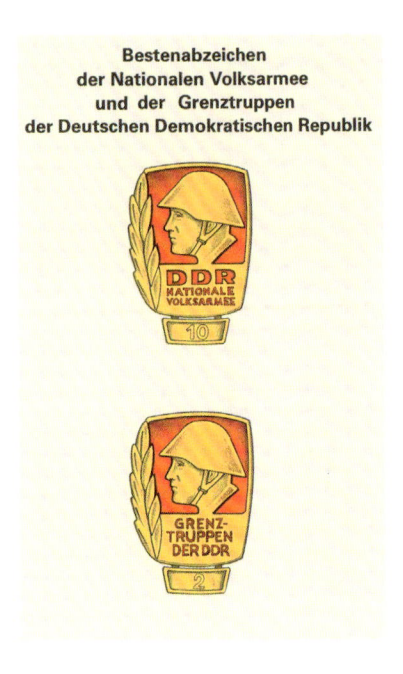

Das Bestenabzeichen der NVA („Kratzerplatte") in der Fassung von 1964 (neu ab 1985)

Feier mit sowjetischen Offizieren anlässlich der Unterzeichnung eines Patenschaftsvertrages, 1983

Seit den 1960er-Jahren war der Begriff „EK" auch fest im Sprachgebrauch der ostdeutschen Soldaten verwurzelt. Die Versuche der Armeeführung, die beiden Buchstaben „EK" aufzugreifen und sie im positiven Sinne zu variieren wie zum Beispiel als „Erfahrener Kämpfer" oder „Erfüllter Kampfauftrag", brachten keinen Erfolg. Ebenso gelang es nicht, einen spezifischen NVA-Jargon zu verhindern, der sich von der offiziellen Militärsprache, die solche Begriffe wie Ehrendienst und Bruderarmee hervorgebracht hatte, deutlich abgrenzte und sie verächtlich machte. Im Laufe der Zeit entstanden so Wortspielereien und Begriffe, die jeder wehrdienstleistende Soldat in der einen oder anderen Weise schnell lernen und letztlich auch kennen musste, um im Armee-Milieu bestehen zu können. Diese Wortschöpfungen waren zumeist subversiv, anarchisch, witzig und vulgär. So lautete die Umschreibung für Mot. Schützen „Mucker", die in ihrem „Muckerbus", also in einem Schützenpanzerwagen, unterwegs waren. Die „Oma" war keine Großmutter, sondern ein Kopfschützer aus Wolle gegen Kälte, und der Begriff „Schnuffi" bezeichnete die Truppenschutzmaske. Den Politstellvertreter nannte man Pope, Längerdienende und Berufssoldaten verspottete man als „Tagesäcke" und „Dienetod". Bestandteil des Soldatenjargons waren nicht nur einzelne Bezeichnungen für Sachen und Zustände, Sinnsprüche und Sprichwörter, sondern auch Kurzwortbildungen und Abkürzungen. So stand UE für die „Unerlaubte Entfernung" von der Truppe, und Reservisten hießen in der NVA grundsätzlich nur „Resis". Die Sprache der einfachen Soldaten gehörte zu den Spezifika der NVA. Sie konnte durch Vorgesetzte nicht verhindert werden.

Gern verhindert hätte die NVA-Führung allerdings auch eine Erscheinung, die der ständigen Gefechtsbereitschaft entgegenstand: den Alkoholmissbrauch. Das Alkoholproblem sowie die Rolle des Alkohols bei Fehlverhalten und besonderen Vorkommnissen waren seit der KVP-Zeit virulent. Erstmals im späten Frühjahr 1966 versuchte die Armeeführung, eine einheitliche, für die gesamte NVA geltende „Alkoholordnung" zu schaffen. Es entstand der Befehl Nr. 30/66 des Ministers für Nationale Verteidigung, der den Verkauf und den bisher im Grunde erlaubten Genuss alkoholischer Getränke innerhalb der Kasernen sowie auf den Schiffen und Booten untersagte. Daraufhin ging zwar der Alkoholkonsum in den Kasernen stark zurück, verstärkte sich jedoch bei den Soldaten während des Ausgangs, im Urlaub oder bei Dienstverrichtungen außerhalb der „Objekte". Freilich konnte die Einschleusung von Alkohol in die Kasernen nie völlig unterbunden werden. Hier bewiesen die NVA-Soldaten Einfallsreichtum und Kreativität, um allen Kontrollen zu entgehen. Auch ein neuer „Alkoholbefehl" des Ministers im Jahr 1974 konnte das Problem nicht lösen, zumal Führungskader und Vorgesetzte oftmals keineswegs leuchtende Vorbilder im Kampf gegen den Alkohol waren.

Es verwundert daher nicht, dass bis zum Ende der NVA allein die Alkoholkriminalität bis zu 20 Prozent aller begangenen Straftaten in den Streitkräften ausmachte. Alkoholmissbrauch war zudem oftmals die Ursache von anderen sogenannten besonderen Vorkommnissen in den Streitkräften. Dazu zählten unter anderem Disziplinverletzungen aller Art wie Unerlaubte Entfernungen, Gewaltdelikte und Wachvergehen. Hinzu kamen Suizide von Armeeangehörigen, die unterschiedlichste Ursachen hatten. Insgesamt lag die Selbsttötungsrate in der NVA aber nicht höher als im zivilen Bereich. Eine besondere Rolle

Weibliche Mitglieder des „Erich-Weinert-Ensembles" der NVA im Gespräch mit Panzersoldaten, 1969

spielten Unfälle. Allein Verkehrsunfälle mit Dienstfahrzeugen verursachten jedes Jahr Schäden in Millionenhöhe. Dienstunfälle bildeten darüber hinaus die Hauptursache für die Todesfälle in der NVA. In den ersten 15 Jahren wurden durch schuldhaftes Verhalten von Armeeangehörigen und Zivilbeschäftigten insgesamt rund 700 NVA-Angehörige getötet. Anteil daran hatten auch Schiffshavarien. Im Sommer 1968 ereignete sich das schwerste Unglück in der Geschichte der Volksmarine. Im dichten Nebel kollidierte das TS-Boot „Willi Bänsch" auf der Ostsee mit einer schwedischen Eisenbahnfähre. Das Boot der Volksmarine sank und riss sieben Besatzungsangehörige mit in den Tod.

Eine zusätzliche Tragik war mit Vorkommnissen in Form von Unfällen und Havarien verbunden, denen auch Zivilpersonen zum Opfer fielen. Dazu gehörte der Tod von sieben Kindern im August 1965 in einem See in der Nähe der Stadt Brandenburg. Ihnen war von einem NVA-Unterleutnant entgegen der Sicherheitsbestimmungen die Mitfahrt auf einem Schwimmpanzer erlaubt worden war. Sie ertranken, als der Panzer 100 Meter vom Ufer entfernt plötzlich im Wasser versank. Havarien und Flugunfälle, bei denen auch Zivilisten ums Leben kamen, begleiteten auch die Entwicklung der LSK/LV. Im Juli 1960 starb beim Absturz eines Jagdflugzeugs in Cottbus ein zwölfjähriges Mädchen, das sich zufällig auf der Straße befand. 1975 raste ein Jagdflugzeug der LSK/LV vom Typ MiG 21 SPS nach einem Triebwerksausfall in einen Cottbuser Wohnblock. Bei diesem Absturz starben außer dem Flugzeugführer fünf Frauen. Sechs weitere Bürger erlitten schwere Verletzungen. In der Folge wurde der Cottbuser Flugplatz nicht mehr von Jagdflugzeugen genutzt, sondern ein neuer Flugplatz in Holzdorf gebaut.

Angehörige der NVA und Genossenschaftsbauern feiern Erntefest, 1960er-Jahre.

Auf den Krieg vorbereitet – Gefechtsbereitschaft rund um die Uhr

Der Warschauer Pakt unterstellte Zeit seines Bestehens dem Westen eine permanente Aggressionsabsicht. Folglich mussten die Streitkräfte des östlichen Bündnisses quasi ständig auf der Hut sein, um einen überraschenden Überfall des Gegners abwehren und den Aggressor vernichtend schlagen zu können.

Armeegeneral Heinz Hoffmann in einem Referat zur sozialistischen Landesverteidigung, 24. April 1970
„Es ist bekanntlich ein Grundsatz sozialistischer Militärdoktrin, besser auf den Krieg vorbereitet zu sein als der Aggressor." Quelle: Heinz Hoffmann, Sozialistische Landesverteidigung. Aus Reden und Aufsätzen 1970-1974, Berlin (Ost)1974, S. 35.

Der Grad der Gefechtsbereitschaft wurde durch folgende inhaltlich und zeitlich aufeinander abgestimmte Stufen charakterisiert: Ständige Gefechtsbereitschaft, Erhöhte Gefechtsbereitschaft und Volle Gefechtsbereitschaft. Ende der 1970er-Jahre wurde im Sinne flexiblerer Reaktionsmöglichkeiten noch die Stufe „Gefechtsbereitschaft bei Kriegsgefahr" neu eingeführt.

Die „Ständige Gefechtsbereitschaft" war der Normalzustand aller Kampfeinheiten in der NVA. Das hieß unter anderem, dass 85 Prozent des Personalbestandes (ab 1989 80 Prozent) und der Kampftechnik ständig präsent sein mussten. In den Landstreitkräften waren Panzer, Schützenpanzerwagen und Selbstfahrlaffetten sowie verschiedene Zugmittel in aufmunitioniertem und betanktem Zustand bereitzuhalten. Einzelne Führungsorgane, Truppen, Flieger- und Flottenkräfte befanden sich im Diensthabenden System (DHS) oder führten Gefechtsdienst durch.

Die darauf folgende zweite Stufe „Erhöhte Gefechtsbereitschaft" setzte eine Reihe von Maßnahmen wie die Vorbereitung und das teilweise Beziehen von Basierungs-, Feuerstellungs-, Entfaltungs- und Dezentralisierungsräumen, die Herstellung der Arbeitsbereitschaft von Stäben, die Ausgabe der persönlichen Bewaffnung und Munition an den vorgesehenen Personenkreis, die Restverladung der Truppenvorräte, die Aufmunitionierung der Lehrgefechtstechnik, eine Ausgangs- und Urlaubssperre sowie die Verstärkung der Objektbewachung und der diensthabenden Systeme in Gang. Ziel war es, die Marschbereitschaft herzustellen und gegebenenfalls Räume außerhalb der Kaserne, zumeist unter dem Vorwand von Übungen, gedeckt zu erreichen.

Die Stufe „Gefechtsbereitschaft bei Kriegsgefahr" erweiterte seit 1978 die bereits vorhandenen Stufen. Sie legte Maßnahmen zur Übernahme von Reservisten, zur Rückholung von Urlaubern, zur Verlegung von Teilen der Fliegertruppenteile auf Reserveflugplätze, die Entkonservierung der gesamten Kampftechnik und die Ausgabe von Munition an den gesamten Personalbestand fest. Es galt in dieser Stufe, die Stäbe und Truppen einer Division aus der erhöhten Gefechtsbereitschaft in zwei bis drei Stunden einen etwa zehn Kilometer entfernten Konzentrierungsraum beziehen zu lassen und weiter marschbereit zu sein.

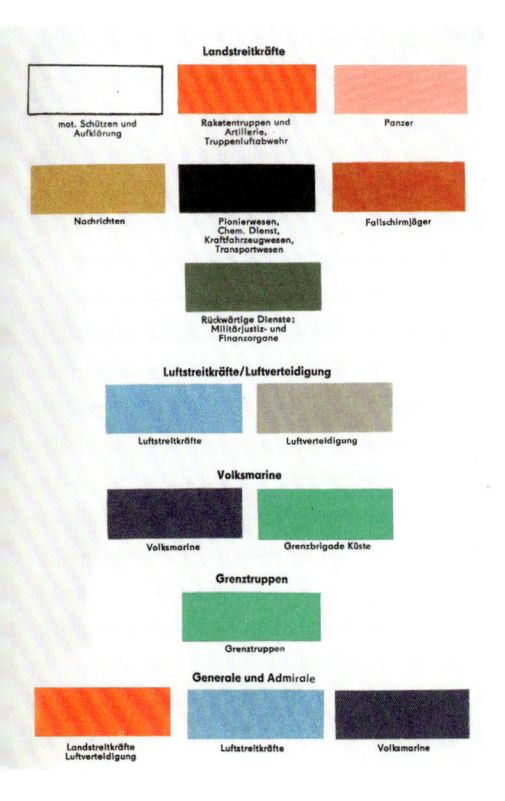

Waffenfarben der Teilstreitkräfte der NVA und der Grenztruppen, 1970er-Jahre

Prinzipschema über den operativen Einsatz der NVA, 1969

Operative Einsatzvarianten der NVA im Kriegsfall

Quelle: BStU, SdM 35, Bl. 368.

BRF = Baltische Rotbanner-Flotte
PSKF = Polnische Seekriegsflotte
AK = Armeekorps
FRR = Fla-Raketenregiment
JG = Jagdfliegergeschwader
GPA = Garde-Panzerarmee
GA = Garde-Armee

Die letzte Stufe im System der Gefechtsbereitschaft bildete die „Volle Gefechtsbereitschaft". In dieser Stufe sollten alle Führungsorgane und Truppen aller Teilstreitkräfte in der Lage sein, unverzüglich Gefechtshandlungen aufzunehmen. Dazu gehörten das Verlassen der Standorte und die Ausgabe der kriegsmäßigen Ausrüstung an alle NVA-Angehörigen. Die Mobilmachung erfolgte jetzt in vollem Umfang. Die Streitkräfte befanden sich faktisch im Kriegszustand. In Friedenszeiten wurde diese Stufe nur in Verbindung mit Übungen ausgelöst.

Die Kommandeure hatten tagtäglich in ihrem Verantwortungsbereich die personelle Besetzung der Funktionen und die Einsatzbereitschaft der Technik zu gewährleisten. Ständige Überprüfungen und Kontrollen stellten sicher, dass in den Kampfverbänden der Landstreitkräfte Maßnahmen zum Übergang in

"Erhöhte Gefechtsbereitschaft" für die NVA bei der "Übung westlich von Berlin", 1965

höhere Stufen der Gefechtsbereitschaft in drei bis vier Stunden abgeschlossen werden konnten. Von besonderer Bedeutung war das schnelle und organisierte Verlassen der Kasernen. Für die Hauptkräfte galten dabei Zeiten zwischen 30 und 60 Minuten. Obwohl die NVA Anfang/Mitte der 1980er-Jahre wahrscheinlich den höchsten Grad an Kampfkraft und Gefechtsbereitschaft erreicht hatte, begann in diesem Jahrzehnt zugleich eine Zeit, in der die Realisierung der enormen Forderungen der ständigen Gefechtsbereitschaft immer schwieriger wurde, da tausende Soldaten in zunehmendem Maße damit beschäftigt waren, in der DDR-Volkswirtschaft zu arbeiten.

Hohe ständige Gefechtsbereitschaft bestimmte auch das Wirken der LSK/LV, der Volksmarine und der Grenztruppen. So wurde bereits 1957 protokollarisch zwischen der NVA-Führung und Vertretern der Vereinten Streitkräfte des Warschauer Vertrages festgehalten, dass Kräfte der NVA-Luftverteidigung in das Luftverteidigungssystem des Paktes einbezogen werden. Nachdem man 1961 erste Mittel der NVA zur Verstärkung des Luftverteidigungssystems der GSSD in der DDR genutzt hatte, bezog man 1963 alle Truppen der DDR-Luftverteidigung in das gerade entstandene einheitliche System der Luftverteidigung im Warschauer Pakt ein. Das sogenannte Diensthabende System der Luftverteidigung (DHS) bedeutete unter anderem, dass sich Jagdflieger- und Fla-Raketenkräfte, Funktechnische Truppen sowie Sicherstellungseinheiten rund um die Uhr in einer festgelegten Bereitschaftsstufe auf den Flugplätzen und in den Stellungsräumen befanden. In jedem Jagdfliegergeschwader mussten beispielsweise zwei Jagdflugzeuge bereit sein, nach einer Alarmierung innerhalb von wenigen Minuten zu starten.

In der Volksmarine existierten seit Anfang der 1960er-Jahre ein ständiger Vorpostendienst sowie eine ständige Bereitschaft von Schiffen im Gefechtsdienst. So sollten Schiffe im Bereitschaftsmodus in der Lage sein, innerhalb von weniger als 30 Minuten auszulaufen. Ab Ende 1971 führte man einen Gefechtsdienst für die Volksmarine ein, der später teilweise gemeinsam mit den verbündeten Ostseeflotten der UdSSR und Polens betrieben wurde. So entstand in den 1980er-Jahren beispielsweise eine deutsch-sowjetische Bereitschafts-U-Boot-Such- und Schlaggruppe. Diese Maßnahmen dienten vor allem dazu, die NATO-Kräfte in der Ostsee zu blockieren.

Allein in den 1960er-Jahren wurde die komplette NVA viermal in "Erhöhte Gefechtsbereitschaft" versetzt. Nach der NVA-Beteiligung am Mauerbau im August 1961 führte nur ein Jahr später die Kuba-Krise die Welt an den Abgrund. Die Supermächte USA und UdSSR standen kurz vor einem Atomkrieg. Am 23. Oktober 1962 erhielten die sowjetischen Streitkräfte den Befehl, "Volle Gefechtsbereitschaft" herzustellen. Annähernd zeitgleich wies Moskau seine Verbündeten im Warschauer Pakt an, ihre Armeen in "Erhöhte Gefechtsbereitschaft" zu versetzen. Auch die westliche Führungsmacht erhöhte den Alarmzustand ihres Militärs. Am 24. Oktober ging das Strategic Air Command der USA erstmalig in seiner Geschichte auf die Alarmstufe "DefCon 2". Für die gesamte NVA wurde Urlaubs- und Ausgangssperre angeordnet. Im Ministerium organisierte man ein diensthabendes System und bereitete einen unterirdischen Gefechtsstand für den Kriegsfall vor. Zudem wurden die bestehenden diensthabenden Systeme in den LSK/LV und der Volksmarine verstärkt. In allen Verbänden und Truppenteilen der NVA wur-

Prinzipstruktur der Nationalen Volksarmee, 1967

Quelle: BArch, DVW 1/21372, Bl. 159.

Die Struktur der NVA im Überblick, 1967

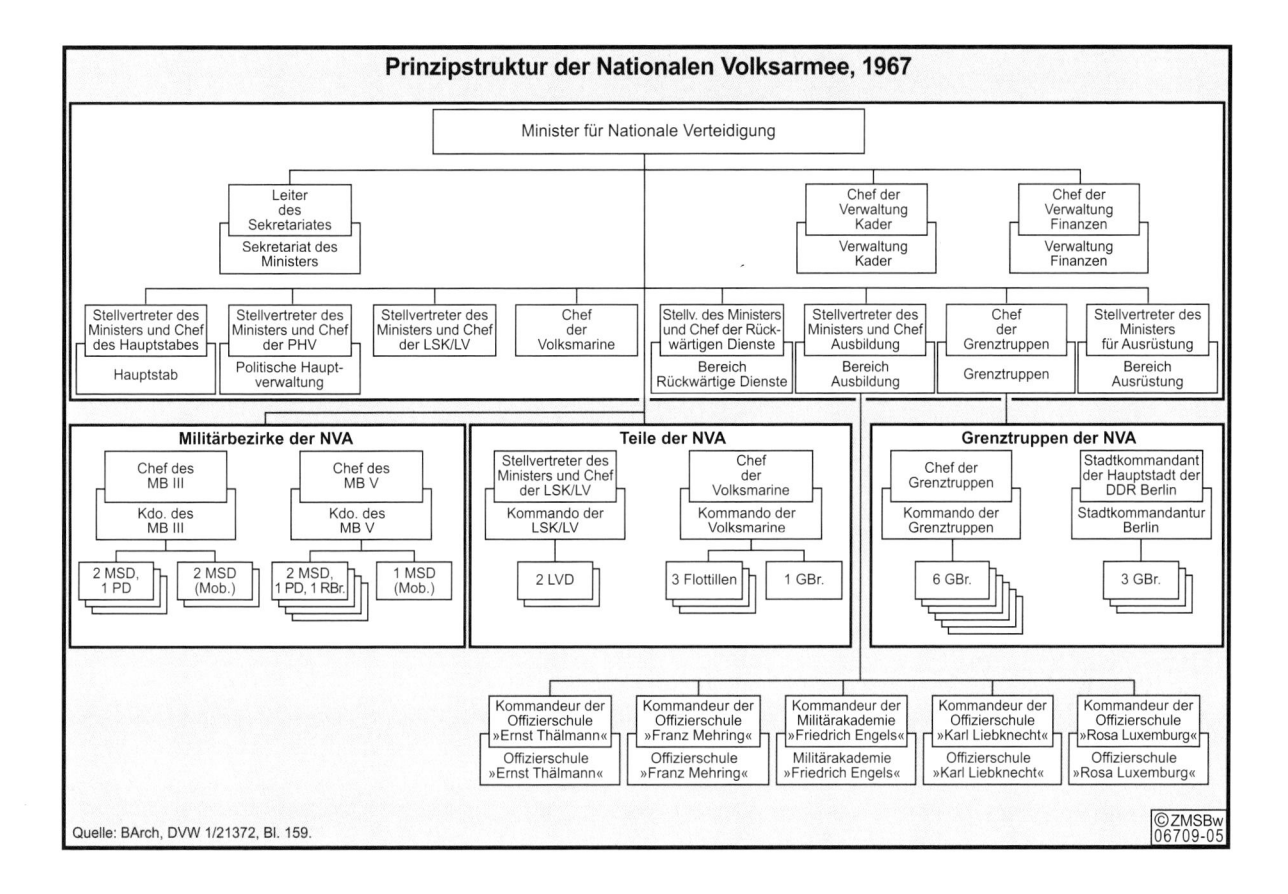

den die beweglichen Vorräte verladen. Fast einen Monat lang hielt die ostdeutsche Armee die befohlenen Maßnahmen aufrecht, erst nach einer erneuten Weisung aus Moskau kehrte man in der NVA wieder zum normalen Dienstalltag zurück.

Drei Jahre nach der Kuba-Krise wurde erneut für die gesamte NVA die „Erhöhte Gefechtsbereitschaft" ausgelöst. Mitten im Kalten Krieg demonstrierte der Warschauer Pakt in und um West-Berlin militärische Stärke. Die Sowjetunion hatte nämlich die Durchführung einer Sitzung des Deutschen Bundestages in West-Berlin als Provokation gegen den „besonderen Status" der geteilten Stadt aufgefasst. Eine „Übung", die „westlich von Berlin" stattfinden sollte und die zeitweise Sperrung der Autobahn zwischen Marienborn und Berlin sowie Tiefflüge von Kampfjets über West-Berlin beinhaltete, stellte die „Antwort" der Sowjets dar. Damit entstand eine überaus heikle und gefährliche Situation, auch für die NVA. Denn der Oberkommandierende der Vereinten Streitkräfte, Marschall Andrej A. Gretschko, hatte nicht nur am 5. April 1965 die gesamte Armee in „Erhöhte Gefechtsbereitschaft" versetzen lassen, sondern auch besondere Maßnahmen für die Potsdamer 1. Mot. Schützendivision befohlen. An den Überflügen über die West-Berliner Kongresshalle im Tiergarten waren zudem Jagdflugzeuge der NVA beteiligt.

Am 21. August 1968 wurde dann für die NVA zum vierten Mal in ihrer bisherigen Geschichte die Stufe „Erhöhte Gefechtsbereitschaft" befohlen. Es ging diesmal um eine Beteiligung der NVA an der Niederschlagung des „Prager Frühlings".

Gewehr bei Fuß – Die NVA und der „Prager Frühling"

Im Januar 1968 hatte sich in der ČSSR, dem südlichen Nachbarland der DDR, ein Machtwechsel vollzogen, der weitreichende Folgen haben sollte. Alexander Dubček war zum 1. Sekretär des ZK der Kommunistischen Partei der Tschechoslowakei gewählt worden. In dieser Funktion begann er, das stalinistische System in seinem Land durch ökonomische und politische Reformen im Sinne eines „Sozialismus mit menschlichem Antlitz" zu verändern. In der UdSSR, der DDR und anderen Ostblockstaaten beobachtete man die innere Entwicklung in der ČSSR anfangs mit Interesse. Schon bald schrillten jedoch die Alarmglocken: Die Parteifunktionäre sahen das stalinistische Herrschaftssystem und damit die Sicherheit des Warschauer Pakts durch eine vorgeblich vom Westen gesteuerte „Konterrevolution" gefährdet und damit die politische und ideologische Stabilität in den eigenen Ländern vom „Prager Frühling" bedroht. Vor allem SED-Chef Walter Ulbricht machte deutlich, dass er es nicht zulassen werde, „faule Eier" in „seine" DDR zu importieren. Von Anfang an bereitete der sowjetische Generalstab eine militärische Option zur gewaltsamen Niederschlagung der Reformbewegung vor. Darin einbezogen waren die Streitkräfte der UdSSR als Hauptträger einer möglichen Intervention, die Volksarmeen Bulgariens, Ungarns und Polens sowie die NVA. Walter Ulbricht drängte sogar darauf, dass die DDR-Volksarmee in die sogenannten militärischen „Ausbildungsmaßnahmen" des Pakts, die in Wirklichkeit die Aufmarschplanung verschleiern sollten, von Anfang an mit einbezogen wurde.

Die Operation „Donau" diente dazu, den Einmarsch in die ČSSR vorzubereiten und durchzuführen. Sie begann Ende Juli 1968 unter strengster Geheimhaltung als Übungslage und bezog auch Kräfte der ostdeutschen Armee mit ein. Am 25. Juli 1968 begab sich auf Anforderung des Oberkommandierenden der Vereinten Streitkräfte des Warschauer Vertrages eine operative Gruppe von NVA-Offizieren zu dessen Führungsstab nach Legnica in Polen. Sie erfuhr dort, dass die Aufgabe der NVA darin bestehe, neben umfangreichen logistischen Aufgaben mit zwei Kampfverbänden die sowjetischen Truppen bei einem

Tschechoslowakischer Protest gegen den Einmarsch, 23. August 1968

Generalmajor Siegfried Weiß besucht eine NVA-Einheit im Feldlager im Süden der DDR, September 1968.

Einmarsch in die ČSSR zu unterstützen. Konkret ging es um die 7. Panzerdivision Dresden und die 11. Mot. Schützendivision Halle. In der Folge wurden beide Divisionen in die befohlenen Räume verlegt und waren am 29. Juli 1968 einsatz- und gefechtsbereit. Strengste Geheimhaltung sowie eine Postsperre waren angeordnet. Die Fahrzeuge wurden aufmunitioniert, alle Truppenvorräte verladen und die Ausgabe scharfer Munition an die Soldaten vorbereitet. Man vergab bereits konkrete Aufgaben für einige Einheiten auf dem Boden der ČSSR. In Strausberg, dem Sitz des DDR-Verteidigungsministeriums, trat noch am gleichen Tag, am 29. Juli, der Nationale Verteidigungsrat zu einer dreistündigen Sitzung zusammen. Walter Ulbricht war als Vorsitzender des Nationalen Verteidigungsrates in der DDR formell der oberste (deutsche) Befehlshaber von NVA, Polizei und Staatssicherheit. Die Realität sah freilich etwas anders aus, denn letztlich entschied allein die sowjetische Seite über den Einsatz oder Nichteinsatz der sowjetischen und ostdeutschen Truppen.

Heinz Hoffmann über Walter Ulbricht in einem internen Interview

„Er [Ulbricht, R.W.] hat sich aufgespielt als großer Feldherr und er war keiner. [...] Der Ulbricht hat da reingequatscht, als ob der der größte Feldherr der Welt wäre. Das darf der gar nicht. Dafür hat er seine Fachleute. Und ich bin nun mal im Militärwesen Fachmann, da kann er reden was er will. Und wenn der Ulbricht mir mal gesagt hat: ´Du hast doch keine Ahnung vom Militärwesen!` Das hat er mir mal gesagt. Da habe ich gesagt: ´Weißt du Walter, seitdem ich laufen kann, bin ich Soldat und habe sämtliche Ausbildungsstätten hinter mich gebracht. Und jetzt sagst du zu mir, ich habe keine Ahnung`. Sagt er: ´Hast du auch nicht. Du machst sowieso nur das, was die Freunde dir sagen.` Da sage ich: ´Entschuldige mal, ich sehe die Freunde gar nicht. Und außerdem ist das ja nicht schlecht, wenn ich mache, was die Freunde sagen". Quelle: BArch, AZN Strausberg 8296, Bl. 30f

Letztlich kam es Ende Juli noch zu keinen militärischen Handlungen gegen die Reformer in Prag, weil sich der Schwerpunkt der Geschehnisse Anfang August für kurze Zeit nochmals in die Politik verlagerte. Die Gipfeltreffen von Čierna nad Tisou und Bratislava und die dort getroffenen politischen Vereinbarungen verzögerten den Beginn der Militäraktion jedoch nur. Der südliche Teil der DDR glich im Sommer 1968 bereits einem Heerlager. Neben zehntausenden sowjetischen Soldaten mit über 2.000 Panzern und etwa ebenso vielen

Nachrichtensoldaten der NVA in der Nähe von Prag, August 1968

Eine NVA-Einheit auf dem Marsch im Konzentrierungsraum, August 1968

Schützenpanzern standen auch rund 16.500 ostdeutsche Soldaten mit knapp 500 Panzern in den Wäldern Sachsens bereit, um auf Befehl in die ČSSR einzufallen.

In der Nacht vom 20. zum 21. August 1968 marschierten Verbände und Truppen von vier beteiligten Interventionsstreitkräften auf breiter Front in die ČSSR ein. Die vor allem aus sowjetischen und polnischen Divisionen be-

Besuch von Generalleutnant Walter Allenstein bei NVA-Soldaten im Feldlager, September 1968

stehende „Prager Gruppierung" stieß rasch in das Innere der Tschechoslowakei vor und erreichte bereits am frühen Morgen des 21. August mit ihren Spitzeneinheiten die Hauptstadt Prag. Die NVA einschließlich der Grenztruppen wurde kurz nach Mitternacht in erhöhte, teilweise in volle Gefechtsbereitschaft versetzt, und in den frühen Morgenstunden des 21. August 1968 stand die gesamte NVA „Gewehr bei Fuß".

Karte mit geplanten Richtungen des NVA-Einmarsches in die ČSSR, Juli/August 1968

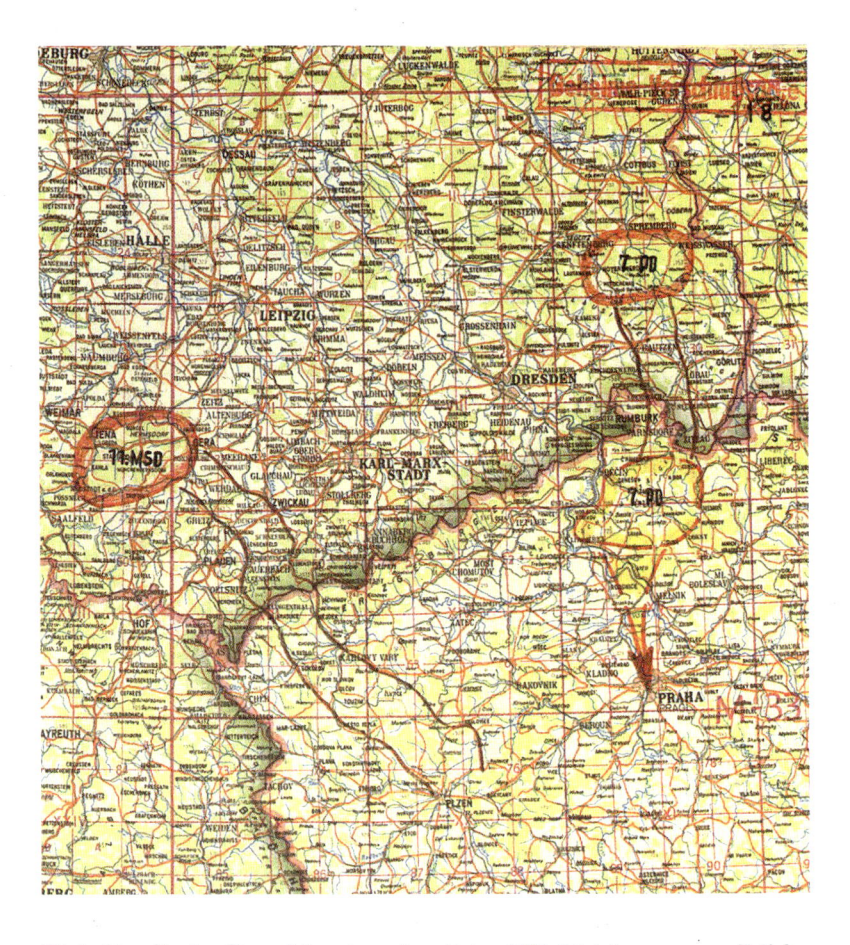

Sonderausgabe der Zeitung „Volksarmee", August 1968

Die beiden für den Kampfeinsatz vorbereiteten NVA-Divisionen waren Teil der „Prager Gruppierung". Die 7. Panzerdivision mit einem Kampfbestand von etwa 7.500 Mann, 1.500 Kraftfahrzeugen und 300 Panzern sollte an der Seite sowjetischer Truppen als 2. Staffel die Staatsgrenze zur ČSSR überschreiten und in den Raum Litoměřice–Mimon und Děčin vorstoßen. Die 11. Mot. Schützendivision mit ihren rund 9.000 Soldaten, 1.700 Kraftfahrzeugen, 349 Schützenpanzerwagen und 188 Panzern stand bereit, um in Richtung Plzeň vorzustoßen. Aber obwohl alle Vorbereitungen abgeschlossen waren, warteten beide NVA-Divisionen vergeblich auf einen Marschbefehl. Sie verblieben auf ausdrückliche Weisung des sowjetischen Staats- und Parteichefs und Obersten Befehlshabers der Pakttruppen, Leonid I. Breschnew, während der gesamten Militäraktion nachweislich auf dem Territorium der DDR. Auf dem Boden der ČSSR taten vom 23. August bis Ende Oktober 1968 – neben verschiedenen Einzelkräften der Armee und der Grenztruppen – nur eine kleine Gruppe von Offizieren und Fernmeldesoldaten der NVA in Milovice nördlich von Prag Dienst. Mit der Anwesenheit nur weniger NVA-Soldaten in der Tschechoslowakei glaubte die SED ihre Propagandalegende vom gleichberechtigten gemeinsamen Handeln der NVA an der Seite der Sowjetarmee untermauern zu können.

Die meisten Berufssoldaten standen im Sommer 1968 aus Überzeugung hinter den Maßnahmen des Warschauer Vertrages. Dennoch gab es auch einige Offiziere, die die Militäraktion gegen die ČSSR mit offensichtlich gespaltenen

Gefühlen betrachteten. Ihre Fragen und Bedenken äußerten sie zumeist nur im persönlichen Umfeld, denn die Armeeführung ging gerade im Offizierkorps gegen politische Kritik und Abweichung von der offiziellen Parteilinie besonders streng vor. Vermeintliche „Einbrüche" des Klassengegners in die Reihen der militärischen Führungsschicht ahndete die Armeespitze daher schnell und unerbittlich. Bereits wenige Tage nach dem Einmarsch degradierte man fünf Offiziere zu Mannschaftssoldaten und entließ sie fristlos aus der NVA. Besonders hart traf es darüber hinaus diejenigen NVA-Angehörigen und Zivilisten, die sich wegen ihrer politischen Proteste gegen den Einmarsch einer strafrechtlichen Verfolgung durch die Militärjustiz ausgesetzt sahen. Im Zeitraum von 1968 bis 1970 wurden etwa 20 NVA-Angehörige unter Bezugnahme auf die ČSSR-Ereignisse zu Freiheitsstrafen verurteilt.

Neben der NVA trugen andere Institutionen und bewaffnete Organe der DDR zum reibungslosen Einmarsch der sowjetischen Interventen und damit zur Besetzung der ČSSR bei. Am 21. August 1968 wurden ab 1:30 Uhr alle Grenzübergangsstellen für den zivilen Verkehr geschlossen und alle weiteren zivilen Kontakte wie zum Beispiel der Telefon- und Postverkehr zwischen der DDR und der ČSSR unterbrochen. Die Volkspolizei sicherte die Marschstrecken und Unterbringungsräume der Einheiten, die Staatssicherheit übernahm die Überwachung der Sperrgebiete. Zudem war eine neue Grenzbrigade der NVA aufgestellt worden, deren Aufgabe darin bestand, eine möglichst lückenlose Kontrolle des Grenzgebietes zur Tschechoslowakei und vor allem den reibungslosen Übergang sowjetischer Verbände aus der DDR in das Nachbarland zu gewährleisten. Die „Aktion Sperrmauer" des SED-Regimes hatte damit eine nicht unerhebliche militärische Bedeutung für das Gelingen der Intervention.

Im Oktober 1968 wurde die im Juli begonnene Militäroperation „Donau" zur Besetzung der ČSSR mit der schrittweisen Rückführung von Teilen der Interventionstruppen abgeschlossen. Obwohl rund 75.000 sowjetische Soldaten mit ihrer Kampftechnik in der Tschechoslowakei dauerhaft verblieben, waren etliche Divisionen wieder in ihre ostdeutschen Kasernen zu verlegen. Die sowjetischen Truppen sowie auch die Angehörigen der ursprünglich für den Einmarsch vorgesehenen beiden NVA-Divisionen wurden mit großem propagandistischem Aufwand in ihren Heimatstandorten in der DDR empfangen. In einigen Garnisonstädten fanden regelrechte „Siegesparaden" statt. Dass man die Bevölkerung im Glauben beließ, die NVA-Truppen kämen direkt aus der ČSSR und hätten damit einen Beitrag zur Erhaltung des Friedens in Mitteleuropa geleistet, gehörte zum perfiden Lügengebäude der Parteifunktionäre und NVA-Generale, mit dem die wirkliche Rolle der ostdeutschen Armee verschleiert werden sollte.

Im Sommer 1968 war die SED-Führung bereit gewesen, jeden Befehl aus Moskau bedingungslos zu erfüllen. Alle Sicherstellungs-, Transport-, Versorgungs- und Unterstützungsmaßnahmen der Militäroperation in der DDR wurden von der ostdeutschen Führung im Auftrag der sowjetischen Stellen eigenverantwortlich geplant, vorbereitet und durchgesetzt. Auch wenn letztlich keine NVA-Kampftruppen direkt in die ČSSR einmarschiert waren, hatten die DDR und ihre Volksarmee einen erheblichen Anteil an der völkerrechtswidrigen Niederwerfung der tschechoslowakischen Demokratiebewegung.

NVA-Soldaten auf Grenzstreife, September 1968

Drill und „Rotlichtbestrahlung" – Militärische Ausbildung, moderne Bewaffnung und politische Indoktrination

Die Ausbildung stellte auch in den 1970er- und 1980er-Jahren die Haupttätigkeit der Stäbe, Truppen und Einrichtungen in der Armee dar. Ihr Ziel war hohe Gefechtsbereitschaft. Ihr Kern, die Gefechtsausbildung, war in der Regel mit hohen physischen Belastungen verbunden und fand im Gelände statt. Zur Überprüfung des Ausbildungsstands der Stäbe und Truppen dienten weiterhin vor allem Manöver und Übungen. So begann im Oktober 1970 unter der Losung „Klassenbrüder – Waffenbrüder – vereint unbesiegbar! Dem Feind keine Chance!" das gemeinsame Manöver „Waffenbrüderschaft" der Vereinten Streitkräfte unter Leitung des ostdeutschen Verteidigungsministers, Armeegeneral Heinz Hoffmann, auf dem Territorium der DDR. Gemessen an den beteiligten Kräften und Mitteln, der territorialen Ausdehnung und letztlich auch den Kosten übertraf dieses Manöver alle bis zu diesem Zeitpunkt durchgeführten Ausbildungsmaßnahmen der Vereinten Streitkräfte. So kostete das

Gefechtsschießen mit der 152-mm-Kanonenhaubitze D 20, 1977

für die SED- und NVA-Führung prestigeträchtige Vorhaben über zehn Millionen Mark. Ein besonderes Kennzeichen war auch, dass erstmals Streitkräfte aus allen Teilnehmerstaaten des Pakts beteiligt waren. Die rumänischen Streitkräfte hatten freilich nur den verkürzten Stab einer Panzerdivision in die DDR geschickt. Die Manövertruppen umfassten insgesamt mehr als 73.000 Armeeangehörige mit über 800 Panzern, 1.100 Schützenpanzerwagen, fast 12.000 Kraftfahrzeugen sowie knapp 500 Flugzeugen und etwa 140 Schiffen. Zehn Jahre später wurde mit dem Großmanöver „Waffenbrüderschaft 80" in der DDR eine erneute Machtdemonstration des Warschauer Pakts durchgeführt. Wiederum waren der DDR-Verteidigungsminister der Leitende und alle sieben Armeen beteiligt. Auffällig bei beiden Großmanövern war zudem, dass sich bei Bewaffnung, Technik und Ausrüstung der Truppen und Flotten im Vergleich mit der Aufbau- und Konsolidierungsphase der NVA erhebliche Veränderungen vollzogen hatten.

Besonders sichtbar wurde dies in den Landstreitkräften, die im Zuge von Modernisierungen sowie der Zuführung neuer Kampftechnik ihre Gefechtsmöglichkeiten beträchtlich erweitern konnten. Der NVA-Standardpanzer T-55 erhielt unter anderem Zusatzverkleidungen, neue Funkstationen, eine Nebelanlage, eine Nachtschießanlage und mehrere Zusatzbehälter. Anlässlich des

Mittlerer Kampfpanzer T-72

30. Jahrestages der DDR am 7. Oktober 1979 führten Paradeeinheiten erstmalig den damals neuesten Panzer der NVA der Öffentlichkeit vor. Dabei handelte es sich um den mittleren Kampfpanzer T-72. Er war im Vergleich zu seinen Vorläufern mit einem flachen Zweimann-Gußturm ausgerüstet und leicht am Ejektor der 125-mm-Panzerkanone zu erkennen. Der T-72 hatte eine Reihe verbesserter Gefechtseigenschaften vorzuweisen. Dazu gehörte unter anderem, dass die Schussfolge der Kanone durch eine automatische Ladeeinrichtung bei acht Schuss pro Minute lag. Ein Ladeschütze wurde nicht mehr benötigt, sodass die Besatzung des T-72 nur noch aus dem Fahrer, dem Richtschützen und dem Kommandanten bestand. Trotz seiner Größe war der Panzer sehr beweglich und geländegängig. 780 PS (573 KW) Motorleistung ließen ihn eine maximale Marschgeschwindigkeit von 60 km/h auf der Straße erreichen. Die Panzerung bot einen gewissen Schutz vor Massenvernichtungsmitteln. Der T-72 war zudem dank einer Unterwasserfahrtausrüstung in der Lage, bis zu fünf Meter tiefe und mehrere hundert Meter breite Wasserhindernisse zu überwinden.

Einige Jahre zuvor war bereits der neue Schützenpanzer BMP-1 in die Einheiten gekommen, der die Schützenpanzerwagen der Mot. Schützen ergänzte.

Die Schlagkraft der Landstreitkräfte erhöhte sich zudem mit der im Mai 1975 aufgestellten zweiten Raketenbrigade in Tautenhain (Thüringen). In der Truppenluftabwehr begann 1973/74 die Einführung der Fla-Raketenkomplexe (FRK) 2K11 Krug (SA-4 Gafef), später des Komplexes 2K12 Kub (SA-6 Gainful). Diese Raketenkomplexe bestanden aus Bodenanlagen und lenkbaren Raketen.

Ein bedeutsamer struktureller Einschnitt in der Entwicklung der Landstreitkräfte zeigte sich 1972, als man das „Kommando der Landstreitkräfte" in Geltow bei Potsdam schuf. Nunmehr unterstanden dem Chef der Landstreitkräfte, der wie die anderen Chefs der Teilstreitkräfte zugleich ein Stellvertreter des Ministers war, die beiden Militärbezirke III (Leipzig) und V (Neubrandenburg). Das Kommando Landstreitkräfte sollte den Ausbildungsprozess der Militärbezirke und Lehreinrichtungen führen. Im Kriegsfall hatte das Kommando vor allem die Aufgabe, territoriale Einrichtungen beziehungsweise das Ersatzheer zu führen.

Das neue einheitliche Kommando für die gesamten Landstreitkräfte der NVA änderte jedoch kaum etwas daran, dass infolge der Einbindung des größten Teils der NVA-Landstreitkräfte in die Vereinten Streitkräfte des Warschauer Pakts nach wie vor die sowjetischen Vorgaben und „Empfehlungen" zur Be-

Verteidigungsminister Armeegeneral Heinz Hoffmann

Mitglieder der SED- und NVA-Führung beim Manöver „Waffenbrüderschaft" 1970 (i.d. Mitte: Walter Ulbricht)

Panzer in den NVA- Landstreitkräften

Mittlerer Panzer T-34/85
(im Einsatz in den mittl. C-Kommandos der mech. Bereitschaft Eggesin und in den ersten Jahren der NVA...)

Mittlerer Panzer T-55
(in der Bewaffnung der Division ab 1957 der mittl. Panzer T-54, als erstes PR erhielt ab 1966/67 das PR-21 den T-55)

Der Kampfpanzer T-72 wurde in der NVA zuerst in der 9.PD erprobt (IV./PR-23), Standardpanzer der Division ab 1981

waffnung und Ausrüstung sowie zur Stärke von Divisionen, Regimentern und Bataillonen bestimmend waren.

In den LSK/LV hatte Anfang der 1970er-Jahre der Aufbau von Front- und Armeefliegerkräften begonnen. Es entstanden unter anderem das Jagdbombenfliegergeschwader-31 in Drewitz, die Aufklärungsstaffel-31 sowie die Hubschraubergeschwader-34 und -54. 1971 stellte man zudem die 43. Fla-Raketenbrigade in Sanitz bei Rostock als ersten taktischen Verband der Fla-Raketentruppen auf. Er sollte die Luftverteidigung in Küstenrichtung verstärken und verfügte über mehrere Typen von Fla-Raketenkomplexen. Mitte der 1970er-Jahre erhielten die Funktechnischen Truppen neue Strukturen, die bis 1990 nicht mehr verändert wurden. Zu den strukturellen und organisatorischen Veränderungen in den LSK/LV der NVA gehörten nicht zuletzt der 1978 neu eingerichtete Zentrale Gefechtsstand der LSK/LV in Fürstenwalde sowie die bereits einige Jahre zuvor gemeinsam mit den sowjetischen Streitkräften gebildete Vereinigte Hauptzentrale in Wünsdorf, die der Flugsicherung im Luftraum der DDR diente.

Am Ende der 1970er-Jahre betrug die Soll-Friedensstärke der LSK/LV rund 28.500 Mann, davon etwa 3.100 Zivilbeschäftigte. Die Teilstreitkraft verfügte zu diesem Zeitpunkt über sechs Jagdfliegergeschwader mit MiG-21 verschiedener Versionen, ein Jagdbombenfliegergeschwader mit MiG-23 BN und MiG-17F, die Aufklärungsstaffel mit zwölf Flugzeugen, ein Hubschraubergeschwader mit über 30 Maschinen vom Typ Mi-8T und Mi-2, eine Staffel Kampfhubschrauber Mi-24D, 36 Fla-Raketenabteilungen mit den Komplexen „Dwina", „Wolchow" und „Newa" sowie sieben Funktechnische Bataillone mit automatisierten Führungs- und Leitsystemen.

In der Volksmarine führte man Anfang der 1970er-Jahre die neuen Torpedoschnellboote „Projekt 206" aus der Sowjetunion ein. Um die Schlagkraft zu erhöhen, bildete die Führung daraufhin gemischte Raketen- und Torpedoschnellboot-Brigaden. 1976 stellte man einen weiteren Typ von mittleren Landungsschiffen (Projekt 108/Frosch) aus der DDR-Produktion in Dienst. 1974 wurde das erste Boot des „Projektes 131" als Kleines Torpedoschnellboot ausgeliefert. Neue Schiffe kamen auch zu den U-Jagdkräften. Besonderes Augenmerk schenkte die Führung der Volksmarine weiterhin dem Ausbau der Minenräum- und Minenabwehrkomponente. Dazu gehörte die Ablösung veralteter Minenabwehrschiffe durch moderne Minensuch- und Räumschiffe (MSR) vom Typ Projekt 89.1/Kondor I und Projekt

Führung der NVA, Dezember 1972		
Armeegeneral Heinz Hoffmann	–	Minister für Nationale Verteidigung
Admiral Waldemar Verner	–	Stellvertreter des Ministers und Chef der Politischen Hauptverwaltung
Generaloberst Heinz Keßler	–	Stellvertreter des Ministers und Chef des Hauptstabes
Generalleutnant Werner Fleißner	–	Stellvertreter des Ministers und Chef Technik und Bewaffnung
Generalleutnant Helmut Poppe	–	Stellvertreter des Ministers und Chef Rückwärtige Dienste
Generalleutnant Horst Stechbarth	–	Stellvertreter des Ministers und Chef der Landstreitkräfte
Generalmajor Wolfgang Reinhold	–	Stellvertreter des Ministers und Chef der Luftstreitkräfte/Luftverteidigung
Vizeadmiral Wilhelm Ehm	–	Stellvertreter des Ministers und Chef der Volksmarine
Generalleutnant Erich Peter	–	Stellvertreter des Ministers und Chef der Grenztruppen der DDR
Generalleutnant Siegfried Weiß	–	Hauptinspekteur der NVA

Übersicht über die Hauptbewaffnung der NVA-Landstreitkräfte (Auswahl), 1960er- und 1970er-Jahre				
Schützenwaffen	Gepanzerte Gefechtsfahrzeuge	Geschützbewaffnung	Raketenbewaffnung	Kampfhubschrauber
7,62-mm-Maschinenpistole KM und KMS	Schützenpanzerwagen SPW-40 P und -40 P 2	100-mm-Panzerabwehrgeschütz T-12 und MT-12	Panzerabwehrlenkrakete „Schmehl" auf GAS 69 A und SPW-40P	Mi-24 D
7,62-mm-Maschinenpistole KMS 72	Schützenpanzerwagen SPW-152 K	130-mm-Kanone M 46	Panzerabwehrlenkrakete „Maljutka" auf SPW-40 P 2; Panzerabwehrlenkrakete „Fagot"	
7,62-mm-Scharfschützengewehr D (SWD)	Schützenpanzerwagen SPW-50 PK	Geschosswerfer BM-24, BM-21 und RM-70	Taktischer Raketenkomplex Luna und Luna M	
7,62-mm-Leichtes Maschinengewehr K	Schützenpanzerwagen SPW-60 PA und -60 PB	23-mm-Fla-SFL „Schilka"	Operativ-taktisches Raketensystem	
7,62-mm-Schweres-Maschinengewehr PK/PKS	Mittlerer Kampfpanzer T-55	122-mm-Haubitze D 30	Tragbarer Panzerabwehrlenkraketenkomplex Strela-2	
40-mm-Panzerbüchse RPG-7	Schützenpanzerwagen SPW-70	152-mm-Kanonenhaubitze D 20	Fla-Raketenkomplex „Krug"	
Panzerabwehrgranate RPG-18	Schützenpanzer BMP-1	152-mm-SFL-Haubitze „Akazia"	Fla-Raketenkomplex „Kub"	
	Mittlerer Kampfpanzer T-72			

Oben: SED-Parteiversammlung während einer Gefechtspause, 1982

Oben rechts: Jagdbombenflugzeug SU-22 M 4

89.2/Kondor II sowie Minenabwehrhubschrauber. Ende der 1970er-Jahre erhielt die Volksmarine zudem zwei Küstenschutzschiffe Projekt 1159 Ä (Koni-Klasse) als zweite Generation von Küstenschutzschiffen aus der UdSSR. 1974 kam der bewaffnete Transporthubschrauber Mi-8 T, der für Lufttransporte, zur Aufklärung und zur Seenotrettung geeignet war, zur Volksmarine.

Mittels einer intensiven Ausbildung sollten vor allem die Grundwehrdienstleistenden in der Lage sein, die neu eingeführte Kampftechnik zu beherrschen. Die Ausbildung eines jeden NVA-Soldaten begann mit einer mehrwöchigen Grundausbildung. Sie umfasste solche Themen wie Dienstvorschriften, Exer-

Übersicht über die Hauptbewaffnung der NVA-Luftstreitkräfte/Luftverteidigung (Auswahl), 1960er- und 1970er-Jahre			
Kampf- und Übungsflugzeuge	Transport- und Verbindungsflugzeuge	Hubschrauber	Fla-Raketen
Übungsjagdflugzeug Jak-18 A und Jak-18 U	Passagierflugzeug IL-18	Mi-2	Fla-Raketenkomplex „Dwina"
Jagdbombenflugzeug MiG-17 F	Passagierflugzeug IL-62 M		Fla-Raketenkomplex „Wolchow"
Übungsjagdflugzeug MiG-21 U	Passagierflugzeug Tu-124	Mi-8	Fla-Raketenkomplex „Newa"
Überschalljagdflugzeug MiG-21 F 13, MiG-21 PF, MiG-21 M, MiG-21 MF, MiG-21 bis SAU/bis Lasur und MiG-21 F	Passagierflugzeug Tu-134 A	Mi-8 T; Mi-8 TB	
Strahltrainer L-29 Delphin	Verbindungsflugzeug L-60 Brigadyr	Mi-4 MÄ	
Strahltrainer L-39 Albatros	Kurierflugzeug AN-14	Mi-14 PL	
Überschall-Schwenkflügel-Übungsflugzeug MiG-23 U	Transportflugzeug L-410 UVP		
Überschall-Schwenkflügel-Jagdflugzeug MiG-23 MF/Überschall-Schwenkflügel-Übungsjagdflugzeug MiG-23 UB	Verbindungsflugzeug Z-43		

Übersicht zur Hauptbewaffnung der NVA-Volksmarine (Auswahl), 1960er- und 1970er-Jahre		
Kampfschiffe und -boote	Küstenraketen	Hubschrauber
Leichtes Landungsboot „Projekt Labo"	Sopka	Mi-4
Leichtes Torpedoboot Typ „Wolgast" und „Berlin"		Mi-14
Großes Torpedoboot „Projekt 206"		Mi-8 T
Großes Raketenschnellboot „Projekt 205"		
Mittleres Landungsschiff Typ „Robbe"		
Minensuch- und Räumschiff „Projekt 89.1" und „89.2"		
Kleines Torpedoschnellboot		
Mittleres Landungsschiff „Projekt 108"		
Motorschulschiff „Wilhelm Pieck"		
Küstenschutzschiffe „Projekt 1159Ä"		

Ein Marinehubschrauber vom Typ Mi-14 bei der Wasserlandung

zierausbildung, das Bewegen auf dem Gefechtsfeld oder das Überwinden von Hindernissen. Die Grundausbildung wurde in der Regel mit einem sogenannten Härtekomplex beendet, der unter anderem aus einem Krafttraining, einem 1.000-Meter-Lauf, einem 15-Kilometer-Marsch (teilweise unter Schutzmaske) und der normgerechten Überwindung der Sturmbahn bestand.

An die Grundausbildung schlossen sich dann weitere Ausbildungsinhalte an, die in Einzelausbildung, später in einer Einheitsausbildung mit Themen zur taktischen Gelände-, Schutz- oder Sanitätsausbildung durchgeführt wurden. Ein Schwerpunkt des 18-monatigen Grundwehrdienstes lag in allen drei Diensthalbjahren in der Schießausbildung, deren Ergebnisse Vorgesetzte während mehrerer Gefechtsschießen überprüften. Zur Ausbildung gehörte stets eine Vielzahl von Übungen auf verschiedenen Ebenen.

Kampfhubschrauber vom Typ Mi-24 D im Flugdienst, 1982

Abfangjagdflugzeug MiG-21bis

Personalstruktur der Unteroffiziere (Berufssoldaten und Soldaten auf Zeit), 1971

	Berufssoldaten	Soldaten auf Zeit/Unteroffiziere
Soziale Herkunft		
Arbeiter	75,1 %	63,6 %
Angestellte	12,3 %	18,3 %
Schulbildung		
Abitur	3,8 %	6,7 %
10 Klassen	70,4 %	63,3 %
8–10 Klassen	24,2 %	29,7 %
6–7 Klassen	1,6 %	0,32 %

Küstenschutzschiff „1159" (Rostock), 1987

Für die Ausbildung der Mannschaften spielten die Unterführer eine wichtige Rolle. Sie bildeten das Scharnier zwischen den Grundwehrdienstleistenden und den Offizieren. Von einem qualifizierten und personell stabilen Unteroffizierkorps war man allerdings auch in den 1980er-Jahren teilweise noch weit entfernt. Das Idealbild des NVA-Unteroffiziers als Helfer des Offiziers und kompetenten militärischen Führers, der auch Erzieher, Spezialist und Ausbilder war, konnte zu keinem Zeitpunkt vollständig erreicht werden.

In den ersten Jahren NVA wurden Unteroffiziere vor allem aus dem Personalbestand der Mannschaften gewonnen und in den Truppenteilen selbst ausgebildet. Die weitere Ausbildung vollzog sich in Regimentsschulen und Lehreinheiten, ab 1958 in Lehrbataillonen und Linienkompanien und danach überwiegend in Ausbildungstruppenteilen für Unteroffiziere.

Anfang der 1970er-Jahre konnte die Ausbildungsqualität mit dem Aufbau von zentralen Unteroffizierschulen deutlich verbessert werden. Pro Jahr wurden in der NVA etwa 13.500 Unteroffiziere auf Zeit, die sich für mindestens drei Jahre verpflichtet hatten, sowie rund 2.000 Berufssoldaten in der Dienstgradgruppe Unteroffiziere ausgebildet. Die Ausbildung für die Unteroffiziere auf Zeit dauerte sechs Monate. Sie und ihre länger dienenden Kameraden übernahmen nach ihrer Ausbildung Aufgaben im Truppendienst unter anderem als Gruppen- oder Truppführer, Panzerkommandanten, Geschützführer, Schirrmeister, aber auch als Panzer- und Schützenpanzerfahrer. Ende 1986 benannte man die Unteroffizierschulen der Landstreitkräfte in „Ausbildungszentren" um.

Personalbestand der NVA (Auswahl), Ende 1971

Offiziere	31.988
Berufssoldaten/Unteroffiziere	18.761
Soldaten auf Zeit/Unteroffiziere	36.684

Schutzausbildung von Rekruten

Das Offizierkorps der NVA hatte sich im Unterschied zu den Unterführern in den 1960er-Jahren konsolidiert und gefestigt. Die hohe Anzahl von Offizieren kam vor allem auch dadurch zustande, dass in der NVA Offiziere oftmals Aufgaben wahrnahmen, die in westlichen Streitkräften von Berufsunteroffizieren ausgeführt wurden. In den 1980er-Jahren wuchs schrittweise eine Offiziergeneration heran, die sich im Vergleich zur ersten und zweiten Generation durch ein höheres militärisches und politisches Bildungs- und Qualifikationsniveau auszeichnete. Fast alle Offiziere gehörten der SED an.

Die eigentliche Militärelite in der NVA bildete die Dienstgradgruppe der Generale und Admirale, von denen in den 1980er-Jahren knapp über 200 aktiv dienten. Jedes Jahr wurden Oberste und Kapitäne zur See vom Vorsitzenden des Nationalen Verteidigungsrates zum Generalmajor bzw. Konteradmiral ernannt. Die Generale und Admirale waren allerdings nicht nur im Ministerium sowie in verschiedenen Stäben und Verbänden der NVA tätig, sondern auch außerhalb der Truppe, in zivilen Ministerien, im ZK der SED, in der GST und in der Zivilverteidigung.

Gefechtsuniform der Volksmarine

Die Angehörigen der Militärelite verstanden sich selbst als treue Diener der Partei und des Staates. Ende 1982 gab es über 500 sogenannte Nomenklaturdienststellungen in der Armee und in den Grenztruppen, bei denen die Partei über die Besetzung entschied. Einige Generale und Admirale nahmen für sich ungerechtfertigt Sonderregelungen, so zum Beispiel im Jagdwesen, und andere Privilegien in Anspruch.

Aus dem Abschlussbericht des Ausschusses zur Untersuchung von Amtsmissbrauch, Korruption und Bereicherung in der NVA und den Grenztruppen vom 15. März 1990
Die Jagdwirtschaft Hintersee wurde auf Grund einer Ordnung vom 05. April 1966

Entwicklung des Offizierbestands in der NVA (Auswahl), 1962 bis 1989		
Jahr	Ist-Bestand	Bemerkungen
1962	27.757	Mit dem Offizierbestand der Grenztruppen, die am 15. September 1961 in die NVA eingegliedert wurden
1971	31.988	
1982	40.125	
1989	41.153	

Admiral Waldemar Verner, Chef der Politischen Hauptverwaltung der NVA von 1959 bis 1978

Spezialbehandlung einer Panzerkompanie, 1984

vom damaligen Minister für Nationale Verteidigung, Heinz Hoffmann, zum repräsentativen Gästejagdgebiet ausgebaut.[...] 1985 verfügte Hintersee unter anderem über das Jagdhaus mit Trophäenhalle und Versorgungseinrichtungen, 30 Kfz verschiedener Typen, darunter 5 Krafträder, 40 Arbeitskräfte, 15 Jagdhunde, 5 Pferde mit Gespannfahrzeugen, 5 Wohnhäuser, 3 Futtersilos, 1 Hubschrauberlandeplatz, 50 ha beregnete Wildäcker und 118 ha unberegnete Wildäcker. 1989 betrug die Gesamtfläche des Gästejagdgebietes 8456 ha. [...] Seit 1986 sind Haushaltsmittel in Höhe von 39,722 Mill. Mark ohne Bauinvestitionen für nur einige wenige leitende Kader für das Jagdgebiet Hintersee aus dem Verteidigungshaushalt entnommen worden. Quelle: Militärreform in der DDR, 14/1990

Seit Gründung der NVA hatten sich auch bei der politischen und militärischen Ausbildung und Weiterqualifizierung der Offiziere einschneidende Veränderungen ergeben. Anfangs bildete man die Offiziere an 16 Lehranstalten sowie an verschiedenen sowjetischen Lehreinrichtungen aus. Zu ihrer Weiterbildung standen bis Anfang 1959 die Hochschule für Offiziere, aus der danach die Militärakademie „Friedrich Engels" hervorging, sowie sowjetische Militärakademien zur Verfügung.

1963 entstanden zentrale Offizierschulen der Teilstreitkräfte, die Anfang der 1970er-Jahre Hochschulstatus erhielten. Spätestens seit dieser Zeit verfügte die NVA über ein aufeinander abgestimmtes und in sich geschlossenes System der Aus- und Weiterbildung ihrer Offiziere. Um Führungskader zu qualifizieren, schuf sie neben den bereits bestehenden Einrichtungen mit Hochschulstatus neue wissenschaftliche Einrichtungen. Bis Mitte der 1980er-Jahre hatten zirka 2400 aktive Offiziere sowjetische Militärakademien absolviert. Offiziere, die für höhere Funktionen vorgesehen waren, konnten für ein zweijähriges Studium an die Akademie des Generalstabes der Streitkräfte der UdSSR „K.J. Woroschilow" nach Moskau delegiert werden. Dort wurden vor allem die Führungsebenen „Armee" und „Front" gelehrt. Von 1955 bis 1990 studierten 283 NVA-Offiziere an dieser Akademie, aus denen sich der größte Teil der Generale der DDR-Volksarmee rekrutierte. Die Weiterbildung aller NVA-Offiziere im Truppen-, Flotten- und Stabsdienst war stets eng mit der Gefechtsausbildung verbunden.

Auszeichnung für Feldwebel Joachim Roller: Fotografieren vor der entfalteten Truppenfahne, 1983

Ein wichtiger Schritt bedeutete die seit September 1983 eingeführte vierjährige Offiziersausbildung mit der Ernennung zum Leutnant und dem Abschluss des ersten akademischen Grades, z. B. „Diplomingenieurökonom".

In etwa 30 Ausbildungsprofilen erhielten die Offizierschüler eine Ausbildung, die sie zum Einsatz für die ersten beiden Offizierdienststellungen – Zugführer und Kompaniechef – befähigen und für die Bataillonsebene vorbereiten sollte.

Nur eine verkürzte Ausbildung erhielten dagegen die „Offiziere auf Zeit" (OaZ), die ab den 1970er-Jahren zur Ergänzung des Offizierkorps zumeist mit einer dreijährigen Dienstzeit in die Truppe kamen. Erstmalig nahmen 1984 weibliche Offizierschüler das Studium auf.

Da neben den Offizieren zunehmend militärisches Personal im Dienstverhältnis von Berufssoldaten benötigt wurde, das untere Kommandeurs- und Spezialdienststellungen sowie technische Dienststellungen besetzen sollte, führte man Ende 1973 den Dienstgrad Fähnrich ein. Dieser Dienstgrad ordnete sich zwischen dem höchsten Unteroffiziersdienstgrad und dem niedrigsten Offiziersdienstgrad ein. Er unterschied sich damit grundsätzlich vom Dienstgrad Fähnrich in der Bundeswehr, der dort nur von Offizieranwärtern geführt wird. 1979 erweiterten die Dienstgrade Oberfähnrich, Stabsfähnrich und Stabsoberfähnrich die Dienstgradgruppe und ermöglichten so eine eigenständige Fähnrichlaufbahn.

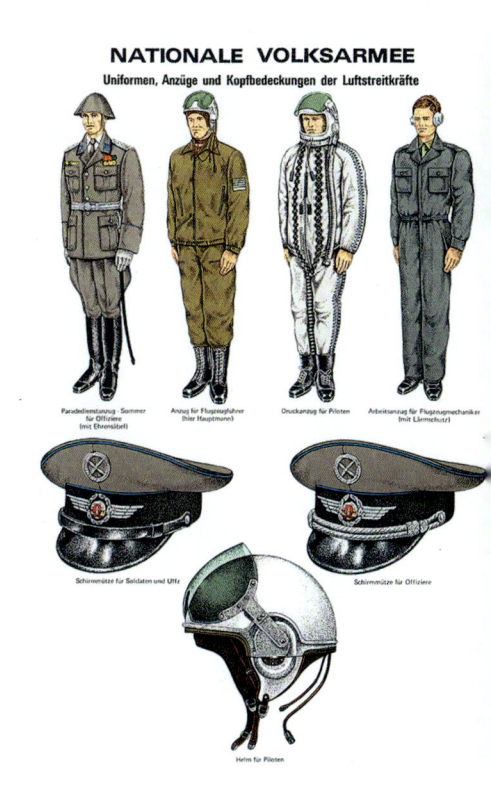

Armeegeneral Heinz Hoffmann auf einer Parteiaktivtagung der SED in der NVA, 4. Juni 1973

Das zu kennen und entscheidend zu beeinflussen, was in den Köpfen der Armeeangehörigen vorgeht, was ihre Gemüter bewegt: Damit beginnt der Kampf um hohe Gefechtsbereitschaft – mit der Sorge um die Bewusstseinsentwicklung der Soldaten, Unteroffiziere und Offiziere. Ohne ideologische Stählung gibt es keinen Zuwachs an Kampfkraft.   Quelle: Parteiarbeiter, Sonderheft 1973, S. 18.

Uniformen, Anzüge und Kopfbedeckungen der LSK/LV, 1984

Die militärische Ausbildung und die „klassenmäßige" politisch-ideologische Erziehung wurden in der NVA und den Grenztruppen der DDR stets als ein einheitlicher Prozess verstanden. Insofern trugen die Kommandeure als sogenannte Einzelleiter auch die volle Verantwortung für die politische Erziehung und Bildung ihrer Untergebenen. Wenngleich die praktische Umsetzung der politischen Arbeit nach wie vor durch die Politorgane, Politoffiziere, die SED-Parteiorganisationen und die FDJ-Organisationen vollzogen wurde.

Dem Politapparat in der NVA gehörten in den 1970er- und 1980er-Jahren etwa 6000 Offiziere an. Sie wirkten ab der Kompanieebene in allen militärischen Strukturbereichen. Alleine in der Politischen Hauptverwaltung, die an der Spitze des Politapparates in der Armee stand, gab es zehn Generale und über 150 Offiziere. Die Politorgane hatten die von der SED vorgegeben ideologischen Dogmen in der Truppe durchzusetzen und die Tätigkeit der SED-Parteiorganisationen und des Jugendverbandes FDJ sowie die Sport-, Kultur- und Öffentlichkeitsarbeit in der NVA zu organisieren.

Im Zentrum der politisch-ideologischen Erziehungsarbeit in der NVA stand der Auftrag, den Armeeangehörigen und dabei insbesondere den Wehrpflichtigen den vorgeblich „untrennbaren" Zusammenhang von Sozialismus, Verteidigung und Frieden zu vermitteln. Dabei galt es, stets die führende Rolle der SED in der Gesellschaft und die Unfehlbarkeit ihrer Funktionäre sowie die „unverbrüchliche Freundschaft und Waffenbrüderschaft" mit der Sowjetunion und den anderen „Bruderstaaten" zu preisen. Lange Zeit bildete die Erziehung

Mitgliedsbuch der SED

SED-Generalsekretär Erich Honecker (Mitte) im Gespräch mit Armeegeneral Heinz Hoffmann (2. v. r.), 1979

Fla-Rakete gegen Luftziele

zum Hass einen Bestandteil der „kommunistischen Erziehung" in der Armee. Sie verlor aber vor allem seit den 1970er-Jahren an Bedeutung. Insgesamt gestaltete sich gerade im letzten Jahrzehnt des Bestehens der NVA die politische Bildungs- und Erziehungsarbeit der Politorgane unter den Armeeangehörigen immer schwieriger. Nicht nur Wehrpflichtige stellten die Frage nach der Führ- und Gewinnbarkeit eines Krieges, was auch die Frage nach dem generellen Sinn des Soldatseins immer stärker in den Vordergrund rückte. Eine Antwort blieben die Politoffiziere freilich schuldig.

Eine Hauptform der politischen Bildungs- und Erziehungsarbeit war neben der politischen Massenarbeit die „politische Schulung" – kurz „Polit", im Soldatenjargon auch Rotlichtbestrahlung, Märchenstunde, Heimatkunde oder roter Rotz genannt. Sie wurde getrennt nach Dienstgradgruppen einmal im Monat für alle Mannschaftsoldaten und Unteroffiziere durchgeführt. Zugführer und Kompaniechefs leiteten sogenannte Schulungsgruppen in den Einheiten, in denen die von der Politischen Hauptverwaltung vorgegebenen Themen behandelt werden mussten. Als Schulungsmaterial für Themen wie „Die DDR – unser sozialistisches Vaterland" dienten Lesehefte und Propagandabroschüren mit dem Titel „Wissen und Kämpfen".

Der Politunterricht war überwiegend durch schwarz-weiße Denkmuster geprägt. Die Soldaten wurden ausschließlich auf die Weltanschauung des Marxismus-Leninismus genordet. Da vor diesem Hintergrund offene Diskussionen und freimütige Fragen weder erwünscht noch zugelassen waren, verliefen die Politschulungen zumeist sehr eintönig. Dies kam nicht zuletzt auch in dem Soldatenspruch „Besser Polit als gar kein Schlaf" treffend zum Ausdruck. Bei den einfachen Soldaten und den meisten Unteroffizieren hinterließ die ideologische Indoktrination keine Wirkung, da sie sich ihre politische Einstellung nicht befehlen lassen wollten.

Zu den Aufgaben der Politischen Hauptverwaltung gehörte auch die gegen den „Klassenfeind" im Westen gerichtete sogenannte Spezialpropaganda. Damit wollte man Bundeswehrangehörige im Sinne der DDR-Politik beeinflussen. Zu den Mitteln und Methoden zählten neben Handzetteln vor allem Zeitschriften, die pro Jahr tonnenweise in die Bundesrepublik geschleust wurden. Zum Einsatz gelangten darüber hinaus ab 1966 sogenannte Flugblattraketen, die Flugblätter über die Grenze schossen. Neben diesem „Broschürenkrieg" sollten geheime Radiosender helfen, den Krieg im Äther gegen den „westdeutschen Militarismus" zu führen. So entstand der Deutsche Soldatensender 935 in der DDR, wobei man den Hörern allerdings zu vermitteln versuchte, dass sich der Sender im Westen befände. Im Vorfeld des Grundlagenvertrages zwischen der DDR und der Bundesrepublik vom Dezember 1972 wurde der Soldatensender am 30. Juni 1972 abgeschaltet.

Eine große Rolle im Leben der Soldaten spielte, zumindest nach den Vorstellungen der Kommandeure und Politfunktionäre, der „sozialistische Wettbewerb" in den Einheiten. Er diente der politischen Massenarbeit und sollte die Dienstmotivation der Armeeangehörigen erhöhen. Zu besonderen Jahrestagen startete die Armeeführung sogenannte Wettbewerbsinitiativen in der Armee, wie zum Beispiel 1968 die Aktion „Roter Kampfwagen", an denen sich alle Einheiten zu beteiligen hatten. In Form der „Bestenbewegung" sollten die Soldaten zu höheren Leistungen in der Ausbildung animiert werden.

Armee des Volkes? – Landesverteidigung, Mobilmachung und Gesellschaft

Am 3. Mai 1971 kam es zur Absetzung des langjährigen SED-Chefs Walter Ulbricht und der damit verbundenen, von Moskau gesteuerten Machtübernahme durch dessen bisherigen „Kronprinzen" Erich Honecker. Der VIII. Parteitag der SED 1971 erhob die Gestaltung der „entwickelten sozialistischen Gesellschaft" im Osten Deutschlands zur zentralen politischen Aufgabe. International begann zugleich eine bis in zweite Hälfte der 1970er-Jahre reichende Phase der globalen politischen Entspannung und blockübergreifenden Kooperation. Sie fand in Europa vor allem im sogenannten Helsinki-Prozess ihren Niederschlag.

In der Honecker-Ära von 1971 bis 1989 baute die SED-Führung unter dem Dach der planmäßigen „Vervollkommnung der Landesverteidigung" ihre bewaffnete Macht im Lande aus. Die Weiterentwicklung der Landesverteidigung bezog alle wesentlichen Bereiche der Gesellschaft ein und schuf so einen „militarisierten Sozialismus".

Aus der Rede Erich Honeckers bei einem Truppenbesuch in der NVA, 1978
Bei all euren Anstrengungen könnt ihr euch darauf verlassen, dass die Partei- und Staatsführung stets dafür Sorge trägt, die Landesverteidigung auf dem erforderlichen Niveau zu halten. Sie ist Sache des ganzen Volkes. Keinen Bereich unseres gesellschaftlichen Lebens gibt es, der nicht von den Belangen der Landesverteidigung durchdrungen ist.

Quelle: Erich Honecker, Dem Frieden unsere Tat, Berlin (Ost) 1982, S. 109.

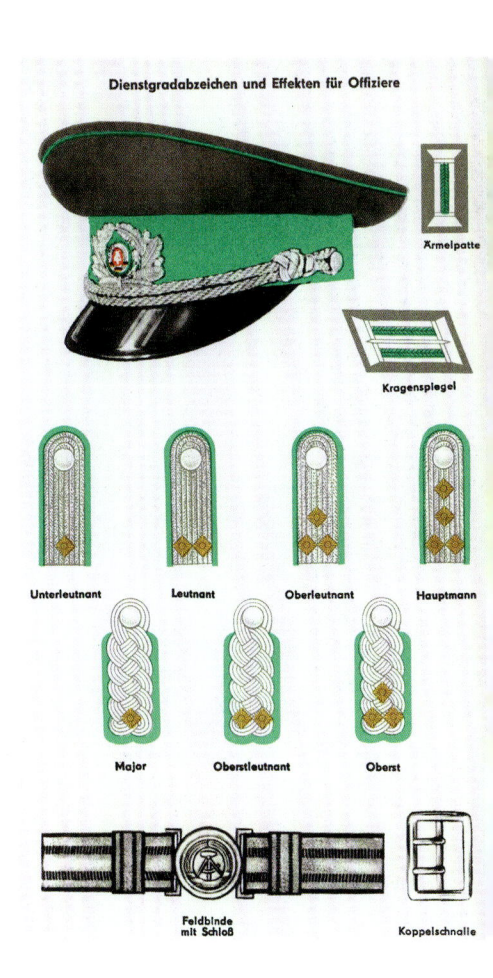

Dienstgradabzeichen und Effekten für Offiziere der Grenztruppen, 1972

Aus der Vorgabe der Sowjetunion, bereits im Frieden umfassend auf einen Krieg vorbereitet zu sein, ergaben sich für die Organisation der Landesverteidigung erhebliche Anforderungen. Allein die Vorbereitung des Territoriums der DDR als Teil des Westlichen Kriegsschauplatzes umfasste eine Vielzahl von baulichen, materiellen, technischen und organisatorischen Maßnahmen. Dazu mussten Führungsstellen vorbereitet und gebaut, Dezentralisierungsmöglichkeiten für die Truppen und für wichtige staatliche Bereiche sowie Einlagerungs- und Bevorratungsmöglichkeiten für Versorgungsgüter geschaffen werden.

Die operative Vorbereitung des Territoriums der DDR war dabei in erster Linie darauf gerichtet, den Truppen der Vereinten Streitkräfte, insbesondere den sowjetischen Verbänden, einen raschen und reibungslosen Durchmarsch bis an die Grenze zur Bundesrepublik zu gewährleisten. Hierfür bereitete man Feldlazarette vor und stellte Treibstoff, Verpflegung, Bekleidung und Ausrüstung bereit.

Im Zentrum der Vorbereitung auf den Ernstfall stand die Mobilmachung der Gesellschaft und des Militärs. Die Mobilmachungsarbeit (Mob-Arbeit) erhielt in der Wirtschaft die Tarnbezeichnung „B-Arbeit". Ziel war es, in den Betrieben eine reibungslose Umstellung von der Friedens- auf die Kriegswirtschaft im „Verteidigungszustand"(VZ) zu erreichen.

Besucher am „Tag der NVA" in der Kaserne, 1981

Militärmusiker beim Großen Wachaufzug in Ost Berlin, 1984

In den Streitkräften ging es darum, planmäßig und in kürzester Zeit die aktiven Truppen auf Kriegsstärke zu ergänzen und zu einer höheren Gliederung zu entfalten, neue Truppen aufzustellen sowie den Übergang der Armee von der Friedens- zur Kriegsstruktur zu gewährleisten. Die militärische Mobilmachung war im Frieden so vorzubereiten, dass alle Maßnahmen zeitgerecht, gedeckt oder offen und unter komplizierten Lagebedingungen durchgeführt werden konnten. Die NVA-Verantwortlichen widmeten daher der Führungsbereitschaft der Streitkräfte in Form einer präzisen Dokumentation und eines straffen Alarmsystems besondere Aufmerksamkeit. Seit Anfang der 1980er-Jahre wurde zur Alarmierung der NVA stufenweise das technische Alarmierungssystem P 161 eingesetzt. Innerhalb von 15 bis 20 Minuten war es mit diesem System möglich, die gesamte NVA bis in die letzte Einheit zu alarmieren. So rasch es auch gelang, die Führungsorgane zu alarmieren, so aufwendig und umständlich war es, das übrige Personal zu benachrichtigen. Es gab in der DDR schlichtweg zu wenig private Telefonanschlüsse. „Wohnungsdiensthabende" mit Telefonanschluss benachrichtigten daher ihre „Genossen" über ein Schneeballsystem. In den zivilen Wohnblocks von NVA-Wohnsiedlungen waren Signalhupen und Alarmklingeln installiert.

Personalbestand der Ausbildungszentren/Mobilmachungsdivisionen, 1987		
Verband	Istbestand	Mob.-Ergänzung
6. Mot. Schützendivision (AZ-6)	1.380	13.228
10. Mot. Schützendivision (AZ-10)	1.706	12.958
17. Mot. Schützendivision (AZ-17)	1.410	13.118
19. Mot. Schützendivision (AZ-19)	2.276	12.312
20. Mot. Schützendivision (AZ-20)	1.892	12.645

Mit der allgemeinen Mobilmachung wäre die NVA von der Friedens- in die Kriegsstruktur übergegangen. Bei den Landstreitkräften waren die sechs Divisionen der „Ständigen Gefechtsbereitschaft" (1. Mot. Schützendivision Potsdam, 4. Mot. Schützendivision Erfurt, 8. Mot. Schützendivision Schwerin, 11. Mot. Schützendivision Halle, 7. Panzerdivision Dresden und 9. Panzerdivision Eggesin) personell und materiell zu ergänzen. Zugleich hatte die NVA den Auftrag, im Mobilmachungsfall fünf weitere Mot. Schützendivisionen innerhalb von wenigen Tagen mobil zu machen und den Vereinten Streitkräften des Pakts in Teilen oder komplett zur Verfügung zu stellen. Dafür entstanden bis Mitte der 1980er-Jahre sogenannte Ausbildungszentren (AZ). Die Bezeichnung „Ausbildungszentrum" verschleierte, dass es sich hier um potenzielle Kampfdivisionen handelte, die in der Regel 48 Stunden nach der Mobilmachung und spätestens nach weiteren 48 Stunden Ausbildung voll gefechtsbereit waren.

Jedem Ausbildungszentrum war ein Komplexlager (KL) zugeordnet, in dem wesentliche Teile der Bewaffnung, Ausrüstung, Technik und Munition der Mobilmachungsdivision aufbewahrt (konserviert), gepflegt und gewartet wurden. Die Dimensionen, aber auch die Kosten dieser Lager waren beträchtlich. Beispielsweise verfügte das Komplexlager-15, das sich rund fünf Kilometer nordöstlich der Kreisstadt Anklam befand, insgesamt über eine Lagerflächenkapazität von über 217.000 Quadratmetern, wovon knapp 25.000 Quadratmeter (Hallen) beheizt werden konnten. Hinzu kamen zwölf Munitionsbunker, mehrere Wartungspunkte, Ladestationen, Waschrampen und andere Einrichtungen. Im diesem Komplexlager waren unter anderem 250 Panzer, über 400 Schützenpanzerwagen, über 1.000 Kraftfahrzeuge, etwa 20.000 Schützenwaffen sowie tausende Tonnen Bekleidung, Ausrüstung, Munition und Treibstoffe eingelagert.

Neben den fünf Mobilmachungsverbänden auf der Basis der Ausbildungszentren sollten in den Landstreitkräften weitere Truppen und Stäbe verschiedener Unterstellung ergänzt, aufgestellt und entfaltet werden. Zudem hatten die ostdeutschen Streitkräfte den Auftrag, für den Bedarf der in der DDR stationierten sowjetischen Truppen zusätzlich Brigaden, Bataillone, Kompanien, Lazarettzüge sowie Kraftfahrzeuge mit Fahrer mobilzumachen.

Um die Gefechts- und Mobilmachungsbereitschaft noch reaktionsfähiger zu gestalten, entwickelte sich auch die Organisation des Reservistenwehrdienstes weiter. Der planbare Bestand an Reservisten betrug Ende der 1980er-Jahre knapp 2,62 Millionen Mann, davon mehr als zwei Millionen gediente Reservisten. Jährlich mussten rund 80.000 Reservisten eingezogen werden. Spezialisten kamen so mitunter alle zwei Jahre für drei Monate zur Armee. Der Reservistendienst in der NVA war allerdings unbeliebt, weil die Einberufung zumeist sehr kurzfristig erfolgte und keine Rücksicht auf die persönlichen Belange der Betroffenen nahm. All dies führte zu Unzufriedenheit, Frustration und zu einer wachsenden Renitenz unter den gedienten Reservisten. Nicht wenige von ihnen bewerteten den Reservistendienst generell als vertane Zeit.

Insgesamt zeigte sich das Mobilmachungssystem als umfassend und offenbar auch sehr wirksam. Ständige Kontrollen und Überprüfungen sorgten für eine permanente Drucksituation und machten den Kommandeuren die Bedeutung der Mobilmachungsarbeit in den Streitkräften deutlich. Der „Kampf" um die ständige Gefechtsbereitschaft sowie um eine hohe Mobilmachungsbe-

Ehrentitel für den ersten Deutschen im All, Oberstleutnant Sigmund Jähn

Grenzsoldaten mit Trabant 601 „Kübel" im Einsatz

Ausweis für den Zutritt zum Grenzgebiet

reitschaft führte jedoch zu erheblichen Belastungen und zu Überforderungen vor allem bei den Berufssoldaten und ihren Familien.

Um dennoch die Motivation aufrechtzuhalten, sollten auch die Uniformträger von der „Einheit von Wirtschafts- und Sozialpolitik" der SED profitieren. Tatsächlich verbesserten sich die Dienst-, Lebens- und Arbeitsbedingungen der NVA-Angehörigen in vielen Standorten.

Mit der strikten Durchsetzung von Maßnahmen zur Vorbereitung auf den „Verteidigungszustand" des Landes ging eine fortschreitende Militarisierung der Gesellschaft einher. Ausdruck dafür war die Einführung neuer Gesetze und anderer Rechtsvorschriften. So verabschiedete die Volkskammer der DDR 1978 ein neues Verteidigungsgesetz und 1982 ein neues Wehrdienstgesetz.

Zwar blieben grundlegende Regelungen des alten Wehrpflichtgesetzes wie die Dauer des Grundwehrdienstes oder der Fahneneid unverändert, doch zeigte sich eine insgesamt noch stärkere politisch-ideologische Einbindung der Wehrpflicht in den sozialistischen Staat.

Ebenfalls 1982 verabschiedete die Volkskammer das „Gesetz über die Staatsgrenze der DDR", das erstmalig alle grundlegenden Bestimmungen über das Hoheitsgebiet und die Staatsgrenze sowie über die Stellung und Aufgaben der Grenztruppen der DDR zusammenfasste. Die Grenztruppen waren bis Anfang der 1970er-Jahre fester Bestanteil der Armee. Bis dahin hatte sich bereits eine umfassende Umstrukturierung vollzogen. An die Stelle der „alten" Grenzbrigaden waren das Grenzkommando Nord mit Stabssitz in Kalbe/Milde, das Grenzkommando Mitte, zuständig für Berlin, und das Grenzkommando Süd mit Sitz in Erfurt geschaffen worden. Im Herbst 1973 legte man vor dem Hintergrund außen- und militärpolitischer Zwänge fest, dass die Grenztruppen nicht mehr Bestandteil der NVA waren, sondern nunmehr ein selbständiges bewaffnetes Organ der DDR darstellten. Sie erhielten die offizielle Bezeichnung „Grenztruppen der DDR" und gehörten von nun an offiziell auch nicht mehr in die Befehlsstrukturen des Warschauer Pakts. Die Grenzsicherungsanlagen zur Bundesrepublik bestanden Mitte der 1970er-Jahre aus einem drei Meter hohen Streckmetallgrenzzaun, hunderten Kilometern Minensperren, Selbstschussanlagen SM-70, Kolonnenwegen, Grenzsignalzäunen und Kfz-Sperrgraben. Im Zuge der juristischen Aufarbeitung von DDR-Unrecht begannen nach 1990 im Zusammenhang mit den Grenzsicherungspraktiken Prozesse gegen ehemalige Grenzsoldaten, deren Vorgesetzte und sowie gegen Verantwortliche in der Partei- und Armeeführung. Es kam zu zahlreichen Verurteilungen.

Neben ihrem Zusammenwirken mit anderen „bewaffneten Organen" der DDR war die NVA insbesondere mit paramilitärischen, schulischen und betrieblichen Einrichtungen und Organisationen vernetzt und propagierte dort die Notwendigkeit der Landesverteidigung. Viele Einheiten verfügten über sogenannte Patenschaftsverträge mit Schulen und Betrieben aus der Region, in denen gegenseitige Besuche, Kulturveranstaltungen oder Arbeitseinsätze vereinbart waren. Aber auch Kunst, Kultur und Sport hatten die Aufgabe, die NVA und die Grenztruppen als integrale Teile der Gesellschaft zu zeigen. Die NVA-Führung war daher daran interessiert, der Armee und der Wehrerziehung im Kunst- und Kulturbereich der DDR einen festen Platz zu sichern und dafür selbst aktiv zu werden. Die erste umfassende epische Darstellung von Proble-

NVA-Soldaten schaufeln im Januar 1968 einen eingeschneiten Personenzug frei

men des NVA-Alltags gelang 1971 dem NVA-Offizier Walter Flegel mit seinem Roman „Der Regimentskommandeur".

Im Auftrag der Streitkräfte entstanden auch in anderen künstlerischen Bereichen wie der bildenden Kunst und der Malerei zumeist „armeetypische" Werke. Innerhalb der NVA hatte sich zudem eine spezifische Laienkunst entwickelt. Die NVA besaß ein eigenes Filmstudio, in dem Ausbildungs- und Dokumentationsfilme produziert wurden. Im Spielfilmschaffen der DDR spielte die NVA dagegen nur eine untergeordnete Rolle. Bei der DEFA entstanden unter anderem die Kinofilme „Der Reserveheld" (1965), „Hart am Wind"(1970) und „Ein Katzensprung" (1977).

Aufmerksamkeit in der Gesellschaft erlangte die NVA zudem mit ihren Athleten. Tatsächlich vollzog sich eine rasante Entwicklung im Leistungssport der NVA, der allerdings vom staatlichen Zwangsdoping nicht verschont blieb. Sportler aus der ostdeutschen Armee bestimmten in einigen Sportarten zeitweise die Weltspitze. Sie errangen bis 1989 insgesamt 40 olympische Goldmedaillen, 145 Weltmeister- und 93 Europameistertitel. Zu den bekanntesten Sportlern der ASV „Vorwärts" gehörte der Kugelstoßer und dreifache „Armeesportler des Jahres" Udo Beyer.

Anerkennung in der Bevölkerung erwarb sich die NVA nicht zuletzt vor allem wegen ihrer Arbeitseinsätze in der Volkswirtschaft sowie ihrer Hilfseinsätze bei Katastrophen und Havarien. Soldaten wurden in diesen Situationen zum Retter in der Not. Als der plötzliche Wintereinbruch an der Jahreswende 1978/79 vor allem im Norden der DDR die Versorgung der Bevölkerung wegen meterhoher Schneeverwehungen zum Erliegen brachte, setzte die NVA fast 50.000 Armeeangehörige mit über 1.000 Fahrzeugen ein, um den betroffenen Menschen zu helfen. Die NVA war dennoch bis 1989 keine Armee des Volkes, denn das Volk hatte keinen Einfluss auf die Entwicklung der Armee.

Der Erste Sekretär des ZK der SED, Erich Honecker, beim Truppenbesuch in der NVA, 1972 (li: MfS-Chef Erich Mielke)

Wimpel der HA I des MfS (Militärbezirk Neubrandenburg), 1980er-Jahre

Dunkle Kapitel und Mythen – Die Verwaltung 2000, der Armeeknast Schwedt und andere Geheimnisse

DIE VERWALTUNG 2000 DER STAATSSICHERHEIT

Das Ministerium für Staatssicherheit war von Anfang an eng mit den ostdeutschen Streitkräften verbunden. Seit den 1960er-Jahren trugen verschiedene Grundsatzvereinbarungen über die Zusammenarbeit dazu bei, die Aufgaben, Pflichten und Rechte des MfS in der NVA zu regeln.

Die für die NVA zuständige Organisationseinheit in der Staatssicherheit war die Hauptabteilung I (HA I), die innerhalb der DDR-Volksarmee offiziell unter der Bezeichnung Verwaltung 2000 firmierte. Die HA I beziehungsweise Verwaltung 2000 hatte die Aufgabe, im weitesten Sinne Abwehrarbeit in den Führungsorganen, Truppen und Einrichtungen der NVA und der Grenztruppen zur Sicherung des Personalbestandes, der militärischen Objekte und der Kampftechnik zu leisten sowie „subversive Angriffe innerer und äußerer Feinde" aufzudecken, zu verhindern und zu bekämpfen. Die Verwaltung 2000 war verantwortlich für die Bearbeitung, Aufklärung und Untersuchung von Spionagefällen, schweren Militärstraftaten wie Fahnenfluchten sowie besonderen Vorkommnissen, für die Durchführung von Sicherheitsüberprüfungen, für die Gewährleistung des Geheimnisschutzes, für die Außensicherung der militärischen Liegenschaften und für Fragen der Grenzsicherung. Sie erarbeitete darüber hinaus Berichte über den inneren Zustand der Truppe, die sowohl Fragen der Disziplin und Ordnung als auch des politisch-ideologischen Meinungsbildes betrafen. In diesem Zusammenhang nahm die HA I Einfluss auf die Personalauswahl und -qualifizierung und ergänzte das dienstliche und parteiliche Disziplinierungs- und Überwachungssystem in der Armee. Aber auch Stimmungen und Meinungen auf den Soldatenstuben wurden überwacht, wobei die Bespitzelung von Armeeangehörigen und Zivilbeschäftigten nicht selten bis tief in die private Sphäre reichte. Insofern war die Tätigkeit des MfS mitverantwortlich für ein Klima des gegenseitigen Misstrauens in der Truppe.

Während einer Spannungsperiode und im Verteidigungszustand hatte das MfS die Aufgabe, militärische Überraschungsangriffe gegen die DDR rechtzeitig aufzudecken, die militärische Mobilmachung zu gewährleisten und die Bewegungsfreiheit der Vereinten Streitkräfte zu sichern. Es war zudem dafür zuständig, politisch unzuverlässige DDR-Bürger und Ausländer zu internieren, zu isolieren und zu überwachen.

Die hauptamtlichen Mitarbeiter der Staatssicherheit in der NVA und in den Grenztruppen – 1986 gab es in der HA I exakt 2.460 Planstellen für Unteroffiziere, Fähnriche und Offiziere – wurden zentral geführt. Sie agierten in über 20 Abteilungen und acht selbständigen Unterabteilungen der drei Teilstreitkräfte sowie in einer gesonderten Struktur der Grenztruppen. Enge Kontakte und Beziehungen der Verwaltung 2000 bestanden zu Organen der Militärabwehr der UdSSR, Polens und der ČSSR. In der Truppe waren die Mitarbeiter des MfS zumeist in ihrer Funktion als sogenannte Verbindungsoffiziere (VO), umgangssprachlich als „Vau-Nuller" bezeichnet, bekannt. Sie pflegten enge dienstliche Verbindungen zu den Kommandeuren sowie zu den Partei-

und Politorganen und hatten Zugang zu allen Einheiten und Einrichtungen in ihrem Verantwortungsbereich. Ihre Tätigkeit entzog sich dabei bewusst der Kontrolle der militärischen Leitungsebenen und gewährleistete damit der SED einen zusätzlichen, vom Militärapparat unabhängigen Befehls- und Meldeweg. Die MfS-Angehörigen verfügten in den Kasernen über besonders gesicherte Räume, zu denen Außenstehende keinen Zutritt hatten. Ihre Sonderstellung versuchten sie nicht selten mit dem Nimbus der Überlegenheit über die NVA-Angehörigen zu verbinden. NVA-Offiziere fühlten sich daher mitunter von MfS-Mitarbeitern bevormundet und in ihrer dienstlichen Zuständigkeit übergangen. Die hauptamtlichen Mitarbeiter der HA I wurden für ihre operative Arbeit in der Truppe gezielt vorbereitet. Sie trugen in der Regel ihren Einsatzbereichen angepasste Uniformen, so dass sie in den Dienststellen nicht auffielen.

Knapp die Hälfte der hauptamtlichen MfS-Angehörigen in der NVA und in den Grenztruppen arbeitete mit beziehungsweise führte Inoffizielle Mitarbeiter (IM) verschiedener Kategorien. Die IM bildeten die wichtigste – konspirative – Verbindung zwischen der HA I und der Truppe. Sie hatten Informationen zu beschaffen und dabei mitzuhelfen, sowohl im Innern der NVA wirkende „Feinde" sowie Vorkommnisse und negative Erscheinungen aufzudecken, als auch von außen einwirkende „feindliche Aktivitäten" aufzuspüren und zu bekämpfen. In der Regel wurden IM während der Musterung beziehungsweise während ihres aktiven Militärdienstes in allen Dienstgradgruppen geworben. Ende der 1980er-Jahre gab es in der DDR etwa 174.000 IM; die HA I führte davon im militärischen Bereich knapp über sieben Prozent. Sollte die Zahl von rund 12.500 IM sowie weiterer etwa 6.800 „Gesellschaftlicher Mitarbeiter Sicherheit (GMS)" in der NVA und den Grenztruppen der Realität entsprechen, so wäre Ende der 1980er-Jahre etwa jeder 13. Armeeangehörige und Zivilbeschäftigte inoffiziell für das MfS tätig gewesen. Die Dichte der IM in den Einheiten war dabei unterschiedlich. Die größte Anzahl von IM unter den Wehrpflichtigen befand sich offenbar in den Grenztruppen. IM, die im Offizierskorps angeworben waren, konzentrierten sich dagegen eher in Stäben, sicherheitsrelevanten Waffengattungen und Diensten wie den Raketentruppen oder in Ausbildungseinrichtungen. Mitunter war in einem Verband oder Truppenteil fast die gesamte Führungsspitze inoffiziell für das MfS tätig.

Angeworben wurden IM in der NVA in der Regel auf der Grundlage der politisch-ideologischen Überzeugung der Kandidaten, seltener durch Erpressung. So hob man beispielsweise die Notwendigkeit der Kriminalitätsbekämpfung in der Truppe oder einer vorbeugenden, angeblich friedenserhaltenen Spionageabwehr hervor. Als IM wählte man vor allem solche Soldaten aus, die die Fähigkeit besaßen, zu allen Angehörigen schnell Kontakt zu finden. Sie erhielten gegebenenfalls eine Legende.

Ein Schwerpunkt der Tätigkeit von IM in Uniform lag darin, politische Abweichler zu verfolgen und so früh wie möglich aufzudecken. Wer als NVA-Angehöriger durch kritische Bemerkungen zur Politik der SED oder der Sowjetunion, über den Marxismus-Leninismus oder durch abweichende Ansichten zu aktuellen politischen Tagesproblemen auffiel, konnte damit rechnen, dass seine Äußerungen rascher als im zivilen Leben – auch wenn nur in einem kleinen Kreis von Kameraden und Freunden getätigt – über Zuträger dem MfS

Steckbrief zur Fahndung nach dem Fahnenflüchtigen Werner Weinhold

Angeklagter vor einem Militärgericht

Tür einer Arrestzelle in der Disziplinareinheit der NVA, Schwedt/Oder

bekannt wurden. Jährlich erfasste die Staatssicherheit in diesem Zusammenhang mehrere hundert mündliche und schriftlichen Äußerungen in allen Dienststellen der Streitkräfte. Ferner registrierte man Beschädigungen von Fahnen und von Bildern führender DDR-Politiker, antikommunistische und nazistische Losungen oder systemkritische Gedichte.

Der Zugriff durch das MfS war oft nur der letzte Schritt, wenn nach Ansicht der Staatssicherheit alle anderen Mittel versagt hatten. Dann kam es zu einem Ermittlungsverfahren, das in der Regel mit der Inhaftierung des Betroffenen verbunden war. Die Gründe der Verhaftung blieben dem Betroffenen unklar. Er erhielt nur die Auskunft, dass er „zur Klärung eines Sachverhalts" mitzukommen habe. Das MfS als staatliches Untersuchungsorgan konnte Ermittlungen in Strafsachen, vor allem bei „Staatsverbrechen" und anderen politisch relevanten Delikten, durchführen. Dazu kriminalisierte man die beschuldigten Armeeangehörigen gezielt und setzte sie in Verhören einem enormen psychischen Druck aus. So lieferten Ermittlungen des MfS in der Regel die Grundlage für die Anklage der Militärstaatsanwaltschaft.

Mitte Januar 1990 wurden die Strukturen der Verwaltung 2000 in der Armee aufgelöst und ihre Mitarbeiter bis zu ihrer späteren Entlassung beurlaubt. Der Aufbau einer neuen Militärabwehr gegen Spionage, Sabotage und terroristische Anschläge blieb bereits im Ansatz stecken.

KRIMINALITÄT UND MILITÄRJUSTIZ IN DER NVA

Das sozialistische System vermochte weder im „Arbeiter- und Bauern-Staat" insgesamt, noch in seinen sozialistischen Streitkräften Kriminalität zu verhindern. Dieser Fakt war ein Grund dafür, dass die Kriminalität in der NVA zu den geheimen Bereichen zählte und Informationen darüber kaum in die Öffentlichkeit gelangten. Dabei bildete jede wirkliche oder vermeintliche Straftat einen Störfaktor, weil sie die Kampfkraft und Gefechtsbereitschaft der Einheiten sowie die militärische Disziplin und Ordnung in der Truppe beeinträchtigte.

In der NVA und den Grenztruppen der DDR wurden mit letztlich sinkender Tendenz im Durchschnitt jährlich zwischen 2500 und 3000 Straftaten unterschiedlichster Art begangen. Ihr Anteil an der Gesamtzahl aller Straftaten in der DDR betrug damit nur zwei bis drei Prozent. Dennoch spiegelte sich hier die allgemeine Kriminalitätsentwicklung in Grundzügen wider. Mannschaftssoldaten, Unteroffiziere, Fähnriche und Offiziere waren in unterschiedlichem Maße beteiligt. Den mit knapp zwei Dritteln größten Anteil hatten erwartungsgemäß die 18 bis 22 Jahre alten wehrdienstleistenden Mannschaftssoldaten. Danach folgten die Unteroffiziere mit durchschnittlich rund 30 Prozent. Der Anteil der Offiziere lag stets bei nur wenigen Prozent der Gesamtzahl der jährlichen Verurteilungen. Zivilbeschäftigte spielten in einigen Straftatgruppen als Täter kaum eine Rolle. In Spionageverfahren, vorwiegend in den 1960er-Jahren, waren sie dagegen überproportional oft angeklagt.

In der Kriminalitätsstatistik der KVP und der frühen NVA dominierten vor allem Eigentumsdelikte. Als ein zweiter Schwerpunkt hatten sich in den 1950er-Jahren vorsätzliche und fahrlässige Körperverletzungen herauskristallisiert, fast immer verursacht von betrunkenen Armeeangehörigen im Ausgang und im Urlaub. Auffällig war zu dieser Zeit vor dem Hintergrund der

Leitende Kader der DDR-Militärjustiz, 1988

noch offenen Grenzen der hohe Anteil sogenannter Staatsverbrechen beziehungsweise Amtsvergehen. Auch Sittlichkeitsverbrechen nahmen einen durchaus bemerkenswerten Platz in der Kriminalstatistik der KVP und frühen NVA ein. Beginnend in den 1960er-Jahren spielten Militärstraftaten, die oftmals unter Alkoholeinfluss begangen wurden, eine immer stärkere Rolle. Ab Januar 1968 galten die Normen des 9. Kapitels des neu geschaffenen Strafgesetzbuches der DDR. Sie legten bis 1989 das jeweilige Strafmaß für Militärstraftaten im Friedens- und im Verteidigungszustand fest.

Die Fahnenflucht war in den Augen der Armeeführung eine der „schändlichsten Militärstraftaten". Sie wurde daher besonders hart bestraft. Ein immer größeres Ausmaß unter den Militärstraftaten nahmen die Unerlaubten Entfernungen ein. Wegen Unerlaubter Entfernung konnte derjenige gerichtlich bestraft werden, der seiner Truppe länger als 24 Stunden unerlaubt fernblieb. Ebenfalls einen erheblichen Anteil an den Militärstraftaten zeigten Angriffe

Entwicklung ausgewählter Straftaten in der NVA, 1970, 1980 und 1988/89			
	1970	1980	1988/89
Gesamtzahl der Straftaten	3.473	2.886	1.583
Verbrechen gegen die DDR (ohne Spionage und Fahnenflucht	90	25	10
Fahnenflucht (einschließlich Fahnenflucht mit Spionage)	169	49	150
Militärstraftaten (ohne Fahnenflucht)	694	461	67
Straftaten gegen das sozialistische Eigentum	461	484	297
Straftaten gegen das persönliche und private Eigentum	511	361	254
Vorsätzliche Körperverletzungen	285	278	243
Verkehrsdelikte	558	405	245
Vorsätzliche Tötungen	–	6	2

auf Vorgesetzte, Wachen oder Streifen. Hier kamen offener Ungehorsam und Aufsässigkeit, oft unter starkem Alkoholeinfluss, zum Tragen. Gerade der Einfluss von Alkohol spielte über Jahre hinweg eine entscheidende Rolle. Seit den 1970er-Jahren gliederte sich die Kriminalität in der NVA und den Grenztruppen in drei große Gruppen: die Militärstraftaten mit rund einem Drittel, die Eigentumsdelikte mit etwa einem Viertel aller Straftaten und die Verkehrsdelikte.

Politisch motivierte Straftaten ergänzten die Hauptdeliktgruppen. Sie nahmen jedoch letztlich nur einen geringen Teil der Verurteilungen in der Militärjustiz ein. Ihnen galt in der Armee allerdings eine kompromisslose Verfolgung. „Feinde des Sozialismus" in Uniform sollten keine Gnade finden.

Für die Strafverfolgung war neben dem MfS vor allem die Militärstaatsanwaltschaft zuständig. Sie verantwortete die Gesetzlichkeitsaufsicht in der NVA und den Grenztruppen. Die Militärstaatsanwaltschaft überwachte die Ermittlungs- und Gerichtsverfahren, den Strafvollzug und die Wiedereingliederung und hatte zudem eine vorbeugende Tätigkeit zu erfüllen. Sie konnte Ermittlungsverfahren selbständig einleiten, durchführen und einstellen. Sie erhob Anklage und vertrat sie vor Gericht. Alle Militärstaatsanwälte gehörten der SED an.

Seit der Schaffung der Militärgerichtsbarkeit in der DDR im Jahre 1963 übten das Militärkollegium des Obersten Gerichts (MKOG), die Militärobergerichte (MOG) sowie die Militärgerichte (MG) die Rechtsprechung in Militärstrafsachen aus. Die Strafgerichtsbarkeit war der einzige Tätigkeitsbereich der Militärgerichte.

Verurteilung wegen „Öffentlicher Herabwürdigung" zu einer Freiheitsstrafe von zwei Jahren und acht Monaten, 1981
Ein Unteroffizier versah seit 1979 seinen Dienst als Truppführer in der NVA. Den Mitarbeitern der Staatssicherheit wurde er auffällig, als er sich im Kameradenkreis mit kritischen Äußerungen über den SED-Staat hervortat. So war er der Meinung, dass es in der DDR keine Freiheit gebe und die Menschen unterdrückt würden. Die Ereignisse in Polen 1980 begrüßte er ausdrücklich als Freiheitsstreben der polnischen Arbeiter. Die Zeitung „Neues Deutschland" bezeichnete der Unteroffizier als das größte Lügenblatt und der 13. August 1961 wäre für ihn ein Trauertag. Zudem machte er abfällige Bemerkungen über SED-Funktionäre.

Quelle: BArch, DVW 13/60618, o.Bl.

MYTHOS „ARMEEKNAST" SCHWEDT

In den frühen 1950er-Jahren wurden straffällig gewordene und politisch unliebsame Soldaten einfach aus dem Dienst entlassen, als Zivilisten von zivilen Gerichten verurteilt und in zivile Haftanstalten verbracht. Ab 1954/55 sollten dann Militärangehörige mit einer Gefängnisstrafe zwischen drei Monaten und zwei Jahren in ein spezielles Straflager des Ministeriums des Innern in Berndshof, Kreis Ueckermünde, eingewiesen werden. Doch die Versuche zur dauerhaften Einrichtung eines gesonderten Militärstrafvollzugs scheiterten, bevor das Jahrzehnt zu Ende ging. Im November 1963 entstand in Berndshof erneut ein pseudomilitärisches Strafvollzugskommando für einen gesonderten Strafvollzug von Armeeangehörigen, die bis zu zwei Jahre Haft oder einen gerichtlich angeordneten Strafarrest zu verbüßen hatten. In Berndshof wurden von 1963 bis 1968 etwa 1500 Militärstrafgefangene und Strafarres-

Die Baracken des Militärgefängnisses in Schwedt/Oder, Anfang der 1980er-Jahre

Blick auf den ehemaligen Wachturm der Disziplinareinheit Schwedt/Oder, 2009

tanten untergebracht, die unter anderem in Tongruben, im Plattenwerk, in einer Gießerei und beim Streckenbau der Eisenbahn arbeiten mussten. Zu den Insassen gehörten zeitweise eine größere Zahl Wehr- und Waffendienstverweigerer, aber auch zivile Gefangene. Die Arbeits- und Haftbedingungen in Berndshof waren teilweise katastrophal. Schikanen, Willkür und Mangel bestimmten den Alltag.

Im Juni 1968 kamen die bisher in Berndshof inhaftierten Armeeangehörigen in ein bereits bestehendes ziviles Haftlager nach Schwedt an der Oder. Damit wurde der Name der Stadt zum Synonym für den berüchtigten Armeeknast, der in den kommenden Jahren für jeden Soldaten in der NVA zum Begriff wurde. „Schwedt" verbreitete unter den Wehrdienstleistenden Furcht, Schrecken und Angst. Es entstand ein Mythos, dessen Horrorszenarien Vorgesetzte gezielt als Abschreckung gegenüber jedweder Renitenz in der Truppe instrumentalisierten. Denn äußerlich war das neue Strafvollzugskommando des Innenministeriums ein martialisch wirkendes Barackenlager. Im Verwahrbereich herrschten tatsächlich zum Teil menschenunwürdige Zustände bei Unterbringung und Verpflegung. Hinzu kam die Doppelbelastung für die Militärstrafgefangenen aus Zwangsarbeit und schikanöser militärischer Ausbildung. Darüber hinaus stand „Schwedt" für ein äußerst rigides, befehlsmäßig getragenes militärisches Haft- und Dienstregime. Das in der Truppe verbreitete Gerücht, dass Schwedt ein „kommunistisches KZ" sei, in dem Gefangene gefoltert und mit Schlägen gequält werden, entsprach allerdings nicht der Realität.

Insgesamt wurden von 1968 bis Anfang der 1980er-Jahre etwa 3.000 bis 3.500 Militärangehörige mit Mannschafts- und Unteroffiziersdienstgraden, die zuvor von Militärgerichten zu Freiheitsstrafen bis zu zwei Jahren oder zu Strafarrest bis zu sechs Monaten verurteilt worden waren, in Schwedt inhaf-

Strukturschema des Armeeknastes, 1980er-Jahre

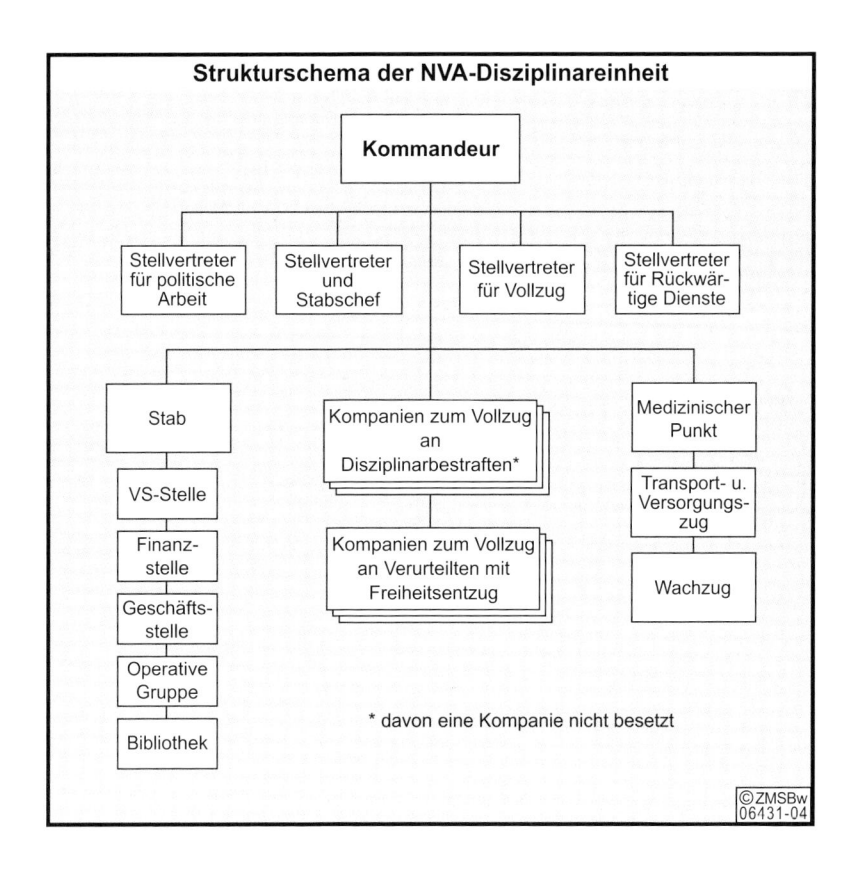

Strukturschema der NVA-Disziplinareinheit

Kommandeur
- Stellvertreter für politische Arbeit
- Stellvertreter und Stabschef
- Stellvertreter für Vollzug
- Stellvertreter für Rückwärtige Dienste

- Stab
  - VS-Stelle
  - Finanzstelle
  - Geschäftsstelle
  - Operative Gruppe
  - Bibliothek
- Kompanien zum Vollzug an Disziplinarbestraften*
- Kompanien zum Vollzug an Verurteilten mit Freiheitsentzug
- Medizinischer Punkt
- Transport- u. Versorgungszug
- Wachzug

* davon eine Kompanie nicht besetzt

© ZMSBw 06431-04

tiert. Verurteilte Offiziere kamen in andere Strafvollzugseinrichtungen. 1982 übernahm die NVA den Militärstrafvollzug und die dazugehörige Strafvollzugseinrichtung in die eigene Verantwortung. Der Armeeknast wurde nun Teil der Streitkräfte und erhielt die Bezeichnung „Disziplinareinheit-2". Hinter dieser Bezeichnung verbarg sich von 1982 bis 1990 nicht nur das Gefängnis für gerichtlich verurteilte Militärpersonen, sondern auch, in der gemeinsamen Liegenschaft freilich strikt voneinander getrennt, ein neugeschaffener Disziplinarteil für Disziplinarbestrafte, die auf Befehl eines Regiments- oder Divisionskommandeurs ohne Gerichtsurteil direkt aus der Truppe nach Schwedt kamen. Der „Mythos Schwedt" hielt sich mangels realer Informationen auch in den 1980er-Jahren, da die aus der Disziplinareinheit zum „Nachdienen" in ihre Einheiten zurückkehrenden Soldaten zumeist schwiegen.

Etwa 800 Militärstrafgefangene und 2.500 Disziplinarbestrafte verbüßten von 1982 bis Anfang 1990 ihre Strafen in Schwedt. Die überwiegende Mehrheit der Inhaftierten war von Militärgerichten wegen sogenannter Militärstraftaten wie Befehlsverweigerung, Fahnenflucht, Unerlaubter Entfernung und Angriff auf Militärpersonen zu Freiheitsstrafen bis zu zwei Jahren oder Strafarrest verurteilt worden. Hinzu kamen allgemeine kriminelle Delikte wie Diebstahl, Körperverletzung oder Vergewaltigung. Aber auch aus politischen Gründen verurteilte Armeeangehörige kamen nach Schwedt. Ihr Anteil belief sich auf schätzungsweise 15 bis 25 Prozent. Am 26. April 1990 wurden die letzten Militärstrafgefangenen entlassen. Wenige Wochen später löste man die „Disziplinareinheit-2" der NVA in Schwedt auf. Damit war auch das Ende des Armeeknastes der DDR besiegelt.

Blick in die Schaltzentrale des NVA-Führungsbunkers Harnekop

BUNKER-GEHEIMNISSE

Zu den am besten gehüteten Staatsgeheimnissen der DDR gehörten die sogenannten militärischen Schutzbauwerke. Dahinter verbargen sich Militärbunker und andere geschützte Führungsstellen, aus denen im Ernstfall die Truppen geführt werden sollten. Eine besondere Bedeutung besaß in diesem Zusammenhang der atomsichere Führungsbunker in Harnekop bei Wriezen (Brandenburg). Er galt als der wichtigste Bunker der DDR-Volksarmee. Die nach außen unauffällige Anlage – getarnt als Flugwetterstation – befand sich mitten in einem gut gesicherten rund 30 Hektar großen Waldstück etwa 30 Meter unter der Erde. Als Sicherung setzte man hier, wie auch bei anderen sicherheitsrelevanten „Objekten" der NVA, neben Wachen Hochspannungssicherheitszäune ein. Der Bunker war von außen nicht zu erkennen, sein Eingang befand sich in einem „normalen" Gebäude. Armeegeneral Heinz Hoffmann hatte im Juni 1971 auf „Empfehlung" des Warschauer Pakts den Bau des Bunkers als Hauptführungsstelle des Ministeriums für Nationale Verteidigung angewiesen. Der Bunker wurde bis 1975 errichtet und war für die Aufnahme von etwa 450 Personen vorbereitet. Die Bunkerbesatzung hätte etwa 25 Tage von der Außenwelt abgeschlossen in den Räumen des Bauwerkes leben können.

Führungsbunker wurden vor allem seit den 1970er-Jahren als geschützte Gefechtsstände auch für die Teilstreitkräfte und Militärbezirke der NVA sowie deren Verbände errichtet. Sie dienten im Kriegsfall dazu, die Stäbe zur Führung der Truppen und der Flotte einsatz- und arbeitsfähig zu erhalten. Führungsbunker bzw. Hauptgefechtsstände der Landstreitkräfte befanden sich unter anderem in Potsdam/Geltow (Kommando), für den Militärbezirk Neubrandenburg in Alt-Rhese sowie für den Militärbezirk Leipzig offenbar in Kossa, für die LSK/LV bei Fürstenwalde („Fuchsbau") und für die Volksmarine bei Tessin. Zur geheimen Welt der militärischen Bunker in der NVA gehörten neben den Führungsanlagen auch verbunkerte Funk- und Nachrichtenzentralen.

Noch geheimer waren die Standorte der zwei verbunkerten sogenannten Sonderwaffenlager Himmelpfort bei Lychen nördlich von Berlin und Stolzenhain in der Elbe-Elster-Region. Die von der NVA errichteten Bauwerke dienten seit dem Ende der 1960er-Jahre der Einlagerung von Atomsprengköpfen, die im Kriegsfall an die Raketeneinheiten der NVA-Militärbezirke V und III ausgegeben werden sollten. Allerdings unterstanden die Bunker ebenso wie die darin aufbewahrten Gefechtsköpfe ausschließlich der Verfügungsgewalt der Sowjetarmee. Die bis zu 200 Gefechtsköpfe pro Standort lagerten in klimatisierten Kammern und waren in speziellen Behältern gesichert.

WAFFENEXPORTE ALS SOLIDARITÄT

Im Frühjahr 1980 schien das Hamburger Magazin „Der Spiegel" nach langen Spekulationen endlich ein Geheimnis der DDR und ihres Militärs gelüftet zu haben. Das Titelbild zeigte NVA-Soldaten und den Schriftzug „Honeckers Afrika-Korps". Damit sollte ausgedrückt werden, dass sich Angehörige der ostdeutschen Armee insgeheim aktiv im militärischen Auslandeinsatz befänden. Auch andere westliche Medien glaubten zu wissen, dass beispielsweise in Angola 5.000 DDR-Soldaten im Kampfeinsatz waren.

Tatsächlich gab es seit Ende der 1950er-Jahre immer wieder Bitten von „fortschrittlichen" Organisationen und „antiimperialistischen" Staaten Afrikas, Asiens, Lateinamerikas und des Nahen Ostens mit dem Ziel, Waffen, Ausrüstungen und Ausbildungshilfen von der DDR zu erhalten. Aber erst ab 1967 kam die SED-Führung den Bitten nach. Ein Politbürobeschluss legte nunmehr fest, dass neben der Polizei und dem Staatssicherheitsdienst auch die NVA militärische Ausrüstungen und Waffen aus ihren Beständen für Befreiungsbewegungen und befreundete Staaten bereitzustellen habe.

In den folgenden Jahren wurde die DDR-Volksarmee zu einem gefragten Partner von Organisationen und Ländern der sogenannten Dritten Welt. Die NVA stellte diesen jährlich Kampftechnik, Ausrüstung und Bewaffnung im Wert von durchschnittlich rund 30 Millionen Mark, teilweise auch unentgeltlich, zur Verfügung. So gingen Mitte der 1970er-Jahre als „Soforthilfe" der DDR 10.000 Maschinenpistolen mit zehn Millionen Schuss, 10.000 Handgra-

Offizierschüler der OHS für ausländische Militärkader in Prora besuchen die 9. Panzerdivision, 1988

In Prora studierende ausländische Militärangehörige sind zum Appell angetreten, 1980er-Jahre.

naten, 4.000 Splitter- und Hohlraumgranaten sowie Stahlhelme und Uniformen an die Volksbewegung zur Befreiung Angolas (MPLA) nach Afrika. Kurz zuvor hatte Syrien noch von erheblichen Waffenlieferungen aus der DDR profitiert. Im Oktober 1973 erhielt das arabische Land unter anderem zwölf Jagdflugzeuge MiG-21 sowie über 60 Panzer T-54 A sowie die dazugehörigen Kampfsätze an Munition. An Äthiopien wurde noch im Mai 1989 eine Lieferung von 100 Panzern T-55 mit je drei Kampfsätzen Munition und je einem kompletten Ersatzteilsatz übergeben.

Kampfpiloten oder Kampfeinheiten der NVA befanden sich zu keinem Zeitpunkt in den weltweiten Krisen- und Kriegsgebieten im aktiven Einsatz, auch wenn gerade einige afrikanische Staaten immer wieder darauf drängten. Im Einzelfall wurden „Berater" und „Spezialisten" in das Ausland entsandt, so unter anderem nach Angola, Äthiopien, Mosambik, Vietnam und in den Irak. Das in den westlichen Medien gern genannte „Afrika-Korps" Erich Honeckers existierte zu keinem Zeitpunkt.

Zwar lehnte die DDR Bitten zur Ausbildungsunterstützung im Ausland in der Regel ab, doch bot sie ausgewählten Partnern an, deren Militärangehörige in der NVA zu schulen. Nachdem in den 1970er-Jahren bereits über 250 ausländische „Militärkader" an Einrichtungen der NVA und der Grenztruppen ausgebildet worden waren, öffnete im Sommer 1981 eine besondere Offizierhochschule in Prora (Insel Rügen) ihre Pforten. Hier wurden bis 1989/90 Militärs regulärer Streitkräfte aus 16 Ländern und aus zwei bewaffneten Formationen ausgebildet, so unter anderem aus Nicaragua, Kuba, Sambia, Mosambik, Äthiopien, Syrien, Vietnam, Afghanistan und der palästinensischen PLO. Insgesamt kann von rund 3.000 in der NVA ausgebildeten ausländischen Soldaten aus 22 Staaten und Organisationen ausgegangen werden.

Der „antiimperialistische Solidaritätsgedanke" schloss allerdings nicht aus, dass die Ostdeutschen im Laufe der Zeit immer stärker versuchten, über den Verkauf militärischer Güter und anderer Leistungen Devisen zu erwirtschaften. Der Gesamtwert der militärischen Unterstützungsleistungen für Staaten der Dritten Welt in Form von Waffen und Ausrüstung, Ausbildungsleistungen und medizinischer Hilfe belief sich von der Mitte der 1960er-Jahre

Offizierschüler aus Mosambik während der Panzerausbildung in Prora, 1980er- Jahre

Propagandaplakat der DDR
zur Spionageabwehr

bis 1989/90 auf rund 950 Millionen Mark. Davon entfielen etwa 145 Millionen Mark auf Ausbildungsleistungen.

DIE MILITÄRISCHE AUFKLÄRUNG DER NVA

Militärische Aufklärung und Nachrichtengewinnung gehören zu den wichtigen Aufgaben von Streitkräften. Strikte Geheimhaltung nach innen und nach außen, Tarnung, Legendenbildung und Spezialverwendungen von Personal bilden dafür unverzichtbare Voraussetzungen. Letztlich ging es im Kalten Krieg darum, herauszufinden, über welches militärische Potenzial der Gegner verfügt, inwieweit die gegnerische Bedrohung real war und wie man ihr rechtzeitig entgegentreten konnte.

Die Aufklärung der NVA unterteilte sich in die sogenannte operativ-taktische Aufklärung, anfangs als „Truppenaufklärung" bezeichnet, sowie in die operative und strategische Aufklärung, auch als „Agenturaufklärung" bekannt. Wurde erstere vor allem in Teilstreitkräften und mit dem Funkaufklärungsregiment-2 geführt, handelte es sich bei letzterer um die Beschaffung von Informationen mit nachrichtendienstlichen Mitteln und Methoden. Die NVA-Aufklärung verfügte zur Nachrichtengewinnung über Agenten und entsprechende technische Mittel. In ihre Verantwortung fiel auch das Militärattachéwesen. In den 1980er-Jahren dienten in den Reihen der NVA-Aufklärung rund 2.200 Mitarbeiter, wobei etwa die Hälfte davon auf das Funktechnische Aufklärungsregiment in Dessau entfiel. Die Ausbildungseinrichtung der Aufklärer mit dem offiziellen Namen „Militärwissenschaftliches Institut" („Waldschule") befand sich in Klietz.

Die Bezeichnungen für die ostdeutsche militärische Aufklärungsorganisation wechselten im Laufe der Geschichte mehrmals: Verwaltung für allgemeine Fragen, Verwaltung 1000, Verwaltung 19, Verwaltung für Koordinierung und 12. Verwaltung. Sie war allein schon deshalb frühzeitig geheimnisumwittert. 1964 entstand die „Verwaltung Aufklärung", seit 1984 „Bereich Aufklärung". 1990 taufte man sie in „Informationszentrum" um. Die Strukturen und Aufgaben des Bereichs Aufklärung blieben den meisten NVA-Angehörigen, selbst der Masse der Offiziere, eher verborgen. Kaum jemand wusste, welche Aufgaben die NVA-Dienststelle in der Ost-Berliner Oberspreestraße hatte.

Die Angehörigen der Armeeaufklärung waren keine MfS-Mitarbeiter, und ihr Auftrag bestand auch nicht in der Erarbeitung von Informationen zur vorrangig inneren Herrschaftsabsicherung der SED. Die militärische Aufklärung der NVA hatte im Unterschied zu der lange von Markus Wolf geführten Hauptverwaltung Aufklärung (HV A) des MfS vor allem die Truppen der Bundeswehr und der NATO auszukundschaften und deren Kampfkraft zu bewerten. Sie beschaffte legal und illegal Dokumente, Aussagen und Datenträger. Ergebnisse der militärischen Aufklärung wurden der SED-Führung, der NVA und den „Bruderarmeen" im Warschauer Vertrag zur Verfügung gestellt. Das MfS überwachte die Armeeaufklärung. Beide Dienste arbeiteten teilweise eng zusammen und tauschten Informationen aus. Besondere Geheimhaltung galt freilich – auch gegenüber dem MfS – den Quellen im „Operationsgebiet", also vor allem in den NATO-Staaten. Die „NVA-Spione" im Westen galten in der DDR als „Kundschafter für den Frieden".

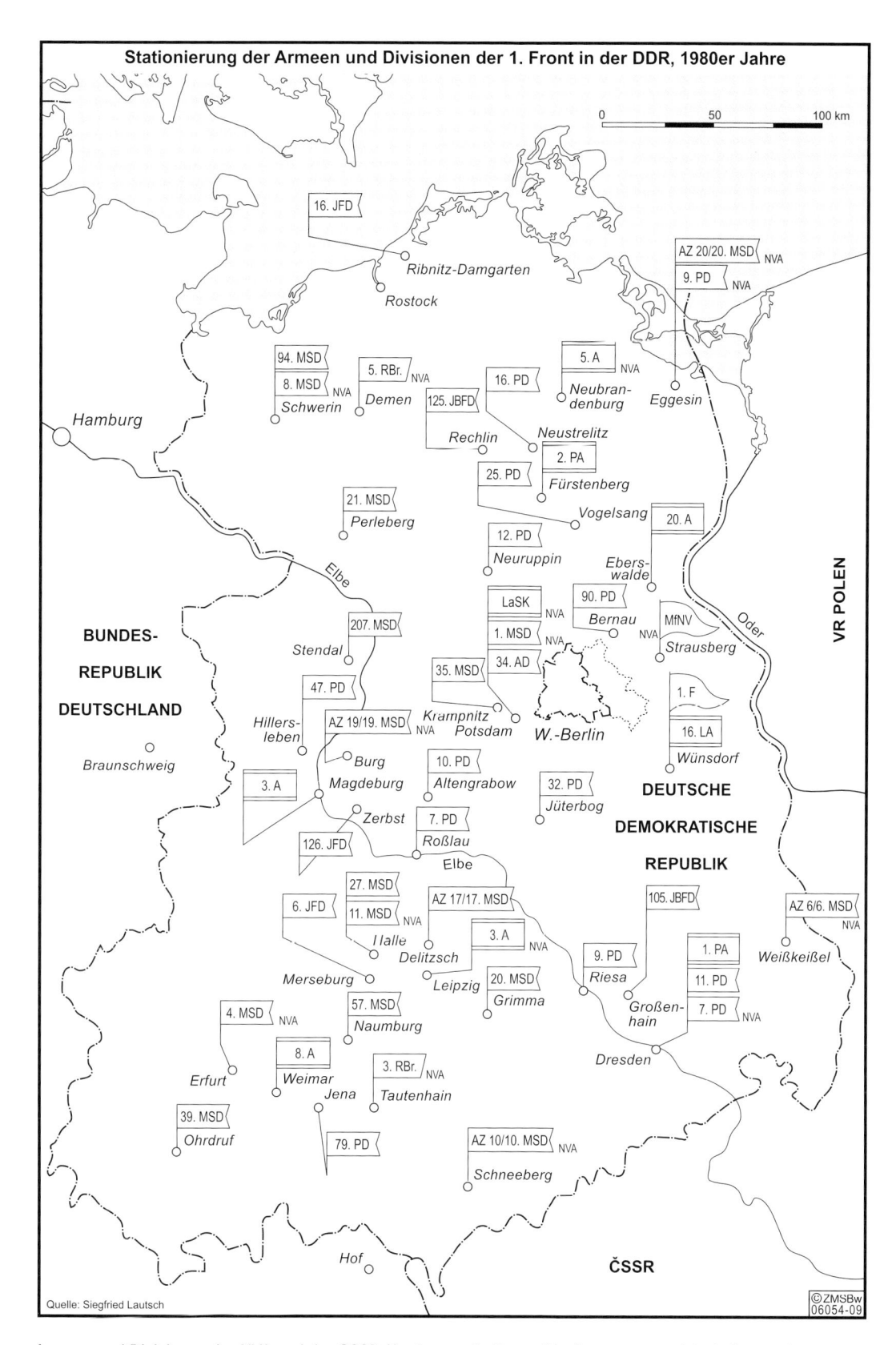

Stationierung der Armeen und Divisionen der 1. Front in der DDR, 1980er Jahre

Armeen und Divisionen der NVA und der GSSD (A - Armee; F - Front; PA - Panzerarmee; LA - Luftarmee)

Kalaschnikow „Made in GDR" – Rüstung in der DDR

Bereits nach der Gründung der DDR 1949 waren besondere volkseigene Betriebe zur „ökonomischen Sicherstellung" der bewaffneten Kräfte sowie für die im Aufbau befindliche Landesverteidigung geschaffen worden. Dazu gehörten unter anderem der VEB Lehrmittel- und Reparaturwerk Mittenwalde, der VEB Spezialbau Potsdam-Rehbrücke, der VEB Mechanische Werkstätten Königswartha und der VEB Reparaturwerk Neubrandenburg. Entsprechend den Vereinbarungen im östlichen Bündnis war jedes Teilnehmerland verpflichtet, Infanteriewaffen und Munition selbst herzustellen. Das galt auch für die DDR. Ende 1956 waren erste Muster der „Automat Kalaschnikow 47" (AK 47), benannt nach dem sowjetischen Waffenkonstrukteur Michail Kalaschnikow, mit Kolben oder Klappschaft in die NVA gekommen. Schon bald wurde die Maschinenpistole in der DDR im Städtchen Wiesa in Lizenz hergestellt. Anfang der 1980er-Jahre begann die Lizenzfertigung des Nachfolgemodells AK 74. In einer Eigenentwicklung entstand am Ende des Jahrzehnts, vor allem für den Export gedacht, die Maschinenpistole „Wieger", für die westliche Patronen .223 Remington verwendet werden konnten. Eine Massenfertigung fand jedoch nicht mehr statt.

Seit den 1950er-Jahren entstand und entwickelte sich eine Reihe von „Betrieben der speziellen Produktion". Aus der eigenen Produktion kamen darüber hinaus unter anderem Lastwagen, Stahlhelme, Uniformen, Feldlabore, Pioniertechnik, Funk- und Fernmeldetechnik, Tarnmittel und Sicherstellungstechnik. Vieles von dem entstand in der DDR auf der Grundlage sowjetischer Lizenzen. Mitte der 1980er-Jahre hatte die Verwaltung Beschaffung pro Jahr durchschnittlich etwa 1.200 Lastkraftwagen, 150.000 Felddienstanzüge, 400.000 Paar Schuhe, 630.000 Handgranaten und 31 Millionen Patronen für die NVA zur Verfügung zu stellen. In die Verantwortung der Verwaltung Schiffbau fiel zudem die Deckung des Bedarfs der Volksmarine an Schiffen und Boo-

NVA-Soldat mit der „Kalaschnikow"

„Verteidigungsproduktion" in der DDR (Auswahl), 1985		
Betrieb	Produktion (Auswahl)	Entwicklungen
VEB Flugzeugwerft Dresden	Instandsetzung verschiedener Flugzeug- und Hubschraubertypen; Produktion von Flugzeugfanganlagen und Ersatzteilen	
VEB Instandsetzungswerk Ludwigsfelde	Hauptinstandsetzungen von Strahltriebwerken	
VEB Instandsetzungswerk Pinnow	Instandsetzungen von Fla-Raketen und Funkmessstationen; Produktion von Abschusseinrichtungen für Raketen; Produktion von absetzbaren Koffern für Militärfahrzeuge	
VEB Lehr- und Reparaturwerk Mittenwalde	Instandsetzung von Schiffsflak und Funkmessstationen; Produktion von Ausrüstungen für Schießstände und Schießtrainingsanlagen	
VEB Geräte- und Werkzeugbau Wiesa (mit Zweigbetrieb Geyer)	Produktion Maschinenpistole AKM, AK 74 und Zielgerätekisten	Entwicklung einer neuen Maschinenpistole
VEB Spreewerk Lübben	Infanteriemunition M-43 und M-74	Entwicklung neuer Sondermunition
VEB Mechanische Werkstätten Königswartha	Produktion der reaktiven Panzerbüchse RPG-18 und des Abschussgerätes für Handgranaten RGD-5; Produktion von Infanteriemunition	Entwicklung des Gefechtskopfes und von Bodenzündern für die Panzerabwehrlenkrakete des Systems „Konkurs"
VEB Mechanische Werkstätten Radeberg	Sicherungstechnik	
VEB Reparaturwerk Neubrandenburg	Reparaturen von Panzern und gepanzerten Fahrzeugen; Produktion von Sonderausrüstungen für Panzer und Fahrzeuge	Modernisierung von Panzern
VEB Peenewerft Wolgast	Produktion von Torpedoschnellbooten 131, UAW-Booten 133.1, Landungsschiffen und Spezialschiffen	Entwicklung von Kampfschiffen
VEB Motorenwerk Wurzen	Instandsetzungen von Panzermotoren und Schiffsdieseln	Produktion eines Abgasturbulators
VEB Chemiewerk Kapen	Produktion von Infanteriemimen, Panzerminen und Handgranaten	Entwicklung der Panzermine 90
VEB Pyrotechnik Silberhütte	Produktion von Leuchtmitteln	Entwicklung von Leuchtkapseln für Infanteriemunition sowie von Nebelmitteln
VEB Gummiwerke „Elbe", Betrieb Oderna Frankfurt/Oder	Produktion von Schutzbekleidung	
VEB Sprengstoffwerk I Schönebeck/Sprengstoffwerk II Gnaschwitz	Produktion von Sprengstoffen, Zündschnüren, Sprengkapseln und Sportmunition	Entwicklung von Pulver, Treibmitteln und Zündern
VEB Meßelektronik „Otto Schön" Pockau und Dresden	Produktion von Kernstrahlungs- und Aufklärungstechnik	
VEB Carl-Zeiss-Jena, Betrieb Gera	Produktion von Laserzielentfernungsgeräten für Panzertechnik	
VEB Robotron-Elektronik Radeberg	Mobile Richtfunktechnik, EDV-Anlagen	
VEB Bekleidungswerke Seifhennersdorf	Fallschirme, Dienstbekleidung	

Stahlhelmproduktion für die NVA, 1974

ten. Tatsächlich wurde der größte Teil des Bedarfs durch ostdeutsche Werften gedeckt.

Das Gros des von der NVA benötigten Militärmaterials wurde allerdings aus der UdSSR oder anderen Paktstaaten importiert, wobei die NVA den Vorgaben des Warschauer Pakts folgte. Die Höhe dieser Importe einschließlich der Ersatzteile erreichte in der ersten Hälfte der 1980er-Jahre mit jährlich über vier Milliarden Mark ihren Kulminationspunkt. Ein Problem bildete dabei die Ersatzteilversorgung. Auch die beträchtlichen Kosten bereiteten Probleme. So hatten sich die Preise des T-72 gegenüber dem T-55A oder einer Startrampe des moderneren Raketenkomplexes „Totschka" im Vergleich zum früheren System „Luna M" mehr als versiebenfacht. Ein Kampfhubschrauber Mi-24 D kostete Ende der 1980er-Jahre mehr als dreimal so viel wie der Hubschrauber Mi-8TB. Für ein sowjetisches Raketenschnellboot „Projekt 1241" musste die DDR fast zehnmal so viel bezahlen wie für ein Boot der ersten Generation vom Typ „Projekt 205". Es verwundert daher nicht, dass die SED-Führung angesichts der volkswirtschaftlichen Misere darauf drängte, die Beschaffungspläne für die NVA zu reduzieren. Vor allem am Ende der 1980er-Jahre schränkte die

Textilarbeiterinnen stellen Uniformen für die NVA her, 1974.

Im Reparaturwerk Neubrandenburg, 1974

Führung die bis dahin vorrangige Versorgung der Streitkräfte ein. 1988 reduzierte das Verteidigungsministerium etwa die Waffenimporte, Bauinvestitionen und Lieferungen aus der Volkswirtschaft um rund 370 Millionen Mark. Eine Folge war, dass sich die Übernahme moderner sowjetischer Waffensysteme verzögerte oder diese nur in kleinen Stückzahlen eingeführt wurden.

Preise für Kampftechnik und Bewaffnung (Auswahl), 1988	
Bezeichnung	Preis (in Millionen Mark)
Mittlerer Panzer T-72 (plus 1 Kampfsatz = 44 Granaten)	10,3 (plus 66 Tausend Mark)
Schützenpanzer BMP-2 (plus 1 Kampfsatz = 500 Granaten, 4 PARL)	1,0 (plus 0,2)
Startrampe operativ-taktischer Raketenkomplex „Oka" (plus Rakete)	10,3 (plus 4,0)
Startrampe taktischer Raketenkomplex „Totschka" (plus Rakete)	7,5 (plus 2,8)
152-mm-SFL-Haubitze „Akazia" (plus 1 Kampfsatz = 60 Granaten)	2,0 (plus 75 Tausend Mark)
Startrampe Fla-Raketenkomplex „Krug" (plus Fla-Rakete)	3,5 (plus 0,6)
Gefechtsfahrzeug Fla-Raketenkomplex „Osa-AKM" (plus Fla-Rakete)	16,5 (plus 0,3)
Abfangjagdflugzeug MiG-29 (plus 1 Kampfsatz = 4 Raketen Luft-Luft)	46,7 (plus 1,0)
Jagdbombenflugzeug SU-22 M 4 (plus 1 Kampfsatz = 4 Raketen Luft-Boden)	30,4 (plus 1,2)
Kampfhubschrauber Mi-24 D (plus Panzerabwehrlenkrakete/ 1 Kampfsatz ungelenkter Raketen = 128 Stück)	13,4 (plus 27 Tausend Mark / 106 Tausend Mark)
Startrampe Fla-Raketenkomplex „Wega" (plus Fla-Rakete)	1,2 (plus 2,7)
Funkmessstation ST-68 U	13,1
Küstenschutzschiff „Projekt 1159"	132,2

(Die Preise variieren teilweise in den Unterlagen.)

„Spatensoldaten" und Friedensgruppen – Opposition gegen Wehrdienst, Armee und gesellschaftliche Militarisierung

„Raketenpoker" der Großmächte USA und UdSSR, 1980er-Jahre

Die späten 1970er- und frühen 1980er-Jahre zeichneten sich durch eine deutliche Zuspitzung des Ost-West-Konfliktes aus. Das Wettrüsten wurde beschleunigt, die Gefahr eines Kernwaffenkrieges erhöhte sich. Die Friedensbewegung hatte sich den Protest gegen den Rüstungswahn und die Verhinderung eines Dritten Weltkrieges auf die Fahnen geschrieben. In der Bundesrepublik riefen führende Vertreter der Friedensbewegung unter dem Slogan „Frieden schaffen ohne Waffen" zu Massenkundgebungen und Demonstrationen vor allem gegen die Bundeswehr und die NATO auf.

Die SED und die DDR-Staatssicherheit unterstützten die Aktivitäten der bundesdeutschen Friedenskämpfer. Im eigenen Herrschaftsbereich duldete man indes keine Friedensbewegung, die nicht staatlicherseits aktiv betrieben und geführt wurde. Für die Partei galt nur ihre eigene, gegen den Westen gerichtete Tätigkeit als Friedenspolitik. Andersdenkende, Pazifisten und andere Individualisten, die sich teilweise in vom Staat unabhängigen Gruppen und Gruppierungen zusammenfanden, waren nicht erwünscht.

In diesem Zusammenhang war auch jede Wehrdienstverweigerung problematisch. Zum einen stellte sie das Dogma von der untrennbaren Einheit von Frieden und Sozialismus in Frage. Zum anderen entsprachen Wehrdienstverweigerer nicht der propagierten Vorstellung von sozialistischen Persönlichkeiten, die bekanntlich ihre Kraft auch für den Schutz ihres Heimatlandes einsetzen sollten. Insofern fasste die DDR-Führung letztlich jede Wehrdienstverweigerung prinzipiell als politische Gegnerschaft auf. Der Staat reagierte dementsprechend mit „gesellschaftlicher Einflussnahme", mit Mitteln geheimdienstlicher Überwachung und Zersetzung sowie mit den Möglichkeiten der Justiz.

Proteste gegen die Stationierung von US-Atomraketen in der Bundesrepublik (auf dem Evangelischen Kirchentag in Hannover), 1983

Trotz massiver staatlicher Repressalien stellten gerade die Aktivitäten der Wehrdienstverweigerer einen herausragenden Teil des Widerstands und des Nonkonformismus in der NVA dar. Sie bildeten darüber hinaus eine wichtige Basis der sich schrittweise etablierenden nichtstaatlichen Friedensbewegung in der DDR. Totalverweigerer lehnten jeden Wehrdienst und Reservistenwehrdienst ab. Sie wurden strafrechtlich verfolgt. Bei Verurteilungen vor Militärgerichten erhielten sie in der Regel Strafen zwischen 18 und 20 Monaten Freiheitsentzug, bei Verweigerung des Reservistendienstes war das Strafmaß auf vier bis sechs Monate begrenzt. Seit 1986 existierte in der DDR ein nichtstaatlicher „Freundeskreis Totalverweigerer". Seine Mitglieder wandten sich gegen die Wehrpflicht und setzten sich für eine Entmilitarisierung der Gesellschaft ein. Die Anzahl der Wehrdiensttotalverweigerer, bezogen auf die jeweilige Stärke eines Musterungsjahrganges, betrug stets nur zirka 0,1 Prozent.

Die Anzahl derjenigen, die den „normalen" Wehrdienst ablehnten, sich jedoch entschlossen hatten, ihren Wehrdienst in Form eines besonderen, waffenlosen Wehrdienstes abzuleisten, war in der Regel etwa fünf bis achtmal größer. Die als Bausoldaten oder auch als „Spatensoldaten" bezeichneten NVA-Angehörigen waren ihrem Status nach Wehrpflichtige in Uniform in der Dienstgradgruppe Soldaten. Sie lehnten den Dienst an der Waffe legal ab. Ihr äußeres Kennzeichen war ein kleiner goldfarbener Spaten auf der Schulterklappe.

Die sogenannten Waffendienstverweigerer erhielten in den ersten Jahren nach der Einführung des Bausoldatendienstes im Jahr 1964 eine mehrwöchige Grundausbildung und wurden dann zumeist zur Arbeit an militärischen Bauprojekten herangezogen. Von Mitte der 1970er- bis Anfang der 1980er-Jahre galt das Prinzip, Bausoldaten in kleineren Gruppen in Ferienheimen, Lazaretten und Wäschereien mit Hilfsarbeiten zu beschäftigen. Am Anfang der 1980er-Jahre richtete die Führung zentrale Baueinheiten ein. Man wollte die

Aufnäher der nichtstaatlichen Friedensbewegung in der DDR, 1980er-Jahre

Ergebnisse der Musterung des Geburtsjahrgangs 1969 im Jahr 1987		
Laut Personaldatenbank der DDR zu mustern	117.215 Mann	In Prozent
Nicht gemustert wegen Haft, Auslandsaufenthalt, sonstige Gründe	1.095	0,9
Erstmalig Gemusterte	116.120;	
	1981: 144.000	
	1984: 119.000	
Diensttauglich	108.169	93
Dauernd dienstuntauglich	4.203	3,6
FDJ-Mitglieder	102.367	94,6
Gewinnung für Dienstverhältnisse Soldat auf Zeit/Unteroffizier auf Zeit	32.177	29,7
Gewinnung für militärische Berufe	9.304	8,6
Teilnahme an der vormilitärischen Ausbildung	97.334	83,8
Strafrechtlich zur Verantwortung Gezogene	2.445	2,3
Abgabe einer Erklärung zum Dienst als Bausoldat	1.175	1,1
Totalverweigerer	136	0,1
Verweigerung der Annahme des Wehrdienstausweises	11	

Quelle: BArch, DVH 7/44875, Bl. 160.

NATIONALE VOLKSARMEE
Dienstgradabzeichen

Dienstgradabzeichen der NVA, Mitte der 1980er-Jahre

Bausoldaten als billige Arbeitskräfte verstärkt in Schwerpunktbereichen der maroden DDR-Volkswirtschaft einsetzen.

Bausoldaten stellten aus Sicht der Wehrkreiskommandos der NVA bereits in den Musterungen und Einberufungsüberprüfungen ein störendes Element dar. Sie kamen in der Regel gut vorbereitet zu den Musterungen und waren über ihre Rechte als künftige Soldaten besser informiert als andere. Daran hatten die Jungmännerwerke und Arbeitskreise der evangelischen Kirche Anteil, die Bausoldaten und anderen Wehrdienstverweigerern in Form von Verhaltensregeln, Hinweisen und Veranstaltungen Hilfe und Unterstützung gaben. Mit Unterstützung der Kirche wurden zudem von ehemaligen Bausoldaten sogenannte Alt-Neu-Treffen durchgeführt, in dem die vor der Einberufung stehenden Bausoldaten gezielt auf ihren Dienst vorbereitet wurden. Ab 1984 waren sogenannte Friedenarbeitskreise entstanden, in denen ehemalige Bausoldaten Vorbereitungsseminare auf den Wehrdienst oder „Seminare zur Entscheidungsfindung" durchführten.

Widerstand und nonkonformes Verhalten war in den Baueinheiten der NVA unterschiedlich ausgeprägt. Es reichte vom oppositionellen Handeln einzelner Bausoldaten bis hin zum Versuch, überregionale Netzwerke zu schaffen und diese öffentlichkeitswirksam zu nutzen. Zu den typischen nonkonformen Verhaltensweisen der Bausoldaten gehörten neben kritischen und polemischen Äußerungen das Einschleusen pazifistischer Schriften in die Dienststelle sowie das Schreiben von Eingaben und Beschwerden. Letztere richteten sich zumeist an zentrale Partei- und Staatsorgane, an die Presse oder auch an kirchliche Institutionen. Die Bausoldaten versuchten auf diesem Wege, auf unhaltbare Zustände, Schikanen und Missstände in ihren Einheiten hinzuweisen. Im Ausbildungsjahr 1987/88 registrierte man beispielsweise im Baupionierbataillon-44 insgesamt 179 Eingaben, von denen 122 von Bausoldaten verfasst worden waren.

In der Armee wurden Wehr- und Waffendienstverweigerer oft diskriminiert und schikaniert. Nach dem Wehrdienst versuchte man, ihre weitere berufliche Bildung und Entwicklung zu behindern. Wehrdienstverweigerer standen zudem stets im Visier des MfS. Zahlreiche Aktivitäten der Staatssicherheit zeugen davon. Von Interesse für das MfS war es dabei, Verbindungen von Wehrdienstverweigerern zur Kirche auszuspähen und sogenannten staatsfeindlichen Aktivitäten zuvorzukommen. Für das MfS galten die Waffenverweigerer letztlich als verlängerter Arm des Gegners in den Streitkräften, den man unter Kontrolle halten musste. Militärstrafrecht, Militärjustiz, Staatssicherheit, Disziplinarwesen und Strafvollzug bildeten dabei gemeinsam immanente „Ordnungsfaktoren".

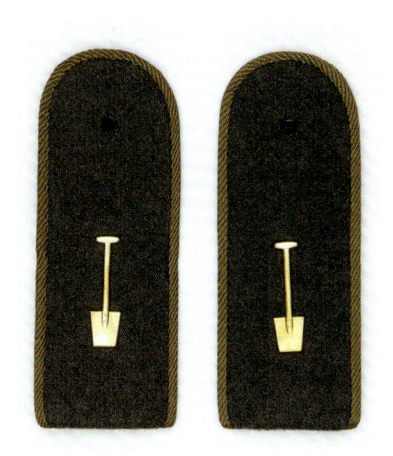

Aus einem Lied der „Renft-Combo", 1975
Du, woran glaubt der, der zur Fahne geht
Ruhm der Fahne schwört, daher stramm steht.
Du, woran glaubt der, der nicht anlegt
Der als Fahne vor sich her einen Spaten trägt.
Du, woran glaubt der, der in´n Kahn geht
Und den Hintern quer zur Fahne dreht
Und den Hintern quer zur Fahne dreht.

Text: Christian Kunert/Gerulf Pannach

Schulterklappen der Bausoldaten (Ausgangsuniform)

Die etwa 15.000 Bausoldaten, die von 1964 bis 1989 das Tragen einer Waffe im Wehrdienst aus Gewissensgründen ablehnten, sowie die insgesamt mehr als 3.000 verurteilten Totalverweigerer, die sich jeglichem Wehrdienst entzogen, setzten sichtbare Zeichen für Zivilcourage. Zahlreiche Wehrdienstverweigerer, sowohl Totalverweigerer als auch ehemalige Bausoldaten, gehörten zu den Aktivisten der DDR-Opposition und der Friedensbewegung. Sie betreuten beispielsweise als Pfarrer regionale Gruppen von Wehrdienstverweigerern.

Im gleichen Maße, wie die NVA weiter aufrüstete und die SED die Gesellschaft militarisierte, verstärkten sich in der Bevölkerung Zweifel an der immer wieder betonten Notwendigkeit, die Verteidigungsfähigkeit der DDR zu erhöhen. Nicht nur die ablehnende Haltung vieler Jugendlicher gegen eine militärische und politische Vereinnahmung wuchs. Oppositionelle und kirchliche Proteste wandten sich öffentlich gegen die gesellschaftliche Militarisierung. So betrieben Vertreter der unabhängigen Friedensbewegung in der DDR Aufklärungsarbeit über die negativen Folgen der sozialistischen Wehrerziehung, die vom Kindergarten bis zum „Reservistenkollektiv" möglichst viele DDR-Bürger erfassen sollte. 1978 brandmarkten sie die Einführung des für alle Jungen und Mädchen der 9. und 10. Klassen obligatorischen Wehrunterrichts an den Schulen als einen weiteren Schritt der SED zur Militarisierung der ostdeutschen Gesellschaft. Ab 1980 traf die Aktion „Schwerter zu Pflugscharen" den Nerv vieler DDR-Jugendlicher, die die Armee, die militärische Aufrüstung und den Wehrdienst ablehnten. Sanktionen gegen die Träger von Stoffaufnähern, welche ein Umschmieden eines Schwertes zu einem Landwirtschaftsgerät zeigten, konnten jedoch das Anwachsen der oppositionellen Friedens- und Bürgerrechtsbewegung in der DDR nicht aufhalten. 1982 erhoben die Vertreter der unabhängigen Friedensbewegung ihre Stimme gegen das neue Wehrdienstgesetz. In den folgenden Jahren bildeten sich zahlreiche sogenannte Basisgruppen, die sich miteinander vernetzten und Flugblattaktionen, Ausstellungen, Mahnwachen und kleinere Demonstrationen für den Frieden organisierten. Sie entwickelten den Charakter einer politischen Protestbewegung und bildeten die Keimform der Bürgerrechtsbewegung in der DDR, die 1989 entscheidend zum Sturz des SED-Regimes beitrug.

Soldaten im dauerhaften Arbeitseinsatz in der Volkswirtschaft, 1989

Operativ-taktische Rakete 8k14 auf
mobiler Startrampe 2P19, 1980er-Jahre

Im Strudel von Aufrüstung und Abrüstung – Die Streitkräfte zwischen Modernisierung, Stagnation und Krise in den 1980er-Jahren

Hatte die internationale Entspannungspolitik in den 1970er-Jahren der SED die ideologische Rechtfertigung der eigenen Rüstung und Militarisierung erschwert, bot vor allem die Ende des Jahrzehnts einsetzende neue Runde des Wettrüstens in Ost und West bessere Voraussetzungen, den Anstrengungen zur „Stärkung der Landesverteidigung" neue Impulse zu verleihen. Ende der 1970er-Jahre spitzte sich der Ost-West-Konflikt nochmals politisch wie auch militärisch zu. Die Mittelstreckenproblematik, ausgelöst durch die Stationierung von sowjetischen SS-20 Raketen, die Intervention der UdSSR in Afghanistan und der sogenannte NATO-Doppelbeschluss sorgten für Sprachlosigkeit zwischen den Blöcken. In der Bundesrepublik wurden amerikanische Pershing II und Cruise Missiles stationiert, in die DDR kamen sowjetische SS-12 Raketen. Dies veränderte die bisherigen Vorstellungen über den Krieg. Erich Honecker trat in seiner „Friedenspolitik" gegenüber dem Westen für eine „Koalition der Vernunft" ein. Zugleich nutzte er die Forcierung der westlichen Rüstung sowie das amerikanische „Sternenkriegsprogramm" (SDI), um der eigenen Bevölkerung eine neue Bedrohung suggerieren zu können, die im Sinne der Partei eine „allseitige Stärkung" der DDR erfordere.

Im Herbst 1980 schien es so, als verlören die polnischen Kommunisten ihre „führende Rolle" in der Gesellschaft an die neu gegründete unabhängige Gewerkschaft Solidarność. Die sozialistischen „Bruderstaaten" UdSSR, ČSSR und DDR empfanden dies als Sieg der schleichenden Konterrevolution im Nachbarland sowie als unmittelbare Bedrohung für den Sozialismus insgesamt. Denn die Volksrepublik Polen nahm einen wichtigen militärstrategischen Platz im Warschauer Pakt ein und spielte eine bedeutende Rolle in den wirtschaftlichen Beziehungen des Ostblocks. Ein Ausscheren Polens aus dem „Bruderbund" der sozialistischen Staaten sollte daher mit allen Mitteln verhindert werden.

Eine motorisierte Schützengruppe beim Absitzen vom Schützenpanzer BMP-2, 1980er-Jahre

Aus der Rede von Erich Honecker vor Absolventen der Militärakademien, 1982
Die um die gegenwärtige USA-Administration gruppierten aggressionslüsternen NATO-Kreise betreiben in gefährlicherem Ausmaß als je zuvor die materielle und ideologische Vorbereitung eines neuen Völkergemetzels. Man kann nicht eindringlich genug betonen, dass imperialistische Kriegstreiber die Menschheit mit dem

152-mm-SFL-Haubitze „Akazia"

Schützenpanzer BMP-1 im Übungsgelände

Untergang in einem atomaren Inferno bedrohen. Gerade unsere Militärkader sollten sich stets der Tatsache bewusst sein, dass die internationale Situation seit dem Ende des zweiten Weltkrieges noch nie so ernst war wie heute.

Quelle: Erich Honecker, Frieden – Höchstes Gut der Menschheit, Berlin (Ost) 1987, S, 36.

Feuerdienst einer Granatwerferbatterie, 1981

Wie bereits zwölf Jahre zuvor bei der Niederschlagung des „Prager Frühlings" hielt die Sowjetunion die Fäden in der Hand. Die in Polen stationierte Nordgruppe der sowjetischen Streitkräfte wurde in Alarmbereitschaft versetzt, die Aktivitäten der Baltischen Flotte in der Ostsee verstärkt. Auch die DDR-Volksarmee und ihre Angehörigen sahen sich in den „Kampf gegen die Konterrevolution" in Polen eingebunden. Ende November/Anfang Dezember 1980 erhielt die NVA erste Informationen über einen möglichen Einmarsch in Polen, für den als Tarnung eine „gemeinsame Ausbildungsmaßnahme" vorbereitet werden sollte. Vorgesehen war die Teilnahme von 15 sowjetischen Divisionen und zwei Verbänden aus der ČSSR sowie seitens der NVA vor allem eine Beteiligung der im Nordosten der DDR stationierten 9. Panzerdivision. Ihre Aufgabe sollte es sein, auf polnischem Territorium bis nach Koszalin vorzurücken. Bis zum 7. Dezember 1980 hatten die teilnehmenden Stäbe und Truppen der DDR-Volksarmee ihre Einsatzvorbereitung abgeschlossen. Zeitweise wurden Stäbe und Truppen der NVA in erhöhte Gefechtsbereitschaft bzw. in Marschbereitschaft versetzt.

Letztlich konnte auf höchster Ebene die von sowjetischen Marschällen geplante und auch von der SED-Führung anfangs befürwortete Intervention abgewendet werden. KPdSU-Generalsekretär Leonid I. Breschnew sprach sich gegen eine militärische Intervention aus, selbst als sich die Lage im Verlauf des Jahres 1981 weiter zuspitzte. Die Truppen des Pakts blieben jedoch in erhöhter Bereitschaft und sollten vor allem gegenüber der Solidarność eine Drohkulisse bilden. Am 13. Dezember 1981 verhängte der polnische Partei- und Staatschef General Wojciech Jaruzelski das Kriegsrecht über sein Land und beendete damit vorerst die Demokratisierungs- und Freiheitsbewegung in Polen. Erst im April 1982 hob eine Weisung des sowjetischen Generalstabs die Planungen des Warschauer Pakts zur Lösung des „polnischen Problems" endgültig auf.

Als Schlussfolgerungen aus den Ereignissen in Polen ergaben sich für die Militärs im Pakt und auch in der DDR allerdings zusätzliche Aufgaben. Die Volksrepublik Polen und ihre Streitkräfte waren zum „Unsicherheitsfaktor" geworden. In Mukran auf der Insel Rügen entstand in der Folge ein neuer Fähranleger, der unter anderem den Transport

Effekten, Ärmelstreifen und Abzeichen der NVA, 1980er-Jahre

DIE STREITKRÄFTE DER DDR UNTER ULBRICHT UND HONECKER (1956–1989)

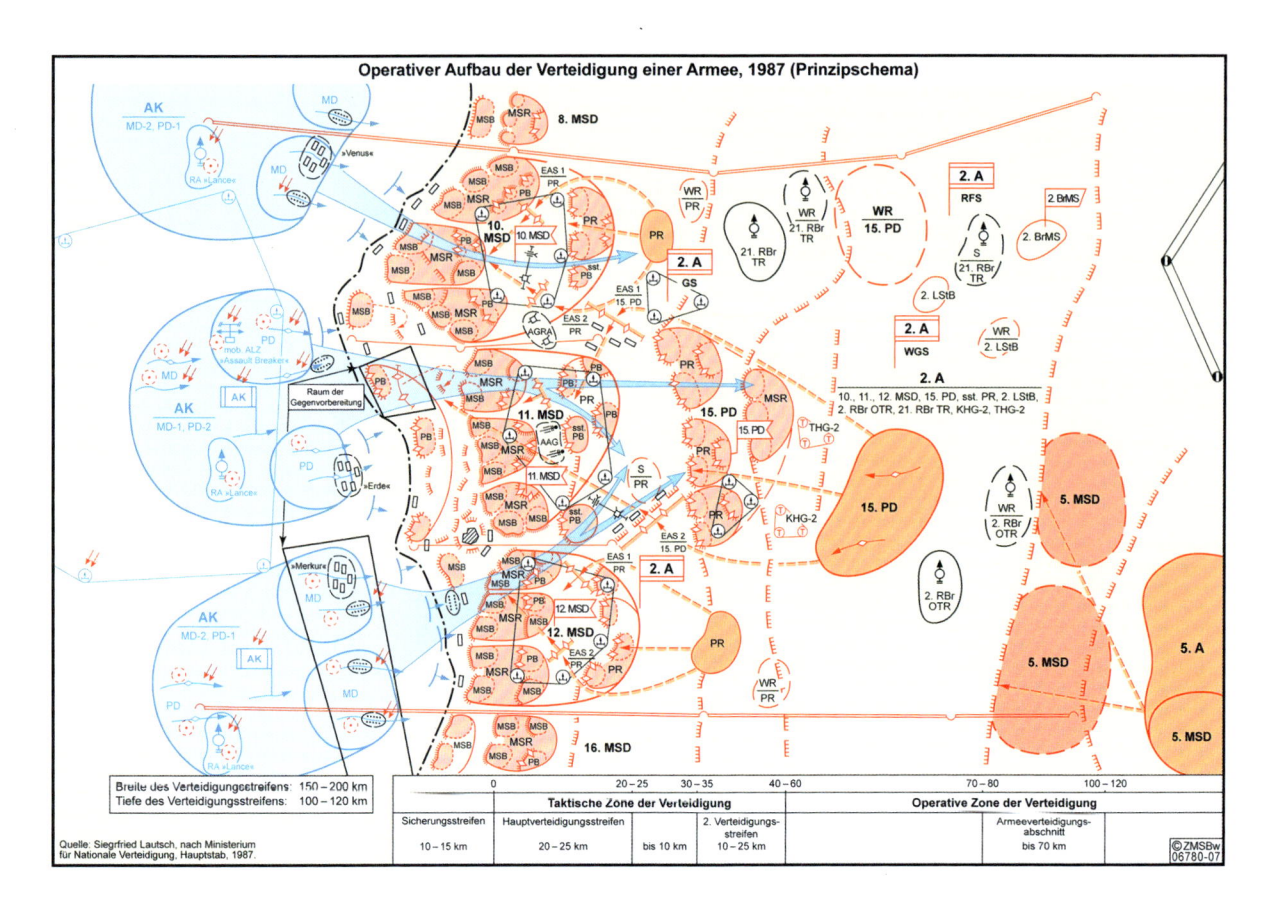

Prinzipschema der Verteidigung einer Armee, 1987

Kampfhubschrauber Mi-8 TB

von Militärgütern aus der UdSSR über die Ostsee sicherstellen sollte. 1982 probte man erstmals militärische Operationen auf dem Westlichen Kriegsschauplatz ohne den Einsatz der Polnischen Armee.

Besonders schwierig war es, sich diesen Umständen anzupassen, während man zugleich die Gefechtsbereitschaft und die Kampfkraft der Truppen erhöhen wollte, ohne sich personell und materiell zu verstärken. Um diese Aufgabe zu erfüllen, entschied man, Strukturen zu verändern, die Ausbildung zu intensivieren und effektivere Waffensysteme einzuführen.

Die Basisstruktur in den Landstreitkräften mit zwei Panzerdivisionen und fünf Mot. Schützendivisionen blieb im Wesentlichen bestehen, wenn auch die Divisionen selbst strukturell verändert und personell reduziert wurden. Die Waffengattung Fallschirmjäger wurde Anfang der 1980er-Jahre zu Luftlandetruppen aufgewertet. 1984 entstand zudem die neue Waffengattung Armeefliegerkräfte. Um die Feuerkraft zu vergrößern, rüstete man die Landstreitkräfte mit neuen Raketenkomplexen vom Typ „Oka" und „Totschka" aus. Die Anzahl der Artilleriebewaffnung verdoppelte sich im Vergleich zu 1971. Zudem waren die Systeme überwiegend auf Selbstfahrlafetten montiert. Mit der 152-mm-Haubitze auf SFL erhielt die Artillerie 1979 zum ersten Mal ein nuklearfähiges Geschütz. Die Einführung des Schützenpanzers BMP-2 ab 1983 steigerte die Mobilität der Truppenteile. In die Truppe kamen darüber hinaus schrittweise unter anderem die Maschinenpistole AKS 74 N mit dem Kaliber 5,45 mm sowie neue Panzerabwehrlenkraketenkomplexe. Der Personalbestand der Landstreitkräfte betrug 1987 knapp 106.000 Mann, davon 14.800 Offiziere.

Im Kriegszustand sollte eine Stärke von etwa 258.000 Mann erreicht werden. Im Frühjahr 1988 verfügte die Teilstreitkraft über insgesamt 69 Raketenstartrampen, 1.853 Panzer, 928 Schützenpanzer, 1.108 Artilleriegeschütze und Granatwerfer, 174 Geschosswerfer, 521 Panzerabwehrmittel, 824 Fliegerabwehrmittel und 82 Hubschrauber, davon 64 Kampfhubschrauber.

In den LSK/LV hielten neue Jagdbomber und Kampfhubschrauber Einzug. Bei den Jagdfliegern kamen im Mai 1989 neben den Abfangjägern verschiedener Versionen der MiG-21 und MiG-23 erstmals Jagdflugzeuge der vierten Generation vom Typ MiG-29 in die Einheiten. Die MiG-29 war unter anderem mit modernsten Lenkflugkörpern ausgerüstet. Aus den ursprünglich 20 Raketenabteilungen der Luftverteidigung waren bis 1989 nunmehr 41 entstanden. Die Fla-Raketen-Regimenter beziehungsweise -Brigaden der Luftverteidigungsdivisionen verfügten über Raketenkomplexe der Typen „Wolchow", „Newa", „Wega" und „Angara". Um die Landstreitkräfte und die Volksmarine zu unterstützen, verstärkte man die Front-und Armeefliegerkräfte. So sollte jeder Militärbezirk (Armee) über mindestens ein Jagdbombenflieger- und ein Kampfhubschraubergeschwader verfügen. Dazu bildete sich in Strausberg/Eggersdorf ein spezielles Führungsorgan. 1984 gingen die beiden zu den LSK/LV gehörenden Kampfhubschrauber-Geschwader in die Verantwortung der Landstreitkräfte über. Dem Führungsorgan Front- und Militärtransportfliegerkräfte unterstanden nunmehr neben dem Jagdbombenfliegergeschwader-37 das 1984 neu gebildete Jagdbombenfliegergeschwader-77 und das Marinefliegergeschwader-28 in Laage. Die Geschwader in Laage erhielten Flugzeuge vom Typ Suchoj Su-22 M4. Zum Bestand der LSK/LV gehörten darüber hinaus Passagierflugzeuge vom Typ Tu-134, Tu-154 M und Il-62 M in der sogenannten Re-

Fla-Raketen-Komplex „Krug" mit zwei Fla-Raketen 3M8

Abfangjagdflugzeug MiG-29

gierungsfliegerstaffel, Transportflugzeuge vom Typ AN-26, Schul- und Verbindungsflugzeuge vom Typ L-39 sowie verschiedene Transporthubschrauber der Mi-Serie. Die rund 35.000 Angehörigen der LSK/LV gewährleisteten im Bündnis die Lufthoheit der DDR und boten eine Luftangriffskomponente, um die Land- und Seestreitkräfte zu unterstützen. Im Frühjahr 1988 befanden sich in der Teilstreitkraft insgesamt 226 Fla-Raketenstartrampen, 240 Jagdflugzeuge, 41 Jagdbombenflugzeuge, 12 Aufklärungsflugzeuge, 66 Hubschrauber, 70 Transportflugzeuge und 88 Schulflugzeuge.

In der Volksmarine blieb die strukturelle Gliederung seit den 1960er-Jahren im Wesentlichen unverändert. Es bestanden drei Flottillen als relativ au-

Eine hochrangige NVA-Delegation vor der Bahre des verstorbenen sowjetischen Verteidigungsministers, Marschall der Sowjetunion Dimitri Ustinow, 1984

Auszeichnungen und Beförderungen von Generalen und Admiralen der NVA, 1981

tarke Verbände, die aufgabenorientiert in Stoßkräfte, Sicherungskräfte, Landungskräfte und Sicherstellungskräfte eingeteilt waren. Ende des Jahrzehnts galt die Volksmarine als auftragsgerecht ausgerüstet. Zur neu eingeführten Hauptbewaffnung gehörten unter anderem UAW-Schiffe der „Parchim-Klasse" und das Küstenschutzschiff „Projekt 1159Ä". Im Frühjahr 1988 befanden sich in der Teilstreitkraft insgesamt 23 Schiffe der Stoßkräfte sowie 19 Küstenschutzschiffe, 27 Räumschiffe, 12 Landungsschiffe, 24 Jagdbombenflugzeuge, 26 Hubschrauber und 8 Küstenraketenstartrampen.

Die Volksmarine bildete mit ihren zirka 15.000 Soldaten/Matrosen nach wie vor die kleinste Teilstreitkraft und gehörte mit ihrem gesamten Kampfbestand zur Vereinten Ostseeflotte des Warschauer Pakts.

Ende 1985 starb der langjährige DDR-Verteidigungsminister Armeegeneral Heinz Hoffmann. Zu seinem Nachfolger bestimmte die SED-Führung den Honecker-Vertrauten und bisherigen Chef der Politischen Hauptverwaltung der NVA, Generaloberst Heinz Keßler. Der wenig später zum Armeegeneral beförderte 65-jährige erwies sich angesichts der Probleme jedoch als wenig reformwillig und -fähig. Das „Neue Denken", das unter anderem keinen Staat mehr als Feind betrachtete und für eine streng defensive Verteidigung plädierte, stürzte die NVA-Führung in ein schier unauflösbares Dilemma zwischen der propagierten friedenspolitischen Staatsdoktrin und dem Erhalt des Verteidigungswillens der Soldaten. Dabei gab es im sowjetischen Denken bereits in den frühen 1980er-Jahren Ansätze, den Defensivcharakter der Vereinten Streitkräfte stärker in die Planungen für den Westlichen Kriegsschauplatz einzuarbeiten. Das spiegelte sich auch in den operativen Planungen der NVA wider, die Mitte des Jahrzehnts überarbeitet wurden.

Entscheidende Impulse für die Durchsetzung eines „Neuen Denkens" kamen im Mai 1987, als der Generalsekretär des ZK der KPdSU, Michail S. Gorbatschow, in Ost-Berlin öffentlich eine neue Militärdoktrin des Warschauer Vertrags verkündete.

Aus dem Dokument „Über die Militärdoktrin der Teilnehmerstaaten des Warschauer Vertrages", Mai 1987
Die Militärdoktrin der Teilnehmerstaaten des Warschauer Vertrages hat ausschließlich Verteidigungscharakter. [...] Die Teilnehmerstaaten des Warschauer

Verteidigungsminister Armeegeneral Heinz Keßler beglückwünscht weibliche Armeeangehörige, 1988

Vertrages werden niemals und unter keinen Umständen militärische Handlungen gegen einen beliebigen Staat oder ein Staatenbündnis beginnen, wenn sie nicht selbst einem bewaffneten Überfall ausgesetzt sind. Sie werden niemals als erste Kernwaffen einsetzen. [...] Die Streitkräfte der verbündeten Staaten werden in einer Gefechtsbereitschaft gehalten, die ausreicht, um nicht überrascht zu werden. Falls dennoch ein Angriff gegen sie verübt wird, werden sie dem Aggressor eine vernichtende Abfuhr erteilen.

Quelle: Neues Deutschland, Ost-Berlin, vom 30./31. Mai 1987

Gingen die Kriegsplanungen bisher davon aus, dass das DDR-Territorium am Beginn eines Krieges vor allem Bereitstellungs-, Entfaltungs- und Durchgangsraum für die Vereinten Streitkräfte sein würde, wurde die DDR nunmehr zum „Frontgebiet". Eine von den sowjetischen Marschällen angedachte, tief gestaffelte Verteidigung hätte hier zu enormen Zerstörungen sowie zu hohen Verlusten in der Bevölkerung geführt. Daher war die DDR bestrebt, so weit vorne wie möglich, am besten direkt an der Grenze zu verteidigen.

In der Truppe war man derweil mit ganz anderen Dingen beschäftigt. Statt Ausbildung und „Kampf um die Erhöhung der Gefechtsbereitschaft" rückten für viele Armeeangehörige langfristige Arbeitseinsätze in der Volkswirtschaft in den Mittelpunkt ihrer Tätigkeit. Im Jahr 1989 wurden über 10.000 Armee-

Personal der NVA und der Grenztruppen, März 1988	
Ministerium und zentrale Truppen	30.460 Mann, davon 7.530 in Unterstellung Warschauer Pakt
Landstreitkräfte	105.370 Mann, davon 83.840 in Unterstellung Warschauer Pakt
LSK/LV	35.950 Mann, davon 26.550 in Unterstellung Warschauer Pakt
Volksmarine	15.660 Mann, davon 12.950 in Unterstellung Warschauer Pakt
Grenztruppen	39.600 Mann
Gesamt	187.440 Mann, davon 130.870 in Unterstellung Warschauer Pakt

Die Führer der beiden Supermächte USA und UdSSR: Präsident George W. Bush und Staatspräsident Michail Gorbatschow

angehörige in geschlossenen Einheiten für mehrere Monate in der Volkswirtschaft eingesetzt. Sie mussten vor allem in Betrieben und Kombinaten der chemischen Industrie, des Bauwesens, der Elektroindustrie und des Schwermaschinen- und Anlagenbaus arbeiten. Einen Schwerpunkt bildete der Einsatz von Soldaten in den Braunkohle- und Energiebetrieben der DDR. Die NVA-Angehörigen hielten quasi die marode DDR-Wirtschaft „am Laufen" und halfen, wichtige Exportpläne zu erfüllen.

Im Kontext außen- und friedenspolitischer Aktivitäten der SED sowie wirtschaftlicher Notwendigkeiten kündigte SED-Chef Erich Honecker Anfang 1989 überraschend an, die ostdeutschen Streitkräfte zu reduzieren. Danach sollten die NVA einseitig um 10.000 Mann verkleinert sowie sechs Panzerregimenter und ein Fliegergeschwader aufgelöst werden. 600 Panzer und 50 Kampfflugzeuge vom Typ MiG-21 waren außer Dienst zu stellen, umzurüsten beziehungsweise zu verschrotten. Zugleich sollten die Verteidigungsausgaben um zehn Prozent verringert und die Streitkräftestruktur auf einen noch strikteren Verteidigungscharakter umgestellt werden. Im Rahmen internationaler Vereinbarungen hatten bereits zuvor Offiziere der NVA erstmals als Beobachter an einer Übung in der Bundesrepublik teilgenommen und Bundeswehroffiziere zur Manöverbeobachtung in der DDR geweilt. Im Frühjahr 1989 begannen im ostdeutschen Militär Umstrukturierungen, die alle Teilstreitkräfte sowie die Grenztruppen der DDR betrafen. Konkret aufgelöst wurden bis zum Herbst 1989 das Jagdfliegergeschwader-7 Drewitz mit dem Fliegertechnischen Bataillon-7 und dem Nachrichten- und Flugsicherungsbataillon-7, das Panzerregiment-4 Gotha, das Panzerregiment-11 Sondershausen, das Panzerregiment-16 Großenhain, das Panzerregiment-1 Beelitz, das Panzerregiment-8 Goldberg und das Panzerregiment-23 in Stallberg. An den bisherigen Standorten der Regimenter entstanden sogenannte Ausbildungsbasen und Arbeitskommandos, die künftig vor allem als Basis für den Einsatz in der Volkswirtschaft dienen sollten. Die grundlegenden, nach wie vor offensivfähigen Streitkräftestrukturen blieben im Wesentlichen weiter erhalten.

Mützenembleme, Schirmmützen, Kragenspiegel, Ärmelarabesken und Schulterstücke für Generale, 1980er-Jahre

DIE STREITKRÄFTE DER DDR UNTER ULBRICHT UND HONECKER (1956–1989)

NVA-Angehörige legen den neuen
Fahneneid ab, 20. Juli 1990

Dem Ende entgegen (1989/90)

Am Ende des Jahrzehnts befanden sich die DDR und die NVA in einer tiefen Krise. Die friedliche Revolution vom Herbst 1989 fegte die SED-Diktatur hinweg. Der Kalte Krieg endete. Für die NVA gab es in einem wiedervereinten Deutschland keine Zukunft.

Einsatz gegen Demonstranten? – Die NVA im Herbst 1989

Im Spätsommer 1989 war die Situation in der NVA und den Grenztruppen mehr als angespannt. Selbst der Armeeführung war inzwischen nicht entgangen, dass es in der Armee bis hinein in die Kreise der Berufssoldaten und SED-Mitglieder erheblich rumorte.

Verteidigungsminister Armeegeneral Heinz Keßler auf einer Kommandeurtagung der NVA, 22. September 1989
Es gibt auch Angehörige der NVA, der Grenztruppen und der Zivilverteidigung, die zu Grundfragen der Parteipolitik schwankende Positionen beziehen, unsere Gesellschaftsstrategie ablehnen und die Partei- und Staatsführung angreifen. So mussten wir uns seit dem 01.12.1988 im Ergebnis von Austritten, Streichungen und Ausschlüssen von 1466 Mitgliedern bzw. Kandidaten trennen, wobei insbesondere seit dem 01.07.1989 eine steigende Anzahl zu verzeichnen ist. Schwerpunkte dabei sind Zivilbeschäftigte und Berufsunteroffiziere.

Quelle: BArch, DVW 1/ 139433, Bl. 15

Jedoch gab es weder Lösungsvorschläge noch Gespräche mit Andersdenkenden und Kritikern innerhalb und außerhalb der Streitkräfte. Diese wurden vielmehr nach wie vor als von außen gesteuerte „konterrevolutionäre Elemente" diffamiert und kriminalisiert. Insbesondere in Ost-Berlin rechnete die SED-

Montagsdemonstration von Leipziger Bürgern für Reformen und freie Wahlen in der DDR, Herbst 1989

Führung Anfang Oktober 1989 mit Aktivitäten des „Klassengegners" gegen die Staatsgrenze. Hier wie auch an der Grenze der DDR zur Bundesrepublik erfolgte daher kurz vor dem 7. Oktober die Einführung der verstärkten Grenzsicherung, die der Stufe der „Erhöhten Gefechtsbereitschaft" der NVA ähnelte und eine Erhöhung der Postendichte bedeutete. Insgesamt verschärfte sich das Grenzregime.

Die Furcht vor Auseinandersetzungen mit vorgeblich „konterrevolutionären" Gruppen wuchs im Vorfeld des 40. Jahrestages der DDR weiter an. Die SED-Führung sah nun ihre Macht bedroht. Sie ließ daher ein Großaufgebot an Sicherheitskräften bereitstellen, um die „Ordnung" im Land nicht nur aufrechtzuerhalten, sondern diese notfalls auch mit Gewalt durchzusetzen. Befehle des Verteidigungsministers und andere Vorkehrungen deuteten darauf hin, dass dazu auch NVA-Truppen in einem bisher nicht dagewesenen Maße herangezogen werden sollten. Die friedlichen Demonstranten in vielen Städten der DDR, vor allem in Leipzig, ließen sich dadurch jedoch kaum beeindrucken und gingen weiterhin auf die Straße, um mehr Freiheit und Demokratie einzufordern.

Militärparade der NVA zum 40. Jahrestag der DDR, 7. Oktober 1989

Aus dem Befehl Nr. 105/89 des Ministers für Nationale Verteidigung, 27. September 1989

Durch die Nationale Volksarmee und die Grenztruppen der DDR sind in der Zeit vom 06.10.1989, 06.00 Uhr, bis 09.10.1989, 06.00 Uhr, folgende Kräfte und Mittel als Reserven vorzubereiten und in Bereitschaft zu halten Durch den Stellvertreter des Ministers und Chef des Hauptstabes
- *Ein Einsatzkommando (200 Mann) des Wachregiments 2 in erhöhter Gefechtsbereitschaft*

DEM ENDE ENTGEGEN (1989/90)

Polizei geht mit dem Schlagstock gegen Demonstranten in Leipzig vor, 7. Oktober 1989

Durch den Stellvertreter des Ministers und Chef der Landstreitkräfte
- *Ein Mot. Schützenbataillon (350 Mann) des Mot. Schützenregiments 2 im Standort Stahnsdorf in erhöhter Gefechtsbereitschaft*
- *Eine Fallschirmjägerkompanie des Luftsturmregiments 40 im Standort Lehnin in erhöhter Gefechtsbereitschaft*

Durch den Stellvertreter des Ministers und Chef der Luftstreitkräfte und Luftverteidigung
- *Eine Hubschrauberstaffel (6 Hubschrauber Mi-8TB) mit Kräften und Mitteln der fliegerischen Sicherstellung aus dem Bestand des Transporthubschraubergeschwaders 34 auf dem Flugplatz Brandenburg/Briest in der Bereitschaftsstufe 3*

Durch den Stellvertreter des Ministers und Chef der Grenztruppen der DDR
- *Einsatzeinheiten in einer Gesamtstärke von 400 Mann*
- *Ein Tauchertrupp im Objekt des Grenzregiments 36*

Durch den Stadtkommandanten der Hauptstadt der DDR, Berlin,
- *Ein Einsatzkommando (300 Mann) des Wachregiments in erhöhter Gefechtsbereitschaft*

Quelle: BArch, DVW 1/67081

Anfang Oktober wurde in weiteren Teilen der Armee die Stufe „Erhöhte Gefechtsbereitschaft" ausgelöst. Dies ließ in der Truppe die Unsicherheit und Angst wachsen. Ein bewaffneter Einsatz der NVA gegen das eigene Volk war nicht auszuschließen. Zur Unterstützung der Sicherheitsorgane, also von Volkspolizei und MfS, entschloss sich die Armeeführung Anfang Oktober 1989, nichtstrukturmäßige Hundertschaften in der Armee zu bilden, die allerdings in der zweiten Reihe stehen sollten.

Die ersten NVA-Hundertschaften entstanden unmittelbar nach den Ereignissen am Dresdener Hauptbahnhof am 3. und 4. Oktober 1989 im Bezirk

Dresden, als sich dort tausende Menschen versammelt hatten, die für ihre Ausreise demonstrierten. Offizierhörer der Militärakademie Dresden, junge Offizierschüler der Offizierhochschulen in Löbau, Kamenz und Bautzen sowie Kräfte der 7. Panzerdivision bildeten die personelle Basis der neuformierten Hundertschaften. Sie wurden anfangs noch mit ihren persönlichen Waffen – Maschinenpistole Kalaschnikow und Pistole Makarow – sowie mit der dazugehörigen Munition ausgestattet und eingesetzt. Am 6. Oktober zog man diese Ausrüstung wieder ein und befahl von diesem Zeitpunkt an DDR-weit die Ausrüstung der Einheiten mit Schlagstöcken und teilweise mit Schutzschilden. Ein Waffeneinsatz durch NVA-Angehörige sollte so unter allen Umständen vermieden werden. Im Prozess der Aufstellung der Einsatzkommandos lehnten 16 Armeeangehörige, darunter ein Offizier, den Einsatz ab.

Ein direktes Vorgehen von NVA-Hundertschaften gegen Demonstranten gab es nur vereinzelt. Am Abend des 6. Oktober verließen beispielsweise fünf Hundertschaften die „Armeeobjekte". Es kam in einem mehrstündigen Einsatz gemeinsam mit Polizeieinheiten zur Absperrung des Hauptbahnhofs Dresden. Bei den gewaltsamen Zusammenstößen gingen Polizisten mit Gummiknüppeln gegen protestierende Bürger vor, viele Demonstranten wurden festgenommen. In dieser Situation fungierte, aus einer Hundertschaft der NVA herausgelöst, eine Gruppe von Fernaufklärern der 7. Panzerdivision zeitweise als „Greiftrupp", um einzelne Demonstranten aus der Menge zu isolieren und hinter die Sperrkette der Volkspolizei zu bringen. Dies blieb offenbar die einzige direkte Konfrontation zwischen Soldaten und Demonstranten in Dresden. Auch an den Folgetagen wurden NVA-Hundertschaften zur Sicherung von Gebäuden beziehungsweise zum Beziehen von Bereitstellungsräumen in die Stadt beordert. Die Haltung der Vorgesetzten zum Einsatz von Truppen war dabei keineswegs einheitlich. Manche scheuten offenbar nicht davor zurück, auch Panzer gegen die Demonstranten einzusetzen, andere lehnten Gewalt gegen das Volk strikt ab.

Die publikumswirksame große Ehrenparade der NVA zum 40. Jahrestag der DDR am 7. Oktober 1989 in Ost-Berlin bildete eine weitere Nagelprobe für das gespannte Verhältnis zwischen Staat, Armee und Volk. Die Militärparade bestand aus 14 Marschblöcken mit insgesamt 2.050 Mann Fußtruppen, knapp 1.600 motorisierten Truppen, 1.500 Mann Sicherstellungstruppen und etwa 300 Angehörigen des Vereinigten Musikkorps und des Spielmannszuges. Im Technikblock paradierten unter anderem 17 Panzer T-72, 34 Schützenpanzer BMP, knapp 70 Schützenpanzerwagen sowie Kanonen, Haubitzen, Geschosswerfer und Raketenkräfte. Im Stadthafen von Rostock und auf der Warnow fand am 7. Oktober eine stehende Flottenparade statt. An ihr nahmen u. a. mehrere Küstenschutzschiffe, ein kleines Raketenschiff, Raketen- und Torpedoschnellboote, drei Hochsee-Minenabwehrschiffe und zwei Küsten-Minenabwehrschiffe teil. Beide NVA-Paraden waren deutliche Machtdemonstrationen der SED und „ihres" Militärs nach außen und nach innen. Die friedlichen Demonstranten in vielen Städten der DDR ließen sich dadurch jedoch kaum beeindrucken und gingen auch in der Folgezeit auf die Straße, um mehr Freiheit und Demokratie einzufordern.

Zumindest in Dresden entspannte sich aufgrund eines beginnenden Dialogs von Staatsmacht und Bürgern bald die Lage, so dass die Armee wieder in

Militärisches Zeremoniell zur Auflösung eines NVA-Panzerregiments, Oktober 1989

Flottenparade der Volksmarine in Rostock, 7. Oktober 1989

Der Generalsekretär des ZK der SED, Egon Krenz, ist neuer Staatschef, 24. Oktober 1989.

ihre Kasernen zurückkehren konnte. NVA-Hundertschaften traten im Oktober auch in Ost-Berlin, Karl-Marx-Stadt (Chemnitz), Plauen, Schwedt und vor allem in Leipzig, dem Zentrum der „Montagsdemonstrationen", in Erscheinung beziehungsweise wurden in diesen Räumen verfügbar gehalten.

Aus dem Bericht des Untersuchungsausschusses des Ministeriums für Nationale Verteidigung über den Einsatz von NVA-Hundertschaften in Leipzig, 15. März 1990

Beginnend in den Morgenstunden des 05.10.1989 wurden im Raum Leipzig 27 Hundertschaften gebildet. Für 15 Hundertschaften wurden Schlagstöcke zugeführt. Diese Mittel wurden zentral gelagert und nicht an den Mann ausgegeben. Als Aufgaben der Hundertschaften waren Absperrungen sowie Objektsicherungen (z. B. Hauptbahnhof, Hauptpostamt und Sender Leipzig) vorgesehen. [...] Zusätzlich zu den 27 Hundertschaften wurden vom 14.10.1989 abends bis 17.10.1989 drei Hundertschaften des Luftsturmregiments 40 in das Objekt des Artillerieregiments 3 Olbrichtstraße verlegt. Diese zeitweilig mit Schlagstöcken und Schilden ausgerüsteten Einheiten kamen wie die Einheiten des MB III nicht zum Einsatz.

Quelle: BArch, DVW 1/37601, Bl. 273f.

Insgesamt hielt die SED-Führung in der Zeit vom 4. Oktober bis zum 11. November 1989 zeitweise bis zu 183 NVA-Hundertschaften mit einer Personalstärke von rund 20.000 Mann einsatzbereit.

Am Abend des 9. November 1989 kündete das SED-Politbüromitglied Günter Schabowski auf einer Pressekonferenz an, dass ab sofort eine freie Ausreise für alle DDR-Bürger in den Westen möglich sei. Diese Aussage verbreiteten westliche Presseagenturen und Fernsehsender mit Meldungen wie „DDR öffnet Grenzen". So ergab sich für die Führung der DDR eine völlig neue Lage. Nur wenige Stunden nach Schabowskis Auftritt vor den Medien öffnete der MfS-Offizier Oberstleutnant Harald Jäger, der als stellvertretender Chef der Passkontrolleinheit an der Berliner Grenzübergangsstelle Bornholmer Straße Dienst tat, in eigener Verantwortung als Erster tatsächlich die Sperren. Die Situation war insgesamt sehr gefährlich, da niemand die „normale" Grenzsicherung außerhalb der Grenzübergangsstelle aufgehoben hatte. Zwar war die Anwendung der Schusswaffe bereits im Frühjahr 1989 strikt verboten worden, Auseinandersetzungen hätten dennoch rasch außer Kontrolle geraten können.

Der Stellvertreter des Ministers und Chef des Hauptstabes der NVA, Generaloberst Fritz Streletz

Erst nach und nach reagierten die verantwortlichen Führungskräfte in den Grenztruppen. Sie lösten die „Erhöhte Gefechtsbereitschaft" aus, unterstützten die Grenzübergangsstellen mit Personal und mobilisierten Reserven. Die ostdeutsche militärische Führung, der auch der Stellvertreter des Verteidigungsministers und Chef der Grenztruppen angehörte, wurde von der Maueröffnung während einer Kollegiumssitzung in Strausberg überrascht. Sie erhielt dort kaum Informationen und war dadurch gelähmt. Erst in den Morgenstunden des 10. November 1989 kamen einige verantwortliche Generale der NVA und anderer bewaffneter Kräfte der DDR zusammen, um sich in kleiner Runde mit den an der Grenze inzwischen geschaffenen Tatsachen auseinanderzusetzen. Diese „operative Gruppe" des Nationalen Verteidigungsrats unter Leitung des Chefs des Hauptstabes und Sekretärs des Nationalen Verteidigungsrats, Generaloberst Fritz Streletz, sollte Vorschläge erarbeiten, wie die komplizierte Lage an der Staatsgrenze der DDR beherrscht werden könnte. Dabei wurde offenbar auch eine Option besprochen, die den Einsatz von NVA-Truppen zur Stabilisierung der Lage beabsichtigte. Dies beschwor freilich nach den Oktoberereignissen erneut die Gefahr eines militärischen Einsatzes gegen die eigene Bevölkerung herauf. So erging gegen Mittag des 10. November 1989 eine mündliche Weisung des Verteidigungsministers an seinen Stellvertreter, den Chef der NVA-Landstreitkräfte, Generaloberst Heinz Stechbarth, im Raum Berlin stationierte Einheiten der NVA in „Erhöhte Gefechtsbereitschaft" zu versetzen. Waffen wurden verladen, die Wehrdienstleistenden hatten sich auf ihren Stuben aufzuhalten und weitere Befehle abzuwarten. Betroffen waren die 1. Mot. Schützendivision Potsdam mit über 10.000 Mann und das Lehniner Luftsturmregiment-40 (Fallschirmjäger) mit einer Sollstärke von zirka 1.500 Mann, eine Elite-Einheit der NVA.

Erstmals sollten die noch existierenden nicht strukturmäßigen NVA-Hundertschaften durch reguläre Kampfeinheiten ersetzt werden, die zudem „zufällig" speziell für den Stadtkampf beziehungsweise für die Zerschlagung kleinerer „gegnerischer" Gruppierungen „hinter der Front" ausgebildet und ausgerüstet waren. Der Spuk dauerte bis zum Mittag des nächsten Tages. Generaloberst Stechbarth erhielt dann die Weisung, die „Erhöhte Gefechtsbereitschaft" für die Truppen aufzuheben. Welche Faktoren dafür letztlich ausschlaggebend waren, lässt sich nicht mehr feststellen. Wahrscheinlich war man in der Armeeführung unsicher über den tatsächlichen Einsatzwillen der Armeeangehörigen. Die sowjetischen Truppen hatten zudem deutlich gemacht, ihre Kasernen nicht zu verlassen. Hinzu kam, dass selbst Vertreter aus der ministeriellen Armeeführung, allen voran Generaloberst Joachim Goldbach, sich erneut vehement gegen jeglichen Einsatz der NVA stellten und Hardliner wie Minister Keßler in die Schranken verwiesen. Goldbach und andere realistisch denkende Kräfte im Kollegium des Verteidigungsministeriums sprachen sich am selben Tag auf einer Parteiaktivtagung in Strausberg nochmals klar gegen einen militärischen Einsatz von NVA-Kräften aus.

Die Öffnung der Westgrenze verlief im Übrigen weniger hektisch. Das bisherige militärische Grenzsystem brach rasch zusammen. Damit kündigte sich das Ende des ostdeutschen Staates an. Armeegeneral Heinz Keßler legte am 17. November 1989 sein Ministeramt nieder. Eine Zeit der Krise, Verkrustung und Stagnation in der NVA ging zu Ende.

Der Stellvertreter des Ministers und Chef Technik und Bewaffnung der NVA, Generaloberst Joachim Goldbach

Auf Reformkurs – Demokratisierung und Neuorientierung in der Truppe

Neuer Mann an der Spitze der DDR-Volksarmee wurde der bisherige Ministerstellvertreter und Chef der Volksmarine, Vizeadmiral Theodor Hoffmann, der am 18. November 1989 das Amt übernahm und zugleich zum Admiral befördert wurde. Er legte Anfang Dezember 1989 mit dem Befehl Nr. 136/89 ein erstes zusammenfassendes gemeinsames Führungsdokument für die weitere Entwicklung der NVA und für die Grenztruppen vor. Es enthielt einen umfangreichen Katalog von Maßnahmen, die teilweise die alten festgefahrenen Strukturen und Vorschriften in den Streitkräften und den Grenztruppen aufbrachen. Diese Veränderungen reichten von der 5-Tage-Arbeitswoche für Berufssoldaten bis hin zur Absenkung des Grades der Gefechtsbereitschaft und der Aussetzung des Reservistenwehrdienstes. Der Befehl Nr. 136/89 bildete damit zweifellos einen Meilenstein des demokratisch orientierten Reformprozesses der NVA und der Grenztruppen.

Soldaten demonstrieren in einer Cottbuser Kaserne, Januar 1990

Notwendig war auch, die Grundsatzbefehle Nr. 100/89 und Nr.101/89 zu korrigieren, die noch von Minister Keßler im September 1989 für das neue Ausbildungsjahr 1989/90 festlegt worden waren. Admiral Theodor Hoffmann ließ beide Befehle überarbeiten. Hoffmann verstand seine Tätigkeit als Teil der Reformanstrengungen der neuen Regierung unter Ministerpräsident Hans Modrow. Dieser hatte in seiner Regierungserklärung vor der Volkskammer der DDR am 17. November 1989 unmissverständlich gefordert, die Militärdoktrin der DDR neu zu definieren, das Wehrgesetz neu zu fassen und einen Zivildienst einzuführen. Der Admiral nahm diese Gedanken auf und ließ ein konkretes Konzept für seinen Verantwortungsbereich erarbeiten.

Am 25. November 1989 hatte sich im Ministerium für Nationale Verteidigung die „Zentrale Arbeitsgruppe Militärreform" unter Leitung des Hauptinspekteurs der NVA, Generalleutnant Hans Süß, konstituiert. Ihre Hauptaufgabe sah die Arbeitsgruppe darin, Zweck und Auftrag der NVA vor dem Hintergrund einer eigenen Militärdoktrin und der weiter bestehenden Bündnisverpflichtungen neu festzulegen. Außerdem wollte man die Stellung der Volksarmee in der Gesellschaft überarbeiten sowie das innere Gefüge der NVA demokratisieren. Dies war mit vielen Schwierigkeiten verbunden. So standen an der Spitze von „Reformkommissionen" oftmals leitende Offiziere und Generale, die mitunter nicht wirklich reformwillig oder sogar reformunfähig waren. Manchen Offizieren gingen die geplanten Reformforderungen zu weit, weil sie alte Hierarchien und Gewohnheiten dadurch untergehen sahen, andere glaubten, die Armee in einen zivilen Diskutierklub verwandeln zu können.

Montagsdemonstration vor der Leipziger Oper, 6. November 1989

Dienstgradabzeichen, Ärmelstreifen und Abzeichen der Volksmarine

In der Truppe wurden die Aktivitäten der selbsternannten Militärreformer im Generals- und Offiziersrang aufmerksam verfolgt. Mit Skepsis und teilweiser Ablehnung reagierte die Basis vor allem darauf, dass man die Forderungen der einfachen Soldaten offensichtlich ignorierte. So fanden im Verteidigungsministerium solche Forderungen wie die Verkürzung der Wehrdienstzeit, die Einführung eines zivilen Wehrersatzdienstes, die Herabsetzung des Einberufungsalters, bessere Urlaubsregelungen, aber auch die Trennung von Partei und Armee sowie die Bildung unabhängiger, demokratischer Interessenvertretungen für die Armeeangehörigen noch kaum Beachtung.

Zur Jahreswende 1989/90 eskalierten die Verhältnisse in der Armee in einer Streikaktion von etwa 300 NVA Soldaten am Standort Beelitz. Der Beelitzer Soldatenrat unterbreitete dem Minister einen 24-Punkte-Forderungskatalog, der unter dem Motto „Die Demokratie darf nicht vor dem Kasernentor haltmachen!" stand. Zur Lösung der Probleme setzten sich Soldatenratsmitglieder und andere Sprecher der Soldaten, Vertreter der Kirchengemeinde und des „Neuen Forums" mit dem Verteidigungsminister Admiral Hoffmann zusammen. Dies führte dazu, dass sich das innere Gefüge der Armee verbesserte. Dies galt auch für die materielle und soziale Situation der Soldaten. Hierzu zählte vor allem die Reduzierung der Dauer der Wehrpflicht von bisher 18 auf zwölf Monate. Manche der dem Minister abgerungenen Zugeständnisse bereiteten allerdings der weiteren Aufrechterhaltung eines einigermaßen geordneten Dienstablaufs große Schwierigkeiten. Einige Kommandeure weigerten sich daher, die Ministerweisungen bekanntzugeben und umzusetzen. Sogar von einem Militärputsch war die Rede. Verteidigungsminister Hoffmann wandte sich scharf gegen solche Gedanken und Vorstellungen. Für ihn stand fest, dass die NVA nicht zu einem Sicherheitsrisiko für den weiteren Verlauf des politischen Umbruchs werden durfte. Hoffmann forderte vielmehr die Kommandeure aller Stufen auf, den Dialog mit den Bürgern auf der Straße und in der Kirche zu suchen und soweit als möglich mit ihnen zusammenzuarbeiten.

Geplante neue Uniformen für die NVA (ab 1991); hier Dienst-, Stabsdienst- und Paradeuniform für Generale

Struktur und personelle Stärke der NVA, 1. Januar 1990
Landstreitkräfte mit einer Soll-Stärke von 99.300 Armeeangehörigen und 229 Führungsorganen, 9 Verbänden, 142 Truppenteilen, 39 Lehreinrichtungen, 54 Einheiten und 145 Einrichtungen, unter anderem:
2 Raketenbrigaden, 2 Artillerieregimenter, 2 Fla-Raketenregimenter, 2 Kampfhubschraubergeschwader und weitere Truppenteile und Einheiten, die den beiden Militärbezirken direkt unterstellt waren; 4 Mot. Schützendivisionen und 2 Panzerdivisionen mit 14 Mot. Schützenregimentern und 4 Panzerregimentern.
Zum Bestand jeder Division gehörten 1 Artillerieregiment, 1 Fla-Raketenregiment, 1 Raketenabteilung, 1 Geschosswerferabteilung, 1 Panzerjägerabteilung sowie Unterstützungs- und Sicherstellungstruppen

Luftstreitkräfte und Luftverteidigung mit einer Soll-Stärke von 34.200 Armeeangehörigen und 2 Führungsorganen, 2 Verbänden, 58 Truppenteilen, 12 Lehreinrichtungen, 17 Einheiten und 70 Einrichtungen, unter anderem:
Front- und Transportfliegerkräfte mit 2 Jagdbombenfliegergeschwadern und 2 taktischen Aufklärungsfliegerstaffeln, 1 Transportfliegergeschwader, 1 Transporthubschraubergeschwader sowie 2 Transportfliegerstaffeln
2 Luftverteidigungsdivisionen mit 5 Jagdfliegergeschwadern, 27 Fla-Raketenabteilungen in ständiger Bereitschaft und 14 im verkürzten Bestand sowie 7 Bataillone der Funktechnischen Truppen

Volksmarine mit einer Soll-Stärke von 14.100 Armeeangehörigen und 1 Führungsorgan, 3 Verbänden, 29 Truppenteilen, 5 Lehreinrichtungen, 25 Einheiten, 52 Einrichtungen
Überwasserkräfte mit 1 Flottille der Stoßkräfte und 2 Sicherstellungsflottillen. Dazu Marinefliegerkräfte, Küstenraketentruppen, Funkelektronische Truppen, Rückwärtige Dienste, Seehydrografischer Dienst

Zentrale Truppen, die dem Ministerium für Nationale Verteidigung direkt unterstellt sind, mit 4 Führungsorganen, 2 Verbänden, 25 Truppenteilen, 13 Lehreinrichtungen, 5 Einheiten und 174 Einrichtungen.

Zu den wichtigsten Ergebnissen der Militärreform gehörte zweifellos der endgültige Zusammenbruch der SED-Organisation und des Politapparates innerhalb der Armee. Damit wurde die Vorherrschaft der Partei und die Grundlage einseitiger ideologischer Indoktrination formal beseitigt und der Versuch unternommen, demokratisch-rechtsstaatliche Strukturen, die einem modernen Wehrwesen gerecht wurden, in die NVA einzuführen. Die vorhandenen Demokratiedefizite bei Vorgesetzten und Unterstellten bauten sich aber nur schrittweise ab.

Von Bedeutung war auch, dass im Rahmen sogenannter „Runder Tische" seit Anfang 1990 eine Reihe von Gesetzentwürfen entstanden, die beispielsweise das neue Wehrdienstgesetz sowie das Gesetz über den Zivildienst betreffen. Mit dem Zivildienstgesetz erhielten erstmals in der Geschichte der DDR

Erste Nummer der Zeitung „Militärreform", Januar 1990

Loch in der Mauer vor dem
Reichstag in Berlin, Januar 1990

Abbau von Grenzanlagen an der Glienicker Brücke zwischen Potsdam und West-Berlin

männliche Bürger das Recht, Zivildienst zu leisten. Die Dauer des Dienstes betrug, wie bei Wehrpflichtigen, zwölf Monate. Eine Gewissensprüfung fand nicht statt. Die ebenfalls an den „Runden Tischen" diskutierten neuen „Militärpolitischen Leitsätze der DDR" bezeichneten die NVA nunmehr als „eine Armee des ganzen Volkes und Teil des Volkes" der DDR. Die Streitkräfte sollten künftig weder parteipolitisch noch weltanschaulich gebunden sein. Ein militärischer Einsatz der Armee nach innen wurde definitiv ausgeschlossen.

Die Auswirkungen des Umbruchs und der Reformen in der NVA zeigten natürlich auch unmittelbare Auswirkungen auf die Armeeangehörigen. Vorwiegend durch Entlassungen verringerte sich von Anfang Dezember 1989 bis Mitte Februar 1990 die Personalstärke auf zirka 75 Prozent. Persönliche Unsicherheit, Ängste und Werteverluste führten zu Lethargie, Motivationsverlusten und einer sinkenden Disziplin in der Truppe. Mitte März 1990 hatte der Ausschuss zur Untersuchung von Fällen von Amtsmissbrauch, Korruption und persönlicher Bereicherung in der NVA und den Grenztruppen der DDR seinen Abschlussbericht vorgelegt und eine Reihe ehemaliger Führungskader belastet, was zusätzlichen Unmut bei den meisten Soldaten, Unteroffizieren und Offizieren hervorrief. Im Frühjahr 1990 machten die sich abzeichnenden politischen Veränderungen, vor allem die sich anbahnende deutsche Wiedervereinigung, deutlich, dass die Militärreform in der DDR langsam versandete.

Personal der NVA und der Grenztruppen, März 1990	
Ministerium und zentrale Truppen	17.500
Landstreitkräfte	81.000
LSK/LV	26.500
Volksmarine	10.000
Grenztruppen	28.000
Gesamt	163.000
Zivilbeschäftigte NVA/Grenztruppen	35.800

DEM ENDE ENTGEGEN (1989/90)

„Auflösen – ohne Rest"? – Die Deutsche Einheit und das endgültige Aus der DDR-Volksarmee

Bundeskanzler Helmut Kohl (Mitte) mit Außenminister Hans-Dietrich Genscher (links) und Michail Gorbatschow (3. v. r.) im Kaukasus, 15. Juli 1990

Mit dem Votum für eine von der CDU geführte Regierung am 18. März 1990 stimmten die Menschen in der DDR – erstmals frei und demokratisch – zugleich für die deutsche Einheit. Auch in der NVA und in den Grenztruppen verfolgte inzwischen die große Mehrheit der Soldaten und Offiziere dieses Ziel. Zum „Minister für Abrüstung und Verteidigung der DDR" im Kabinett von Ministerpräsident Lothar de Maizière (CDU) wurde im April der ehemalige Bausoldat der NVA Rainer Eppelmann berufen. Mit Eppelmann stand erstmalig ein Zivilist an der Spitze der Streitkräfte. Er wollte aus der SED-Armee eine Bürgerarmee machen.

Aus der Rede des Minister für Abrüstung und Verteidigung Rainer Eppelmann, 2. Mai 1990
Mit der Regierungserklärung von Lothar de Maiziére, aber auch mit meinen Äußerungen der zurückliegenden Tage ist wohl eindeutig zum Ausdruck gekommen, dass wir die Nationale Volksarmee brauchen, dass der Wehrdienst wie jeder andere Dienst am Gemeinwohl nach wie vor seinen Sinn macht.

Quelle: Militärreform in der DDR, 17/1990.

Dazu stellte er nach seiner Berufung eine rein zivile Führung für sein neu strukturiertes Ministerium für Abrüstung und Verteidigung zusammen, die unter anderem aus drei Staatssekretären, einem Soldaten- und einem Umweltbeauftragten bestand. Erster „Chef der NVA" und damit oberster Soldat wurde Admiral Theodor Hoffmann.

Im Mai 1990 legte ein Regierungsbeschluss die künftigen Aufgaben und Strukturen, die personelle Stärke und den Bestand an Hauptwaffensystemen

Führungsstellenbesetzung im Ministerium für Abrüstung und Verteidigung, April 1990 (Auswahl)	
Rainer Eppelmann	Minister für Abrüstung und Verteidigung der DDR
Werner E. Ablaß	Stellv. des Ministers und Staatssekretär
Dr. Bertram Wieczorek	Parlamentarischer Staatssekretär
Frank Marczinek	Staatssekretär für Abrüstung
Michael Hahn	Soldatenbeauftragter
Klaus Gille	Umweltbeauftragter
Admiral Theodor Hoffmann	Chef der NVA
Generalleutnant Manfred Grätz	Chef des Hauptstabes
Generalleutnant Horst Skerra	Chef der Landstreitkräfte
Generalleutnant Rolf Berger	Chef der LSK/LV
Vizeadmiral Hendrik Born	Chef der Volksmarine
Generalmajor Klaus Listemann	Chef Ausbildung
Vizeadmiral Hans Hofmann	Chef Sicherstellung

Abrüstung: Ausgemusterte Panzer T-54 und T-55 vor ihrer Verschrottung

der NVA fest. Die Streitkräfte sollten als Ausbildungs- und Basisarmee für die Mobilmachungsentfaltung mit gefechtsbereiten Truppenteilen und Einrichtungen zur Lösung von Aufgaben im Diensthabenden System umstrukturiert werden. Die Friedens-Soll-Stärke der NVA betrug am 1. Juni 1990 rund 168.000 Mann. Sie sollte auf 100.000 Armeeangehörige und 45.000 Zivilbeschäftigte begrenzt werden. Im Mobilmachungsfall war eine Stärke von zirka 250.000 Mann vorgesehen. Die Grobstruktur von Landstreitkräften, Truppen der Luftverteidigung, Volksmarine und zentralen Truppen und Einrichtungen blieb bestehen. Geplant war unter anderem, keine Panzertruppen mehr zu bilden, sondern stattdessen einheitliche mechanisierte Brigaden, die sich aus mot. Schützen- und Panzereinheiten zusammensetzten. Die Truppen der Luftverteidigung sollten aus zwei Luftverteidigungsdivisionen und einer Luftverteidigungs-Unterstützungsdivision bestehen. Die Volksmarine sollte eine Flottille Raketenkräfte, eine Flottille Sicherungskräfte, zwei Küstenverteidigungsbrigaden sowie Marineflieger- und Hubschrauberkräfte in ihrem Bestand haben. Ziel der Gefechtsausbildung in der NVA war es, die Stäbe, Truppen und Kräfte vor allem zur Defensive zu befähigen. Die staatsbürgerliche Arbeit sollte die Integration der Streitkräfte in die Gesellschaft befördern. Die vorhandenen Waffensysteme sollten zum Teil drastisch reduziert, die Zahl der Panzer beispielsweise halbiert werden. In der verkleinerten NVA sollte die Wehrpflicht beibehalten und die Konversion konsequent weitergeführt werden. Für Teile der Grenztruppen war vorgesehen, ab Mai 1990 in Form eines Grenzschutzes in die Verantwortung des Innenministeriums überzugehen. Am 1. Juli 1990 stellte die DDR die Personenkontrollen an den Grenzübergangsstellen zur Bundesrepublik und zu West-Berlin ein.

Spätestens seit dem Frühsommer 1990 stand vor dem Hintergrund der deutschen Einheit die Frage im Raum, was aus der NVA werden soll: Behielten die DDR-Streitkräfte ihre Eigenständigkeit, könnten sie mit der Bundeswehr zusammenwachsen oder gar gänzlich untergehen?

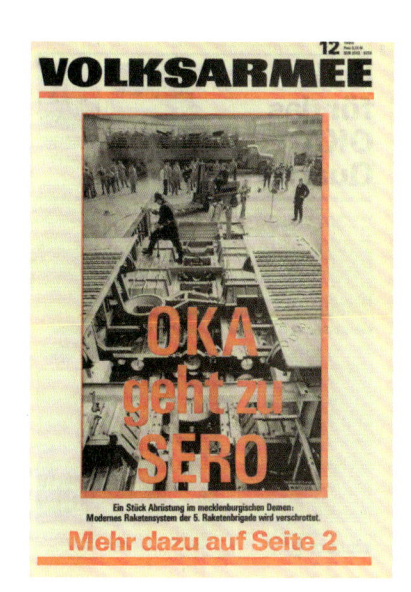

Titelblatt der Armee-Zeitung zur Verschrottung operativ-taktischer Raketen „OKa" (SS-23) in der NVA, 1990

DEM ENDE ENTGEGEN (1989/90)

Der Minister für Abrüstung und Verteidigung, Rainer Eppelmann (rechts), und der Chef der NVA, Admiral Theodor Hoffmann, besuchen die Volksmarine, Juni 1990

Der Minister und die führenden Militärs in Ost-Berlin und Strausberg favorisierten eine mehrjährige Übergangsfrist, in der eine reduzierte NVA als ostdeutsche Territorialarmee weiterbestehen sollte. Allerdings wollte man sich schrittweise aus dem Warschauer Vertrag zurückzuziehen. Mit dem am 26. April 1990 von der Volkskammer beschlossenen Gesetz zur Änderung des Wehrdienstgesetzes erhielt der Fahneneid der NVA eine neue Fassung.

Fahneneid der NVA, 26. April 1990
Ich schwöre, getreu dem Recht und den Gesetzen der Deutschen Demokratischen Republik meine militärischen Pflichten stets diszipliniert und ehrenhaft zu erfüllen. Ich schwöre, meine ganze Kraft zur Erhaltung des Friedens und zum Schutz der Deutschen Demokratischen Republik einzusetzen. Quelle: BArch, DVW 1/44497

Die NVA-Angehörigen, in erster Linie Berufs- und Zeitsoldaten, wurden am 20. Juli auf den neuen Fahneneid vereidigt, dem Jahrestag des Attentats auf Adolf Hitler. Erst die Festlegungen zwischen Helmut Kohl und Michail Gorbatschow über die gesamtdeutsche Mitgliedschaft in der NATO machten allen Spekulationen über die weitere Existenz einer separaten ostdeutschen Armee ein Ende. Die Obergrenze der vereinten deutschen Streitkräfte wurde auf 370.000 Mann fixiert. Die sowjetischen Truppen in der DDR, die 1989 den Namen „Westgruppe der Truppen (WGT)" erhalten hatten, sollten Deutschland bis 1994 verlassen.

Aus der Erklärung von Bundeskanzler Helmut Kohl zur Unterzeichnung des Zwei-plus-Vier-Vertrages, 12. September 1990
Das Dokument über die äußeren Aspekte der deutschen Vereinigung spiegelt in umfassendem Maße unsere Verhandlungsziele:
1. Die volle Souveränität unseres Landes wird hergestellt

2. Das schließt unsere Entscheidungsfreiheit über die Zugehörigkeit zu einem Bündnis unserer Wahl ein
3. Für den Abzug der sowjetischen Streitkräfte vom Gebiet der heutigen DDR wird ein verbindlicher Zeitplan festgelegt, nämlich bis zum 31. Dezember 1994.

Quelle: www. Chronik-der-Mauer.de (7.4.2014)

Mitte August 1990 nahm eine Verbindungsgruppe des Bundesministeriums der Verteidigung mit 20 Mitarbeitern ihre Arbeit in Strausberg auf. Sie bereitete die Abwicklung der NVA nach der Wiedervereinigung vor. Wichtige Festlegungen enthielt bereits der am 31. August 1990 unterzeichnete Einigungsvertrag. So verloren NVA-Angehörige den Anspruch, ihren letzten Dienstgrad mit dem Zusatz a.D. (außer Dienst) zu führen und galten darüber hinaus als „gedient in fremden Streitkräften". Neben der Konversion, die mit umfangreichen Waffenverkäufen ins Ausland verbunden war, setzte sich auch der Personal- und Stellenabbau weiter fort. Die Offizierausbildung wurde ebenso eingestellt wie die staatsbürgerliche Arbeit in der Truppe. Alle weiblichen NVA-Angehörigen, ausgenommen Offiziere des Medizinischen Dienstes, erhielten ihre Entlassung. Berufsoffiziere, Fähnriche und Berufsunteroffiziere über 55 Jahre sollten aus den Streitkräften ausscheiden. Am 28. September verabschiedete man die letzten Generale und Admirale der NVA aus dem aktiven Dienst. Zuvor gab es im Ministerium nochmals personelle Veränderungen. Mit Wirkung vom 15. September 1990 besetzte Rainer Eppelmann einige führende militärische Dienststellungen neu. So wurden u.a. neu ernannt und mit der Führung beauftragt Generalmajor Lothar Engelhardt als Chef der NVA, Generalmajor Michael Schlothauer als Chef des Hauptstabes, Generalmajor Olivier Anders als Chef Sicherstellung sowie Generalmajor Hans-Christian Reiche als Chef der Landstreitkräfte.

Die meisten NVA-Berufssoldaten hatten inzwischen erkannt, dass sie keine Lobby in der Gesellschaft besaßen und sich nach einer neuen beruflichen Tätigkeit umsehen mussten. Unmut und Enttäuschung über den „Verrat" der politischen Armeeführung wurden in der Truppe allerorts öffentlich. Auch im Westen waren sie nicht überall willkommen. Die Bundeswehr sei kein Refugium für militärische Führer, die freiwillig in einem „Repressionsinstrument einer kriminellen Diktatur" gedient hätten. Dennoch setzten die NVA-Soldaten ihren Dienst loyal fort und sorgten dafür, dass Waffen und Ausrüstungen ge-

400 Berufsoffiziere der NVA werden in Strausberg neu vereidigt, 20. Juli 1990

Die NVA tritt ab: Letzter Wachaufzug, 26. September 1990

sichert wurden und nicht in falsche Hände gerieten. Insofern zeigte sich die DDR-Volkarmee bis zuletzt als eine „kontrollierte und berechenbare Streitkraft".

Auszug aus dem Einigungsvertrag, der am 20. September 1990 von der DDR-Volkskammer und dem Deutschen Bundestag angenommen wurde

§ 4 (1) Die nach dem bisherigen Recht der Deutschen Demokratischen Republik bestehenden soldatischen Rechte und Pflichten der Soldaten der ehemaligen Nationalen Volksarmee sind erloschen. [...]

§ 4 (3) Der Bundesminister der Verteidigung bestimmt, welchen Dienstgrad sie vorläufig führen dürfen. Er berücksichtigt dabei Vorbildung, Ausbildung, Dienstzeiten, Laufbahnzugehörigkeit und Funktionen in der Nationalen Volksarmee und setzt sie in Beziehung zur dienstgradgerechten Verwendbarkeit in der Bundeswehr. [...]

§ 7 (1) Ein Soldat auf Zeit oder Berufssoldat der ehemaligen Nationalen Volksarmee ist zu entlassen, wenn er dies beantragt. Ein Soldat auf Zeit ist zu entlassen, wenn die festgesetzte Dienstzeit endet. Ein Berufssoldat kann entlassen werden, wenn er die nach bisherigem Recht geltende Mindestdienstzeit erreicht oder überschritten hat. Ein Soldat auf Zeit oder Berufssoldat kann ferner entlassen werden,

1. *wenn er wegen mangelnder fachlicher Qualifikation oder persönlicher Eignung den Anforderungen nicht entspricht,*
2. *wenn er wegen mangelnden Bedarfs nicht mehr verwendbar ist oder*
3. *wenn die bisherige Beschäftigungsdienststelle ganz oder teilweise aufgelöst wird oder bei Verschmelzung, Eingliederung oder wesentlicher Änderung ihres Aufbaus die bisherige oder eine anderweitige Verwendung nicht mehr möglich ist. [...]*

§ 7(2) Ein Soldat auf Zeit oder Berufssoldat der ehemaligen Nationalen Volksarmee ist zu entlassen, wenn er

1. *gegen die Grundsätze der Menschlichkeit oder Rechtsstaatlichkeit verstoßen hat, insbesondere die im Internationalen Pakt über bürgerliche und politische Rechte vom 19. Dezember 1966 gewährleisteten Menschenrechte oder die in der Allgemeinen Erklärung der Menschenrechte vom 10. Dezember 1948 enthaltenen Grundsätze verletzt hat oder*
2. *für das frühere Ministerium für Staatssicherheit/Amt für Nationale Sicherheit tätig war und dadurch eine Fortsetzung des Dienstverhältnisses unzumutbar erscheint.*

Quelle: www.gesetze-im-Internet.de (05.05.2014)

Die Grenztruppen der DDR sind aufgelöst, September 1990

Parallel zu den am 12. September abgeschlossenen Zwei-plus-Vier-Gesprächen verhandelte die DDR über den Austritt aus dem östlichen Bündnis. Damit verbunden war eine Vielzahl unterschiedlichster Maßnahmen und Aktivitäten. Die sensitive Technik und Bewaffnung im Wert von fast einer halben Milliarde DDR-Mark übergab man der UdSSR kostenlos als Ausgleich und Verrechnung von Forderungen. Die letzten Regelungen zum Übergang der NVA in die Bundeswehr wurden mit einem Befehl des Ministers vom 21. September über die „Aufgaben der NVA im Zusammenhang mit der Bildung gesamtdeutscher Streitkräfte" geschaffen. Danach sollte am Tag vor der Herstellung der Deutschen Einheit der Tagesbefehl des Ministers verlesen, die Truppenfahne eingeholt und die Dienstflagge eingezogen werden.

Admiral Theodor Hoffmann meldete schließlich die NVA, die fast 35 Jahre zu den zuverlässigsten Stützen des Bündnisses gehört hatte, Anfang September 1990 beim Oberkommandierenden der Vereinten Streitkräfte des Pakts ab. Am 24. September, mit der Unterzeichnung des Protokolls über die Herauslösung der NVA aus der Militärorganisation der Warschauer Vertragsorganisation, ging die Geschichte der NVA als Koalitionsarmee zu Ende. Mit der Herstellung der Deutschen Einheit am 3. Oktober 1990, 00:00 Uhr, existierte die Nationale Volksarmee der Deutschen Demokratischen Republik nicht mehr.

Einrollen der Truppenfahnen, 2. Oktober 1990

DEM ENDE ENTGEGEN (1989/90)

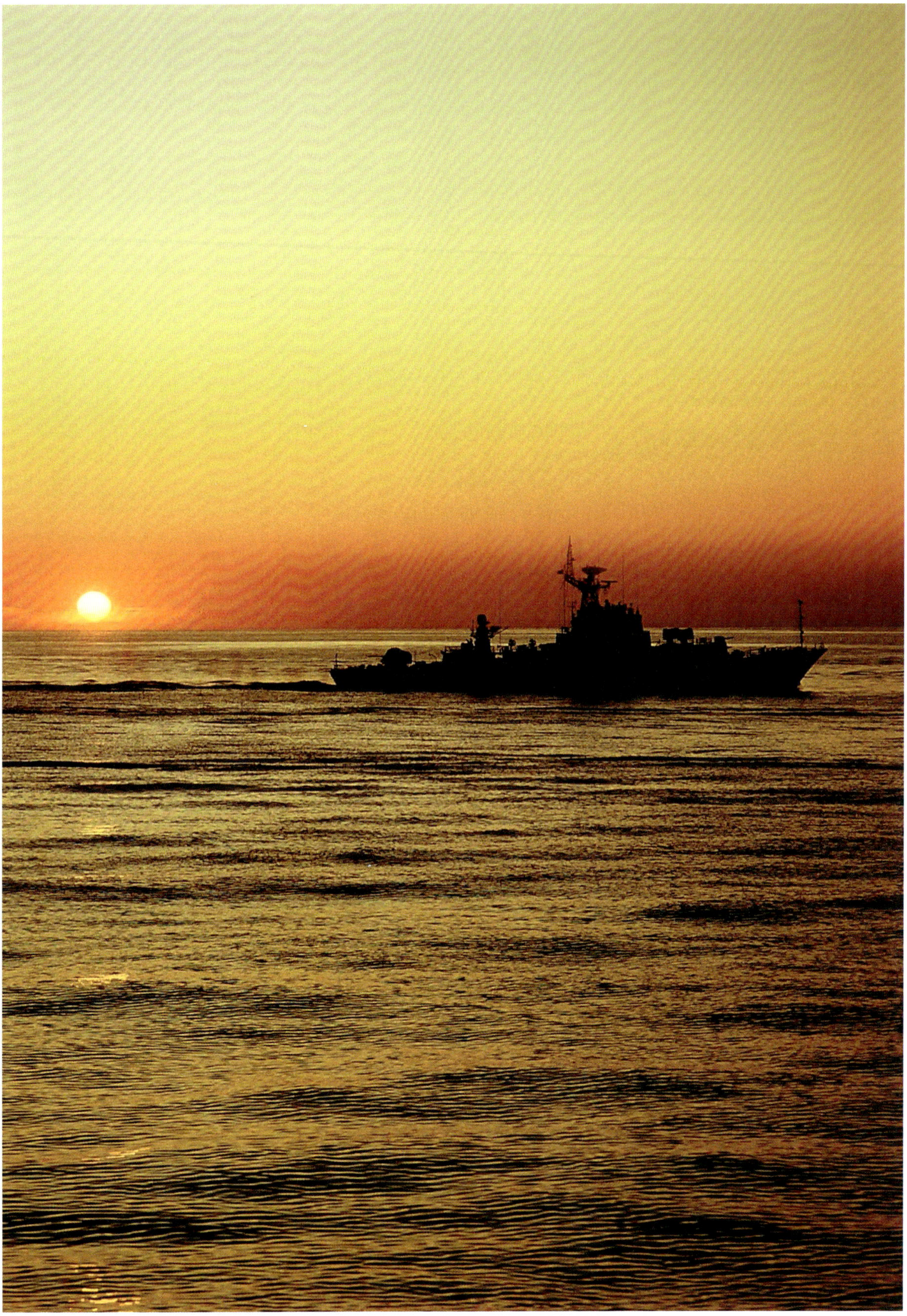

Anhang

Abkürzungsverzeichnis

AD	Artilleriedivision	GMS	Gesellschaftlicher Mitarbeiter für Sicherheit
a. D.	außer Dienst	GS	Gefechtsstand
ASV	Armeesportvereinigung Vorwärts	GSBT	Gruppe der Sowjetischen Besatzungstruppen
Aufl.	Auflage	GSSD	Gruppe der Sowjetischen Streitkräfte in Deutschland
AZ	Ausbildungszentrum		
AZN	Archivzugangsnummer	GST	Gesellschaft für Sport und Technik
BA-MA	Bundesarchiv-Militärarchiv	GT	Grenztruppen
B-Arbeit	Berechnungsarbeit	GWD	Grundwehrdienst
BArch	Bundesarchiv	GWDL	Grundwehrdienstleistender
Bd	Band	HA	Hauptabteilung
BDVP	Bezirksbehörde der Deutschen Volkspolizei	ha	Hektar
Bl.	Blatt	Hrsg.	Herausgeber
Brig.	Brigade	HV	Hauptverwaltung
BS	Bausoldat	HVA	Hauptverwaltung Ausbildung
BStU	Bundesbeauftragte(r) für die Unterlagen des Staatssicherheitsdienstes der ehemaligen DDR	HV A	Hauptverwaltung Aufklärung (des MfS)
		HVDGP	Hauptverwaltung Deutsche Grenzpolizei
		HVDVP	Hauptverwaltung Deutsche Volkspolizei
BU	Berufsunteroffizier	HVL	Hauptverwaltung Luftpolizei
CDU	Christlich-Demokratische Union	HVS	Hauptverwaltung Seepolizei
ČSSR	Tschechoslowakische Sozialistische Republik	i. G.	im Generalstab
		IM	Inoffizieller Mitarbeiter (des MfS)
ČVA	Tschechoslowakische Volksarmee	INF	Intermediate Nuclear Forces
d. R.	der Reserve	JBFD	Jagdbombenfliegerdivision
DD	Dienst für Deutschland	JFD	Jagdfliegerdivision
DDR	Deutsche Demokratische Republik	Kdo	Kommando
DEFA	Deutsche Film-Aktiengesellschaft	Kdr	Kommandeur
DGP	Deutsche Grenzpolizei	Kdt	Kommandant
DHJ	Diensthalbjahr	Kfz.	Kraftfahrzeug
DHS	Diensthabendes System	KL	Komplexlager
DV	Dienstvorschrift	KPD	Kommunistische Partei Deutschland
DVdI	Deutsche Verwaltung des Innern	KPdSU	Kommunistische Partei der Sowjetunion
DVP	Deutsche Volkspolizei	KSZE	Konferenz für Sicherheit und Zusammenarbeit in Europa
EDV	Elektronische Datenverarbeitung		
EG	Erhöhte Gefechtsbereitschaft	KVP	Kasernierte Volkspolizei
EK	Entlassungskandidat	KW	Kilowatt
EVG	Europäische Verteidigungsgemeinschaft	LaSK	Landstreitkräfte
FDGB	Freier Deutscher Gewerkschaftsbund	LSK	Luftstreitkräfte
FDJ	Freie Deutsche Jugend	LSK/LV	Luftstreitkräfte/ Luftverteidigung
Fla	Flugabwehr	LTS	Leichtes Torpedoschnell (boot)
FRK	Fla-Raketenkomplex	LV	Luftverteidigung
GBl.	Gesetzblatt	LVD	Luftverteidigungsdivision
GDR	German Democratic Republic (Deutsche Demokratische Republik)	M	Mark (der DDR)
		m. d. F. b.	mit der Führung beauftragt

MB	Militärbezirk	SaZ	Soldat auf Zeit
MBFR	Mutual Balanced Forces Reductions	SBZ	Sowjetische Besatzungszone
MdI	Ministerium des Innern	SDI	Strategic Defense Initiative (Strategische Verteidigungsinitiative)
Med.-Punkt	Medizinischer Punkt		
MfAV	Ministerium für Abrüstung und Verteidigung	SED	Sozialistische Einheitspartei Deutschlands
MfNV	Ministerium für Nationale Verteidigung	SFL	Selbstfahrlafette
MfS	Ministerium für Staatssicherheit	sm/h	Seemeilen/Stunde
MG	Militärgericht	SMAD	Sowjetische Militäradministration in Deutschland
MGFA	Militärgeschichtliches Forschungsamt		
MHM	Militärhistorisches Museum (Dresden)	SoFD	Sozialer Friedensdienst
MKOG	Militärkollegium beim Obersten Gericht	SPD	Sozialdemokratische Partei Deutschlands
MLR	Minenleg- und -Räum(schiff)	SPW	Schützenpanzerwagen
Mob.	Mobilmachung	SS	Schutzstaffel
MOG	Militärobergericht	SSK	Sowjetische Kontrollkommission
Mot.	Motorisiert	SU	Sowjetunion
MPLA	Movimento Popular de Libertacao de Angola (Volksbewegung zur Befreiung Angolas)	TS	Torpedoschnell (-boot)
		UaZ	Unteroffizier auf Zeit
MSD	Mot. Schützendivision	UdSSR	Union der Sozialistischen Sowjetrepubliken
MSR	1. Mot. Schützenregiment 2. Minensuch- und Räum (-Schiff)	UE	Unerlaubte Entfernung
		U-Jäger	Unterseeboot-Jäger
NS	Nationalsozialistisch	UNIMAK	Universalmaschinen Koppatsch
NSDAP	Nationalsozialistische Deutsche Arbeiterpartei	UNO	United Nations Organisization (Vereinte Nationen)
NATO	North Atlantic Treaty Organization		
NVA	Nationale Volksarmee	US	Unteroffizierschule
NVR	Nationaler Verteidigungsrat	UvD	Unteroffizier vom Dienst
OaZ	Offizier auf Zeit	VEB	Volkseigener Betrieb
OHS	Offizierhochschule	VfS	Verwaltung für Schulung
OiBE	Offizier im besonderen Einsatz	VKU	Verlängerter Kurzurlaub
OPK	Operative Personenkontrolle	VM	Volksmarine
OS	Offizierschüler	VO	Verbindungsoffizier (des MfS)
OV	Operativer Vorgang	VOF	Vereinte Ostseeflotte; Verbündete Ostseeflotte
OvD	Offizier vom Dienst		
pag.	paginiert	VP	Volkspolizei
PALR	Panzerabwehrlenkrakete	VPB	Volkpolizeibereitschaft
PD	Panzerdivision	VPS	Volkspolizeischule
PDS	Partei des Demokratischen Sozialismus	VR	Volksrepublik
PHV	Politische Hauptverwaltung	VRP	Volksrepublik Polen
PK	Polit-Kultur	VS	Verschlusssache
PLO	Palestine Liberation Organization (Palästinensische Befreiungsfront)	VZ	Verteidigungszustand
		WE	Wartungseinheit
PSKF	Polnische Seekriegsflotte	WGT	Westgruppe der Truppen
PV	Politische Verwaltung	z.b.V.	zur besonderen Verwendung
RBr	Raketenbrigade	ZGS	Zentraler Gefechtsstand
RD	Rückwärtige Dienste	ZK	Zentralkomitee
sABr	Selbständige Artilleriebrigade	ZMSBw	Zentrum für Militärgeschichte und Sozialwissenschaften der Bundeswehr
SAPMO	Stiftung Archiv der Parteien und Massenorganisationen der ehemaligen DDR (im Bundesarchiv)		
		ZPL	Zentrale Parteileitung
		ZV	Zivilverteidigung

Zeittafel

1945

8. Mai Unterzeichnung der bedingungslosen Kapitulation Deutschlands in Berlin-Karlshorst.

29. Mai Direktive des Hauptquartiers der sowjetischen Streitkräfte zur Bildung der Gruppe der Sowjetischen Besatzungstruppen in Deutschland (GSBT).

5. Juni In Anbetracht der Niederlage Deutschlands erklären die vier Siegermächte die Übernahme der obersten Regierungsgewalt. In einer Viermächteerklärung wird u. a. auch die vollständige Entwaffnung Deutschlands angeordnet.

9. Juni Befehl Nr. 1 des Obersten Chefs der Sowjetischen Militäradministration (SMAD) und Oberkommandierenden der sowjetischen Besatzungstruppen über die Schaffung der SMAD.

4. bis 16. Juli In der Sowjetischen Besatzungszone (SBZ) werden Landes- und Provinzialverwaltungen gebildet, die auch über Polizeiabteilungen verfügen.

17. Juli bis 2. August Potsdamer Konferenz der Siegermächte USA, Sowjetunion und Großbritannien. In der Mitteilung über diese Konferenz, dem Potsdamer Abkommen, legen die Alliierten ihre Grundsätze für die Besatzungspolitik fest, denen Frankreich am 7. August unter Vorbehalten zustimmt.

6. und 9. August Amerikanische Atombombenabwürfe auf Hiroshima (6. August) und Nagasaki (9. August). Beide Städte werden zu Symbolen für die Schrecken eines möglichen Atomkrieges.

6. November Der Alliierte Kontrollrat beschließt mit der Direktive Nr. 16 die Bewaffnung der Polizei.

1946

5. März Rede des britischen Premierministers, in der er erklärt, dass sich aufgrund der expansionistischen Bestrebungen der Sowjetunion ein „eiserner Vorhang" zwischen Ost und West gebildet hat.

21./22. April Die Vereinigung von KPD und SPD auf dem Gebiet der SBZ zur Sozialistischen Einheitspartei Deutschlands (SED) wird auch als Zwangsvereinigung bezeichnet, weil sie vor allem auf Druck der Sowjetunion erfolgte.

30. Juli Mit dem Befehl Nr. 212 der SMAD werden die Führungskräfte der Deutschen Verwaltung des Inneren (DVdI) eingesetzt. Damit entsteht eine zentrale Führung der inneren Verwaltung sowie aller Polizeikräfte.

November Die SMAD bezieht deutsche Kräfte zur Kontrolle und Sicherung der Grenzen und Demarkationslinien ein.

1. Dezember Gründung der Deutschen Grenzpolizei (DGP).

1947

1. Januar Die amerikanische und die britische Besatzungsmacht vereinigen ihre Besatzungszonen zur Bizone als einheitliches Wirtschaftsterritorium.

11./12. März Der Präsident der USA verkündet eine Doktrin, die sich der Ausweitung des Kommunismus in Europa entgegenstellt.

1948

1. April SMAD-Befehl zur Bildung des „Rings um Berlin", der ein doppeltes Grenzkontrollsystem um die Stadt gewährleistet.

21./22. April Eine Innenministerkonferenz in Werder/Havel beschließt den Aufbau zentraler Polizeiverbände. Die Schaffung kasernierter Polizeikräfte wird von der SMAD in den darauf folgenden Monaten genehmigt.

20. bis 23. Juni In den Westzonen gibt es eine Währungsreform. In der SBZ wird ebenfalls eine Währungsreform durchgeführt, in die ganz Berlin einbezogen werden soll. Daraufhin führen die Westmächte auch in ihren Sektoren in Berlin die westdeutsche Währung ein.

24. Juni Als Reaktion auf diesen Schritt blockiert die sowjetische Besatzungsmacht bis zum Mai 1949 alle Landversorgungswege zu den Westsektoren („Berlin-Blockade").

13. Juli Auf Beschluss des SED-Parteivorstandes wird bei der DVdI eine Hauptabteilung Polit-Kultur (PK) gebildet. Die Chefs der Landespolizeibehörden sowie die Leiter aller nachgeordneten Dienststellen bekommen als Stellvertreter einen PK-Leiter.

13. Juli Auf Befehl der DVdI entsteht die Hauptabteilung Grenzpolizei und Bereitschaften zur Leitung der territorialen Bereitschaften und der Grenzpolizeibereitschaften.

23./24. Juli Eine staatspolitische Konferenz der SED in Werder/Havel beschließt die zentrale Organisation und Leitung der Polizei.

1949

14. Januar Der Präsident der DVdI erlässt den Befehl Nr. 2 zur „Festigung" der Grenzpolizei. Er wird die Grundlage zur politischen Überprüfung des Personals aller Dienstzweige.

4. April In Washington unterzeichnen 12 Staaten den Nordatlantikvertrag (NATO) als Reaktion auf das Vordringen der Sowjetunion in Mitteleuropa.

25. April Die Sowjetunion gibt ihren ersten erfolgreichen Atombombentest bekannt. Damit ist das Atomwaffenmonopol der USA gebrochen.

12. Mai Einführung der Bezeichnung „Volkspolizei".

23. Mai Die Bundesrepublik Deutschland wird auf der Grundlage des Grundgesetzes aus den westlichen Besatzungszonen gebildet.

20. Juli Die Grenzpolizei und die Bereitschaften werden getrennt.

25. August Mit dem Befehl Nr. 98/49 der DVdI erfolgt die Umstrukturierung der Hauptabteilung Bereitschaften in die Verwaltung für Schulung (VfS). Der Aufbau militärischer Strukturen beginnt.

7. Oktober Gründung der Deutschen Demokratischen Republik (DDR).

10. Oktober Mit der Auflösung der SMAD übernimmt die Sowjetische Kontrollkommission (SKK) die Überwachung der Erfüllung des Potsdamer Abkommens sowie anderer Deutschland betreffender alliierter Beschlüsse.

12. Oktober Die Aufgaben der DVdI gehen mit der Bildung der Regierung der DDR an das Ministerium des Innern (MdI) über. Die DVdI wird aufgelöst.

1950

7. Januar Grenzpolizeibereitschaften des Landes Mecklenburg übernehmen die Überwachung der Küstengewässer.

8. Februar Die Provisorische Volkskammer beschließt das Gesetz über die Bildung des Ministeriums für Staatssicherheit (MfS).

18./19. März Erste zentrale Konferenz der Parteiorganisation der SED in der HVA.

15. Juni Bildung der Hauptverwaltung der Seepolizei (HVS) beim MdI.

25. Juni Beginn des Koreakrieges, der im Juli 1953 mit einem Waffenstillstand endet.

30. Oktober Bei der HVA wird das Referat z.b.V (Luft) als erster Schritt zum Aufbau der VP-Luft gebildet.

1951

15. Februar In der Bundesrepublik Deutschland wird der Bundesgrenzschutz in Stärke von 10.000 Mann gebildet.

1952

10. März „Stalin-Note" an die USA, Frankreich und Großbritannien mit dem Vorschlag, Friedensverhandlungen für Gesamtdeutschland zu beginnen. Der Vorschlag wird abgelehnt.

16. Mai Die Grenzpolizei wird dem MfS unterstellt.

26. Mai Auf Beschluss des DDR-Ministerrates treten Maßnahmen zur verstärkten Grenzsicherung in Kraft. Über 12.000 Menschen werden aus dem Grenzgebiet zwangsweise ausgesiedelt („Aktion Ungeziefer").

27. Mai Unterzeichnung des Vertrags über die „Europäische Verteidigungsgemeinschaft" in Paris.

9. bis 12. Juni Die 2. Parteikonferenz der SED orientiert auf den Aufbau des Sozialismus und die damit verbundene Schaffung starker „Nationaler Streitkräfte" der DDR.

1. Juli Umbildung der HVA in Kasernierte Volkspolizei (KVP) und der HVS in Volkspolizei-See (VP-See). Die Volkspolizei-Luft (VP-Luft) wird aufgebaut. In der Folgezeit werden aus den Polit-Kultur-Organen dieser Bereiche Politische Verwaltungen und Abteilungen.

7. August Der DDR-Ministerrat beschließt die Bildung der Gesellschaft für Sport und Technik (GST).

17. September Der Minister des Innern befiehlt die Einführung neuer Uniformen, militärischer Dienstgrade und Rangabzeichen in der KVP.

Herbst In den Bezirken und Kreisen werden Registrierverwaltungen bzw. -abteilungen zur Werbung für den Militärdienst aufgebaut.

6. Oktober Einführung militärischer Dienstgrade in der DGP.

1953

9. April Erster tödlicher Flugunfall in der VP-Luft während der Ausbildung mit einem Flugzeug vom Typ Jak-18.

27. Mai Die SKK wird aufgelöst und das Amt des Hohen Kommissars der UdSSR eingeführt, um deren Interessen als Siegermacht der Antihitlerkoalition wahrzunehmen.

17. Juni Volkserhebung in der DDR, die durch massiven militärischen Einsatz von sowjetischen Einheiten und bewaffneten Kräften der DDR unterdrückt wird.

21. Juni Das ZK der SED regt die Bildung von Arbeiterwehren („Kampfgruppen der Arbeiterklasse") an, die daraufhin auch aufgebaut werden.

2. August Die Führung der bewaffneten Organe wird umgebildet. Dem Stellvertreter des Ministers des Innern und Chef der KVP unterstehen nun die KVP, die VP-See und die VP-Luft. Weitere Stellvertreter des Innenministers sind der Chef der HVDGP und der Chef der HVDVP.

23. September Umbenennung der VP-Luft in „Verwaltung der Aeroklubs".

1954

26. Januar Das Politbüro des ZK der SED beschließt einen Stufenplan für den Einsatz der bewaffneten Organe bei inneren Unruhen.

25. März Erklärung der Regierung der UdSSR über die „volle Souveränität" der DDR in bilateralen Beziehungen beider Staaten. Die GSBT wird in „Gruppe der Sowjetischen Streitkräfte in Deutschland" (GSSD) umbenannt.

Juni Auf der Grundlage des Gesetzes über die Staatsanwaltschaft der DDR vom 23. Mai 1952 werden Staatsanwaltschaften in den bewaffneten Organen des MdI gebildet.

19. bis 23. Oktober „Pariser Konferenz" der 14 NATO-Staaten unter Einbeziehung der Bundesrepublik. Mit der Unterzeichnung der „Pariser Verträge" wird die Aufnahme der Bundesrepublik Deutschland in die Westeuropäische Union (7. Mai 1955) und die NATO (9. Mai 1955) auf den Weg gebracht.

1955

25. Januar Das Präsidium des Obersten Sowjets der UdSSR erklärt den Kriegszustand zwischen der UdSSR und Deutschland für beendet.

12. April Das SED-Politbüro beschließt die Reorganisation des MdI, bestätigt die Planung zum Aufbau Innerer Truppen (VP-Bereitschaften) und beauftragt das MdI mit der Anleitung der „Kampfgruppen der Arbeiterklasse".

14. Mai Die UdSSR, Ungarn, Bulgarien, Polen, Rumänien, Albanien, die Tschechoslowakei und die DDR unterzeichnen in Warschau den „Vertrag über Freundschaft, Zusammenarbeit und gegenseitigen Beistand" (Warschauer Vertrag).

20. September Ein Staatsvertrag zwischen der UdSSR und der DDR erklärt die „uneingeschränkte Souveränität" der DDR. In einer Vereinbarung wird der Verbleib der GSSD auf dem Hoheitsgebiet der DDR geregelt.

26. September Das Gesetz zur Ergänzung der Verfassung bestimmt im Artikel 5 den „Dienst zum Schutz des Vaterlandes" zur „ehrenvollen nationalen Pflicht".

27. September bis 4. Oktober Erste Großübung der KVP zur Demonstration der Kampfbereitschaft mit Einsatz umfangreicher Technik bei Nochten.

24. November Auf Beschluss des Ministerrates wird das Staatssekretariat für Staatssicherheit (nach dem Volksaufstand vom 17. Juli 1953 als Nachfolger des MfS gebildet) wieder in das Ministerium für Staatssicherheit umgewandelt.

1. Dezember Die DGP übernimmt die alleinige Kontrolle der Staatsgrenzen der DDR. Die GSSD kontrolliert weiterhin den Transit der Alliierten nach Berlin.

1956

18. Januar Die Volkskammer beschließt das Gesetz über die Schaffung der Nationalen Volksarmee und das Ministerium für Nationale Verteidigung (MfNV).

27./28. Januar Der Politische Beratende Ausschuss des Warschauer Vertrages stimmt auf seiner ersten Tagung der Eingliederung von bewaffneten Kontingenten der DDR in die Vereinten Streitkräfte zu.

10. Februar Der Befehl Nr. 1/1956 des Ministers für Nationale Verteidigung legt die Einzelheiten für den Aufbau der NVA fest. Die Gesamtstärke soll 120.000 Mann betragen. Sie wird im Juni auf 90.000 Mann reduziert.

1. März Das MfNV, die Verwaltungen der Militärbezirke der Landstreitkräfte, die Verwaltungen der Luftstreitkräfte und der Luftverteidigung sowie der Seestreitkräfte sind einsatzbereit. Ab 1957 wird dieser Tag als „Tag der NVA" begangen.

12. April Der Ministerrat beschließt die Einführung des Schwurs in der NVA sowie die Verleihung von Truppenfahnen.

15. April Bezirks- und Kreiskommandos der NVA werden zur Erfassung der wehrfähigen Bevölkerung aufgebaut.

30. April Eine mechanisierte Division wird in Potsdam als erster Verband der NVA aufgestellt.

7. Juli Der Bundestag der Bundesrepublik Deutschland beschließt das Wehrpflichtgesetz.

5. bis 9. September Erste Truppenübung eines Infanterieverbands im Zusammenwirken mit Einheiten der See- und Luftstreitkräfte der NVA.

1. Oktober Gründung der Armeesportvereinigung „Vorwärts".

5. Oktober Die Hochschule für Offiziere in Dresden nimmt als höchste militärische Lehreinrichtung ihre Lehrtätigkeit zur Weiterbildung von Offizieren für Kommandeurs- und Stabsdienstverwendungen auf. In den Teilstreitkräften erfolgt der Aufbau von Offiziersschulen zur Ausbildung des Offiziernachwuchses.

23. Oktober Beginn des Volksaufstandes in Ungarn.

1. Dezember Die KVP ist aufgelöst.

1957

15. Februar Das Politbüro beschließt die Entfernung ehemaliger Wehrmachtsoffiziere aus der NVA. Bis 1959 müssen die meisten betroffenen Offiziere ihren Dienst quittieren.

1. März Die DGP wird wieder dem MdI unterstellt.

12. März Ein Regierungsabkommen zwischen der UdSSR und der DDR regelt die Stationierung von sowjetischen Streitkräften auf dem Territorium der DDR.

27. Mai Das ZK der SED bestätigt die Bestimmungen für die Arbeit der Politorgane der NVA und die Instruktion für die Arbeit der Parteiorganisationen der SED in der NVA.

31. Mai Die Verwaltungen der Militärbezirke Neubrandenburg und Leipzig sowie der Seestreitkräfte erhalten die Bezeichnung Kommando. Zur Führung der Luftstreitkräfte (LSK) und der Luftverteidigung (LV) wird ein neues Kommando LSK/LV aufgebaut.

12./13. Juni Auf einer Tagung in Eggersdorf werden Grundfragen der weiteren Entwicklung der NVA beraten. Im Mittelpunkt steht die Durchsetzung der einheitlichen politischen und militärischen Führung.

25. bis 27. Juni Erste gemeinsame taktische Übung der Seestreitkräfte der NVA, der Baltischen Flotte der UdSSR und der Polnischen Seekriegsflotte.

17. bis 23. August Erste gemeinsame Übung von Führungsorganen der NVA und der GSSD auf den Truppenübungsplätzen Magdeburg und Altengrabow.

18. August Start der ersten interkontinentalen ballistischen Rakete der UdSSR.

10. September Erster tödlicher Flugunfall in der NVA mit einem Strahlflugzeug vom Typ MiG-15.

11. Dezember Mit dem Gesetz zur Ergänzung des Strafgesetzbuches (Strafrechtsergänzungsgesetz) werden erstmalig auch militärstrafrechtliche Tatbestände festgelegt.

1958
14. Januar Beschluss des SED-Politbüros „Über die Rolle der Partei in der NVA".

11. Februar Die Volkskammer beschließt das Gesetz über den Luftschutz der DDR (Luftschutzgesetz). Auf seiner Grundlage wird später die Zivilverteidigung der DDR aufgebaut.

4. März Auflösung des Amtes für Technik als Führungsorgan für die Rüstungsindustrie. An seine Stelle tritt die Vereinigung Volkseigner Betriebe UNIMAK.

24. Mai Auf einer Tagung des Politischen Beratenden Ausschusses des Warschauer Vertrages wird die Einbeziehung von Verbänden der NVA in die Vereinten Streitkräfte bestätigt.

27. November Die UdSSR verlangt den Abzug der westalliierten Truppen aus West-Berlin.

November Die Offiziersschulen der NVA erhalten den Status von militärischen Fachschulen.

1959
5. Januar Die Hochschule für Offiziere in Dresden wird zur Militärakademie „Friedrich Engels" der NVA umgewandelt.

1. Februar Die neue Innendienstvorschrift der NVA (DV 10/3) tritt in Kraft. Sie enthält verbindliche Festlegungen für die innere Ordnung sowie den Dienstablauf.

1960
Januar Die SED-Führung beschließt Grundsätze der Mobilmachung.

10. Februar Gesetz über die Bildung des Nationalen Verteidigungsrates (NVR) und Beschluss zur Bildung des Volkskammerausschusses für Nationale Verteidigung.

14. Juli Generaloberst Heinz Hoffmann wird Minister für Nationale Verteidigung der DDR. Er löst Armeegeneral Willi Stoph ab, der eine führende Position außerhalb der NVA übernimmt.

22. Juli Beim Absturz einer Il-14 P der LSK/LV sterben sieben NVA-Angehörige.

4. November Die Seestreitkräfte der NVA erhalten den Namen „Volksmarine".

31. Dezember Bildung des Armeefilmstudios (ab 1972 Filmstudio der NVA).

1961
28. Februar Eröffnung des Deutschen Armeemuseums in Potsdam (seit 1972 Armeemuseum Potsdam).

13. August Einheiten der NVA, der Kampfgruppen, der DGP und der DVP sowie anderer bewaffneter Organe riegeln – unterstützt von Truppen der GSSD – die Grenze der DDR zur Bundesrepublik Deutschland ab und beginnen eine Mauer um West-Berlin zu bauen.

24. August Der 24jährige Günter Litfin wird bei seinem Fluchtversuch in Berlin von DDR-Grenzpolizisten erschossen.

15. September Die DGP wird als Grenztruppen der NVA dem MfNV unterstellt.

20. September Die Volkskammer beschließt das Gesetz zur Verteidigung der DDR (Verteidigungsgesetz).

1. Oktober Die Politische Verwaltung der NVA erhält den Status einer Politischen Hauptverwaltung (PHV); die Politabteilungen der Teilstreitkräfte sowie der Militärbezirke werden in Politische Verwaltungen umgewandelt.

November/Dezember Errichtung massiver Grenzsicherungsanlagen an der Grenze zur Bundesrepublik Deutschland und zu West-Berlin.

4. November Die 6. Grenzbrigade Küste wird operativ dem Kommando der Volksmarine unterstellt.

2. Dezember Bildung von Luftverteidigungsdivisionen (LVD) aus den Flieger- und Flakverbänden der LSK/LV.

1962

24. Januar Die Volkskammer beschließt das Gesetz über die allgemeine Wehrpflicht (Wehrpflichtgesetz).

30. Januar bis 1. Februar Die Verteidigungsminister des Warschauer Vertrages beraten in Prag die Vereinheitlichung der Gefechtsausbildung und des Luftverteidigungssystems.

18. April Der Soldat Jörgen Schmidtchen ist der erste Angehörige der Grenztruppen der NVA, der nach dem Mauerbau während seines Grenzdienstes ums Leben kommt. Er wird von einem flüchtenden Offizierschüler der NVA erschossen.

10. Mai In Stallberg wird die erste operativ-taktische Raketeneinheit der Landstreitkräfte aufgestellt. In der Folge beginnt die Aufstellung taktischer Raketeneinheiten in der NVA.

8. September Der Kommandeur des Mot. Schützenregiments-2 in Stahnsdorf, Oberstleutnant Martin Löffler, flüchtet in voller Uniform nach West-Berlin. Es ist die erste gelungene Desertion eines hohen NVA-Offiziers nach dem Mauerbau.

23. Oktober Als Reaktion auf die „Kuba-Krise" wird in den Armeen des Warschauer Vertrages „Erhöhte Gefechtsbereitschaft" ausgelöst, die bis zum 21. November dauert.

1963

18. März Vereinbarung des Ministeriums für Volksbildung und des Zentralvorstandes der GST zur Unterstützung der Wehrerziehung in den Schulen.

1. Juli Militärgerichte nehmen ihre Tätigkeit auf.

1. August Das Staatssekretariat für Hoch- und Fachschulwesen weist die vormilitärische Ausbildung für Studenten an.

10. August Erster Start einer operativ-taktischen Rakete der NVA-Landstreitkräfte in der UdSSR.

9. bis 14. September Manöver „Quartett" mit Beteiligung von Truppen der Sowjetarmee, der Polnischen Armee, der Tschechoslowakischen Volksarmee und der NVA (insgesamt 41.000 Mann). Erstmals wird ein Manöver des Warschauer Vertrages vom Verteidigungsminister der DDR geleitet.

2. Oktober Erster Start einer taktischen Rakete der NVA-Landstreitkräfte auf einem Übungsplatz der sowjetischen Streitkräfte in der DDR.

2. Dezember Offizierschulen der Landstreitkräfte in Löbau und der LSK/LV in Kamenz nehmen den Betrieb auf.

1964

19. März Der Ministerrat beschließt die Verordnung zum Schutz der Staatsgrenze der DDR.

11. Mai Erster Start einer Rakete P-15 eines Raketenschnellbootes sowie einer Rakete S-2 der Küstenraketenkräfte der Volksmarine im Seegebiet der Ostsee vor Baltisk.

12. Juni Die DDR und die UdSSR schließen in Moskau einen Vertrag über Freundschaft, gegenseitigen Beistand und Zusammenarbeit ab.

7. September Anordnung des NVR zur Aufstellung von Baueinheiten im Bereich des MfNV, in denen Wehrpflichtige ohne Waffe ihren Wehrdienst ableisten können.

1965

6. Januar Erstmals wird eine Ordnung über die Zusammenarbeit zwischen der NVA und den „Bruderarmeen" des Warschauer Vertrages zur Vertiefung der „Waffenbrüderschaft" erlassen.

27. Februar Premiere des DEFA-Spielfilms „Der Reserveheld" mit Rolf Herricht in der Titelrolle. Die Militärkomödie spielt in der NVA.

16. August In einer Leipziger Kaserne kommt es zu einer offenen Meuterei von über 100 Armeeangehörigen.

16. bis 22. Oktober Manöver „Oktobersturm" unter Teilnahme von Truppenteilen der Sowjetarmee, der Polnischen Armee, der Tschechoslowakischen Volksarmee und der NVA mit insgesamt 50.000 Mann, 800 Panzern, 5.000 Kraftfahrzeugen, 1.000 SPW sowie 400 Flugzeugen und Hubschraubern.

1966

17. Februar Der Ministerrat stiftet den Scharnhorst-Orden als höchste militärische Auszeichnung der DDR.

2. März Aufruf von Prenzlauer Bausoldaten an alle Christen. Er wendet sich gegen die zunehmende gesellschaftliche Militarisierung.

10. Juni Die Reservistenwehrdienstordnung tritt in Kraft. Es soll u. a. ein Qualifizierungssystem für Offiziere der Reserve geschaffen werden.

1967

14. September Der Ministerrat beschließt die Schaffung eines „Systems der Zivilverteidigung".

5. bis 10. Juni Überfall Israels auf seine Nachbarn Ägypten, Syrien und Jordanien („6-Tage-Krieg").

1968

23. Februar bis 1. März Erstmals wird zentral die „Woche der Waffenbrüderschaft" in der NVA und der GSSD begangen.

7. März Der NVA-Hauptmann Gerhard Scharnetzki flüchtet mit einem Flugzeug vom Typ Jak-18 A von Cottbus nach Bornholm (Dänemark).

25. März Der NVR beschließt eine Gesamtkonzeption zur Territorialverteidigung der DDR.

6. April In der neuen Verfassung der DDR wird der „Schutz des Friedens und sozialistischen Vaterlandes" als Recht und Ehrenpflicht verankert.

22. Juni Militärstrafgefangene werden vom Haftlager Berndshof in die neu eröffnete Militärstrafvollzugsanstalt Schwedt/Oder verlegt, die dadurch zum „Armeeknast" wird.

1. Juli Die DDR unterzeichnet den internationalen Vertrag über die Nichtweiterverbreitung von Kernwaffen.

21. August Truppen des Warschauer Vertrages marschieren in der ČSSR ein, um die Reformbewegung zu unterdrücken. NVA-Truppen verbleiben in Bereitstellungsräumen auf dem Territorium der DDR. Sie kehren Ende Oktober in ihre Standorte zurück.

31. August Bei der Kollision mit einem schwedischen Fährschiff verlieren 7 Besatzungsangehörige des Torpedoschnellbootes der Volksmarine „Willi Bänsch" ihr Leben.

1969

17. März Auf einer Tagung des Politischen Beratenden Ausschusses des Warschauer Vertrages werden die Führungsorgane vervollkommnet. Neu geschaffen werden das Komitee der Verteidigungsminister, der Stab der Vereinten Streitkräfte, der Militärrat sowie das Technische Komitee.

15. April Eine „Ordnung über die Pflege und Wahrung revolutionärer und fortschrittlicher militärischer Traditionen sowie über die Traditionsarbeit in der NVA" tritt in Kraft.

1970

22. September Erstmalig landen Jagdflugzeuge des Jagdfliegergeschwaders-3 der NVA auf einem Autobahnabschnitt zwischen Cottbus und Forst. Zuvor war bereits der Start auf Autobahnen und Straßen geübt worden.

12. bis 18. Oktober Manöver „Waffenbrüderschaft" mit Truppen und Stäben aus allen Armeen des Warschauer Vertrages in der DDR. Erstmalig sind Kräfte der Territorialverteidigung der DDR – eine VP-Bereitschaft und zwei Kampfgruppenbataillone – beteiligt.

10. Dezember Der Staatsrat beschließt die Neufassung über den aktiven Wehrdienst in der NVA (Dienstlaufbahnordnung).

1971

25. Februar Den Offizierschulen der NVA wird der Hochschulstatus verliehen.

Frühjahr Im Verlauf der Umstrukturierung der Grenztruppen werden alle Grenzsicherungskräfte einem einheitlichen Kommando unterstellt.

3. September Vertreter Frankreichs, Großbritanniens, der UdSSR und der USA unterzeichnen das Viermächteabkommen über Berlin.

1. Dezember Einbeziehung der Volksmarine in den gemeinsamen Gefechtsdienst der verbündeten Ostseeflotten.

1972

10. April Die DDR tritt der Konvention über das Verbot der Entwicklung, Herstellung und Lagerung bakteriologischer und toxischer Waffen sowie über deren Vernichtung bei.

4. bis 16. September In der ČSSR findet die gemeinsame Übung „Schild 72" statt. Beteiligt sind Führungsorgane verschiedener Kommandoebenen, Verbände und Truppenteile der Sowjetarmee, der Polnischen Armee, der Ungarischen Volksarmee, der Tschechoslowakischen Volksarmee und der NVA.

14. September Der Zentralrat der FDJ beschließt die Bildung von Bewerberkollektiven der FDJ für militärische Berufe.

1. November Die Ordnung über militärische Zeremonielle in der NVA tritt in Kraft.

2. Dezember Bildung des Kommandos Landstreitkräfte der NVA in Potsdam-Geltow.

21. Dezember Unterzeichnung des Vertrages über die Grundlagen der Beziehungen der Bundesrepublik Deutschland und der DDR (Grundlagenvertrag).

1973

März Ein neues Rahmenprogramm für die Heranbildung der Unteroffiziere aller Teilstreitkräfte der NVA wird eingeführt.

1. Juli Auf Beschluss des Bundesvorstandes des FDGB wird die Gewerkschaft der Zivilbeschäftigten der NVA gebildet.

18. September Aufnahme der Bundesrepublik Deutschland und der DDR als Vollmitglieder in die Vereinten Nationen.

17. Oktober Die Grenztruppen der NVA werden in „Grenztruppen der DDR" umgewandelt und gelten nun als selbständiges bewaffnetes Organ der DDR.

30. Oktober Beginn der Wiener Verhandlungen über die gegenseitige Reduzierung der Streitkräfte und Rüstungen in Mitteleuropa. Die Bundesrepublik Deutschland und die DDR gehören zu den 19 Teilnehmerstaaten.

1974

3. Januar Die ersten Fähnriche der NVA und der Grenztruppen werden ernannt. Damit entsteht eine neue selbständige Dienstgradgruppe.

2. März In der NVA treten die „Grundsätze der Führung der NVA in Frieden und Krieg" in Kraft.

1. November Eine neu aufgestellte Unteroffizierschule des Militärbezirks Neubrandenburg nimmt in Eggesin/Karpin den Dienstbetrieb auf.

1975

14. Januar Absturz eines Jagdflugzeugs vom Typ MiG-21 auf einen Neubaublock in Cottbus. Es sterben der Flugzeugführer und fünf Zivilpersonen.

30. Juni Beginn der Abschlussphase der Konferenz über Sicherheit und Zusammenarbeit in Europa. Am 1. August unterzeichnen die Repräsentanten von 33 europäischen Staaten sowie der USA und Kanadas die Schlussakte von Helsinki.

7. Oktober Unterzeichnung des Vertrages über Freundschaft, Zusammenarbeit und gegenseitigen Beistand zwischen der UdSSR und der DDR in Moskau.

24. November Beschluss des NVR, dass die Führung der Zivilverteidigung vom MdI auf das MfNV übertragen wird.

19. Dezember Der fahnenflüchtige NVA-Soldat Werner Weinhold erschießt bei seiner Flucht in den Westen zwei DDR-Grenztruppenangehörige.

1976

1. Mai Bei seinem Versuch, erneut eine Selbstschussanlage vom Typ SM-70 zu demontieren, wird der ehemalige DDR-Bürger Michael Gartenschläger von Einsatzkräften des MfS getötet.

18. bis 22. Mai Auf dem IX. Parteitag der SED wird im neuen Parteiprogramm ausdrücklich der „Schutz des Friedens und der sozialistischen Errungenschaften" als Aufgabe formuliert.

1977

30. Juni Premiere des DEFA-Spielfilm zur NVA-Problematik „Ein Katzensprung" im Ost-Berliner Filmtheater „Kosmos".

30. September Der NVR berät eine Konzeption zur weiteren Entwicklung und zu den Organisationsprinzipien der ZV.

November Beginn spezieller Fähnrichlehrgänge.

1978
23. Januar Eine neue Ordnung über die Festigung der Waffenbrüderschaft zwischen der NVA und den „Bruderarmeen" wird erlassen.

26. August bis 3. September Im Rahmen des Interkosmosprogramms der sozialistischen Länder nimmt Oberstleutnant Sigmund Jähn für die DDR am gemeinsamen Weltraumflug UdSSR/DDR teil.

4. September An den allgemeinbildenden Oberschulen wird der Wehrunterricht als Fach eingeführt.

13. Oktober Die Volkskammer beschließt das neugefasste Gesetz über die Landesverteidigung (Verteidigungsgesetz).

2. Dezember In der NVA treten neue Grundsatzvorschriften in Kraft: Innendienstvorschrift; Standort- und Wachdienstvorschrift, Disziplinarvorschrift.

1979
4. Juli Ein neues Alarmierungssystem für die NVA und die Grenztruppen der DDR wird in Kraft gesetzt.

1. Oktober Die Verordnung des Ministerrates über Sperrgebiete für die Landesverteidigung tritt in Kraft.

6. Oktober Die UdSSR kündigt an, innerhalb eines Jahres 20.000 Militärangehörige und 1.000 Panzer aus der DDR abzuziehen.

26. Oktober Die DDR wird ab 1. Januar 1980 für zwei Jahre zum nichtständigen Mitglied des UNO-Sicherheitsrates.

12. Dezember Tagung der NATO-Außen- und Verteidigungsminister in Brüssel. In Westeuropa sollen neue Raketensysteme und Marschflugkörper stationiert werden.

Dezember Einmarsch sowjetischer Truppen in Afghanistan.

1980
26. Juni Beschluss des Ministerrates zur langfristigen Sicherung des militärischen Berufsnachwuchses und über Maßnahmen zur Verbesserung der Dienst- und Lebensbedingungen der Berufsoffiziere, Fähnriche und Berufsunteroffiziere.

25. Juli Die UdSSR beendet ihren am 6. Oktober 1979 angekündigten einseitigen Truppenabzug aus der DDR.

25. Juli Der Präsident der USA setzt die Direktive 59 in Kraft, die neue Planungs- und Einsatzprinzipien für die Kernwaffenkriegführung enthält.

1. September Beschluss des Sekretariats der GST über die Verantwortung und Aufgaben der GST bei der Gewinnung und Vorbereitung des militärischen Berufsnachwuchses.

4. bis 12. September In verschiedenen Bezirken der DDR findet das Manöver „Waffenbrüderschaft 80" statt, an dem zum zweiten Mal Truppen und Stäbe aller Armeen des Warschauer Vertrages teilnehmen.

4. Dezember Beginn gemeinsamer mehrmonatiger Übungen von Verbänden der GSSD, der Polnischen Volksarmee, der Tschechoslowakischen Volksarmee und der NVA auf polnischem Territorium. Die Truppen sollen bereitstehen, um gegebenenfalls die „konterrevolutionäre Lage" in Polen unter Kontrolle zu bringen.

1981
28. Februar Am Vorabend des 25. Jahrestages der NVA wird in Ost-Berlin der Große Zapfenstreich zum ersten Mal in neuer, zeitlich erweiterter Form durchgeführt.

11. bis 16. April Auf dem X. Parteitag der SED wird der NVA sowie den anderen Schutz- und Sicherheitsorganen ein „gemeinsamer Klassenauftrag" erteilt.

8. bis 18. November Auf der Friedensdekade der evangelischen Kirche werden Textilaufnäher mit dem Symbol „Schwerter zu Pflugscharen" verteilt.

1. Dezember Mit Beginn des Ausbildungsjahres 1981/82 werden in den Landstreitkräften der NVA neue Ausbildungsdokumente für die politische und Gefechtsausbildung eingeführt.

9. Dezember Eine Offizierschule zur Heran- und Weiterbildung ausländischer Militärkader nimmt in Prora/Rügen ihre Tätigkeit auf.

13. Dezember Nach Auslösung des Ausnahmezustandes in der VR Polen werden in der DDR Maßnahmen der Grenzsicherung gegenüber Polen eingeleitet.

1982

25. Januar Vorschlag von DDR-Oppositionellen zur Abrüstung („Berliner Appell").

1. Februar Erlass einer Anordnung zur Verbesserung der Zusammenarbeit mit den örtlichen Organen der Standortbereiche, um die Dienst-, Arbeits- und Lebensbedingungen der Berufssoldaten sowie der Zivilbeschäftigten zu verbessern.

25. März Die Volkskammer beschließt das Gesetz über den Wehrdienst. Es ersetzt das Wehrpflichtgesetz von 1962. An Stelle der bisherigen Grenzordnung wird das Gesetz über die Staatsgrenze der DDR (Grenzgesetz) verabschiedet.

1. November Die Strafvollzugseinrichtung für Militärstrafgefangene Schwedt/Oder geht vom Innenministerium in die Verantwortung der NVA über. In die neue Dienststelle mit der Bezeichnung „Disziplinareinheit-2" können auch Disziplinarbestrafte eingewiesen werden.

1983

5./6. März Treffen von unabhängigen ostdeutschen Friedensgruppen in Ost-Berlin, die unter dem Motto „Konkret für den Frieden" ihre Erfahrungen austauschen.

1. Juli Der NVR stimmt dem Abbau von Minen an der deutsch-deutschen Grenze zu. Bis 31. Juli 1985 sollen die Tötungsautomaten SM-70 und alle Bodenminen der DDR-Grenztruppen demontiert bzw. geräumt und durch einen Sperrzaun ohne Minen, aber mit verbesserter elektronischer Sicherung (Grenzsignalzaunanlage 83), ersetzt werden.

2. September An den Offizierhochschulen der NVA und der Grenztruppen beginnt die Ausbildung im Vierjahreszyklus, die mit dem Erwerb des ersten akademischen Grades und der Ernennung zum Leutnant abschließt.

1984

17. Januar In Stockholm beginnt die Konferenz über vertrauens- und sicherheitsbildende Maßnahmen und Abrüstung in Europa, an der die 35 Unterzeichnerstaaten der Schlussakte von Helsinki teilnehmen.

15. Mai Das Ministerium für Verteidigung der UdSSR teilt mit, dass in der DDR zusätzliche operativ-taktische Raketenkomplexe größerer Reichweite stationiert werden.

11. Juli Verteidigungsminister Armeegeneral Heinz Hoffmann besucht die Baustelle des Fährhafens Mukran/Rügen. Er trifft dort auch mit Bausoldaten zusammen.

2. September An den Offizierhochschulen nehmen erstmalig weibliche Armeeangehörige ein Studium auf.

7. Oktober Mit der zweiten kombinierten Land- und Luft-Parade nach 1979 findet in Berlin die größte Parade der NVA seit Bestehen und bis zum Ende der DDR statt.

1985

25. Januar Der Nationale Verteidigungsrat bestätigt die 1968 erfolgte Stiftung des „Blücher-Ordens für Tapferkeit", der allerdings erst im Kriegsfall verliehen werden kann.

11. März Michail S. Gorbatschow wird auf einer außerordentlichen Tagung des ZK der KPdSU zu dessen Generalsekretär gewählt, womit eine Reformierung der sowjetischen Politik beginnt.

26. April Unterzeichnung eines Protokolls über die Verlängerung des Warschauer Vertrages um weitere 20 Jahre.

2. Dezember Tod von Verteidigungsminister Armeegeneral Heinz Hoffmann. Sein Nachfolger im Amt wird Generaloberst Heinz Keßler, der zugleich zum Armeegeneral befördert wird.

1986

18. Februar Die Deutsche Post der DDR bringt eine Sonderbriefmarke mit dem Motiv einer Truppenfahne zum 30. Jahrestag der NVA heraus.

24. Februar Die 9. Panzerdivision Eggesin erhält den Namen Heinz Hoffmann. Es bleibt der einzige Verband der Landstreitkräfte mit einem Traditionsnamen.

17. bis 21. April Auf dem XI. Parteitag der SED wird Verteidigungsminister Armeegeneral Heinz Keßler zum Mitglied des Politbüros des ZK der SED gewählt.

22. September Die 35 Unterzeichnerstaaten der Schlussakte von Helsinki nehmen in Stockholm das Dokument der Stockholmer Konferenz über vertrauens- und sicherheitsbildende Maßnahmen und Abrüstung in Europa an.

1. November Der MfNV erlässt die Ordnung über die personelle Auffüllung der NVA und der Grenztruppen der DDR in Friedenszeiten. Mit dem gleichen Datum tritt eine neue Ordnung für den Mobilmachungsbedarf in Kraft.

28. November In der Ost-Berliner „Volksbühne" findet die zentrale Festveranstaltung zum 40. Jahrestag der Grenztruppen statt.

1. Dezember In der NVA tritt die neue „Struktur 90" in Kraft, die zahlreiche Neuaufstellungen, Umstrukturierungen und Umbenennungen nach sich zieht.

1987

23. bis 30. März Einer gemeinsamen Truppenübung der GSSD und der NVA in der DDR wohnen erstmals 68 Beobachter aus 20 KSZE-Staaten bei.

28./29. Mai Auf der Tagung des Politischen Beratenden Ausschusses des Warschauer Paktes wird das Dokument „Militärdoktrin der Teilnehmerstaaten des Warschauer Vertrages" verabschiedet.

10. bis 12. September Vier britische Offiziere inspizieren entsprechend dem Stockholmer Dokument zur Einhaltung und Kontrolle ankündigungspflichtiger militärischer Tätigkeiten Truppen der NVA und der GSSD.

8. Dezember Unterzeichnung eines Vertrages zwischen der UdSSR und den USA über die Liquidierung ihrer landgestützten Raketen mittlerer und kurzer Reichweite in Europa (INF-Vertrag).

1988

25. Februar Die UdSSR beginnt mit dem vorzeitigen Abzug von Raketen des Typs SS-12 sowie von Startrampen und Hilfsausrüstungen aus der DDR und der ČSSR.

31. März Das Abfangjagdflugzeug MiG-29A wird erstmals in einem Jagdfliegergeschwader der NVA in Dienst gestellt.

17. September bis 2. Oktober Armeesportler der NVA nehmen letztmalig an Olympischen Sommerspielen teil. In Seoul erringen sie 5 Gold-, 10 Silber- und 4 Bronzemedaillen.

28. November Eine Inspektionsgruppe der NVA inspiziert im Rahmen der Logistikübung „Sachsentroß" Truppen der Bundeswehr.

7. Dezember Auf der UNO-Vollversammlung verkündet die UdSSR eine Abrüstungsinitiative, bei der vier Panzerdivisionen, Luftsturmeinheiten und weitere Spezialtruppen aus der DDR abgezogen werden.

1989

23. Januar Der NVR beschließt, die NVA bis Ende 1990 um 10.000 Mann zu reduzieren, 600 Panzer und 50 Kampfflugzeuge außer Dienst zu stellen sowie die Verteidigungsausgaben um 10 Prozent zu verringern.

30. Januar In einer Erklärung des Komitees der Verteidigungsminister des Warschauer Vertrages werden „Angaben über die zahlenmäßige Stärke der Streitkräfte und Rüstungen von Warschauer Vertrag und NATO in Europa und den angrenzenden Seegebieten" veröffentlicht.

5. Februar Der DDR-Bürger Chris Gueffroy wird an der Berliner Mauer bei einem Fluchtversuch von Angehörigen der Grenztruppen erschossen. Er ist eines der letzten Opfer des unmenschlichen Grenzregimes der DDR.

14. März Beginn von Protestdemonstrationen gegen die Regierung und die SED-Führung in verschiedenen Orten der DDR.

22. März Abschluss der Verhandlungsrunde der KSZE-Staaten in Wien über neue vertrauens- und sicherheitsbildende Maßnahmen in Europa.

17. Mai In Jüterbog werden Teile der 32. Panzerdivision der GSSD, welche aus der DDR abgezogen wird, von der Bevölkerung verabschiedet.

7./8. Juni An den „Saarbrücker Gesprächen" über Abrüstung zwischen der SPD und SED nehmen hochrangige Vertreter der NVA teil.

29. Juni Umbenennung der GSSD in „Westgruppe der Truppen" (WGT).

7. August Erstmals besuchen amerikanische Politiker einen Truppenteil der NVA.

9. September Gründung des „Neuen Forums" als ein Sammelbecken der DDR-Opposition.

11. September Ungarn öffnet die Grenze zu Österreich.

27. September In einem Befehl des Verteidigungsministers werden für die NVA und die Grenztruppen der DDR besondere Sicherheitsmaßnahmen anlässlich des 40. Jahrestages der DDR formuliert.

30. September Die DDR-Flüchtlinge in der Botschaft der Bundesrepublik Deutschland in Prag dürfen in die Bundesrepublik ausreisen.

2. Oktober Letztmalig werden in der NVA Generale befördert und Offiziere zu Generalmajoren und Konteradmiralen ernannt.

4./5. Oktober In Dresden kommen Angehörige der Bereitschaftspolizei und NVA-Hundertschaften, ausgerüstet mit Schlagstöcken, gegen Demonstranten zum Einsatz.

7. Oktober Letzte „Ehrenparade" der NVA und der Grenztruppen der DDR in Ost-Berlin.

18. Oktober Egon Krenz wird Generalsekretär des ZK der SED.

24. Oktober In den Garnisonen Beelitz, Gotha, Goldberg, Sondershausen, Großenhain und Stallberg ist die Auflösung der Panzerregimenter abgeschlossen.

9. November Öffnung der Grenze unter dem Druck der Bevölkerung zuerst in der Berliner Bornholmer Straße. Damit fällt die „Mauer" in ganz Berlin. In der Folge wird auch die Grenze zur Bundesrepublik geöffnet.

16. November Meinungsaustausch über die Situation in der DDR zwischen Egon Krenz und führenden sowjetischen Militärs.

17. November Hans Modrow wird von der Volkskammer als Ministerpräsident gewählt. Einen Tag später wird Admiral Theodor Hoffmann zum neuen Minister für Nationale Verteidigung ernannt.

20. November Kommandeurstagung zur Einleitung einer Militärreform in der DDR.

November Die Kommission zur Ökonomischen Sicherstellung der Landesverteidigung stellt ihre Tätigkeit ein.

3. Dezember Auf der 12. Tagung des ZK der SED treten das Politbüro und das ZK zurück.

6. Dezember Der NVR hört mit der Abberufung seiner Mitglieder auf zu existieren.

7. Dezember Bildung eines Ausschusses zur Untersuchung von Amtsmissbrauch, Korruption und persönlicher Bereicherung in der NVA, den Grenztruppen und der Zivilverteidigung.

31. Dezember Beginn eines Soldatenstreiks in der Garnison Beelitz.

Jahresende Die Parteiorganisationen der SED bzw. der PDS stellen ihre Tätigkeit in der NVA ein.

1990

3. Januar Der Ministerpräsident der DDR weist die Umbildung der Grenztruppen in ein Grenzschutzorgan des Innenministeriums an.

15. Januar Ein Bürgerkomitee besetzt in Ost-Berlin die Zentrale des früheren MfS.

22. Januar Konstituierung eines „Runden Tisches" beim Verteidigungsminister.

26. Februar Der Zentrale Runde Tisch beschließt die Militärreform der DDR sowie die Schaffung eines Amtes für Abrüstung und Konversion.

27. Februar Der Runde Tisch beim Verteidigungsminister beschließt „Militärpolitische Leitsätze der DDR".

18. März Erste freie Wahlen zur Volkskammer.

12. April Die Volkskammer wählt eine neue Regierung. Unter Ministerpräsident Lothar de Maizière wird Rainer Eppelmann Minister für Abrüstung und Verteidigung. Als Chef der NVA wird Admiral Theodor Hoffmann eingesetzt.

12. April Die Volkskammer beschließt den Beitritt der DDR zur Bundesrepublik nach Art. 23 des Grundgesetzes.

26. April Die Volkskammer beschließt einen neuen Fahneneid für die NVA.

4. Mai Erstes offizielles Gespräch zwischen Delegationen des Ministeriums für Abrüstung und Verteidigung und des Bundesministeriums der Verteidigung in Bonn.

7. Mai Erste Einberufung von Wehrpflichtigen zum Zivildienst.

26. Juni Die Grenzüberwachung zur Grenze der Bundesrepublik Deutschland wird eingestellt.

1. Juli Der Vertrag über die Wirtschafts-, Währungs- und Sozialunion mit der Bundesrepublik tritt in Kraft.

16. Juli Bei einem Treffen des Bundeskanzlers mit dem Präsidenten der UdSSR wird ein Achtpunkteprogramm vereinbart und der Mitgliedschaft Gesamtdeutschlands in der NATO zugestimmt.

20. Juli Neuvereidigung der Berufssoldaten der NVA.

20. August Der Verbindungsstab der Bundeswehr nimmt in Strausberg seine Tätigkeit auf.

31. August Unterzeichnung des Vertrags zwischen der Bundesrepublik Deutschland und der DDR über die Herstellung der Einheit Deutschlands (Einigungsvertrag).

12. September Unterzeichnung des Vertrags über die abschließende Regelung in Bezug auf Deutschland (Zwei-Plus-Vier-Vertrag) in Moskau.

12. September Kommandeurstagung der NVA in Strausberg über den Weg in die deutsche Einheit.

21. September Das Verteidigungsministerium löst die Grenztruppen auf.

24. September In Berlin unterzeichnet der Minister für Abrüstung und Verteidigung der DDR ein Protokoll über den Austritt der DDR aus dem Warschauer Vertrag.

30. September Entlassung aller noch in der NVA verbliebenen Generale und Admirale.

2. Oktober Um 24.00 Uhr hört die NVA auf zu existieren.

3. Oktober, 0:00 Uhr Herstellung der Einheit Deutschlands. Der Bundesminister der Verteidigung übernimmt die Verantwortung für etwa 90.000 ehemalige NVA-Angehörige sowie für ca. 48.000 ehemalige Zivilbeschäftigte der NVA.

4. Oktober Offizielle Indienststellung des Bundeswehrkommandos Ost, des Heereskommandos Ost, des Luftwaffenkommandos Ost, des Marinekommandos Ost, der Wehrbereichskommandos VII und VIII sowie der Wehrbereichsverwaltung VII.

2. Oktober 1992 Die ersten ehemaligen NVA-Angehörigen werden zu Berufssoldaten der Bundeswehr ernannt.

Glossar

Abteilung 1.) Die grundlegende taktische Einheit der Artillerie.
2.) In der NVA Truppenteil der taktischen und operativ-taktischen Raketentruppen, der Fla-Raketenregimenter der Luftverteidigung sowie der Seestreitkräfte/Volksmarine.
3.) Eine Gliederungsform von milit. Führungsorganen.

Angriff Die grundlegende Gefechtsart soll, mit hohem Tempo und in die Tiefe geführt, mit Gefechten, Schlachten und Operationen möglichst vollständig die gegnerische Formation zerschlagen.

Armee 1.) Die gebräuchliche Bezeichnung für die Streitkräfte eines Landes.
2.) Militärische Gliederungsform im Aufbau der Teilstreitkräfte. Die Armee führt mit (in der Regel) 5 Divisionen sowie selbständigen Truppenteilen, Spezialkräften und Diensten für einen bestimmten Gefechtsabschnitt Operationen und Schlachten durch. Es wird zwischen allgemeinen, Panzer-, Luft-, Luftverteidigungs- oder Luftlandearmeen unterschieden.

Armeeangehörige In der DDR-Militärsprache übliche Bezeichnung für alle aktiv in der NVA dienenden Mannschaftsoldaten, Unteroffiziere, Fähnriche, Offiziere und Generale/Admirale. Mitunter wurden auch die Angehörigen der Grenztruppen und Zivilbeschäftigte dazu gezählt.

Armeeknast 1968 in der uckermärkischen Kleinstadt Schwedt/Oder eingerichtete Militärstrafvollzugseinrichtung für Militärpersonen

Armeekorps Militärische Gliederungsform im Aufbau der Teilstreitkräfte, die mit (in der Regel) drei Divisionen sowie selbständigen Truppenteilen, Spezialkräften und Diensten in einem bestimmten Gefechtsabschnitt Operationen durchführt.

Armeesportvereinigung Sportvereinigung, die den Leistungs- und Freizeitsport innerhalb der NVA und der Grenztruppen betrieb. Zu ihrer Struktur gehörten u. a. die Armeesportklubs.

Bataillon Militärische Gliederungsform der Truppen. Bei den mot. Schützen-, Panzer- und Luftlandetruppen bildete es die grundlegende taktische Einheit.

Batterie Kleinste taktische Einheit der Artillerie, bestehend aus 2 bis 4 Feuerzügen und einer Führungsgruppe/Führungszug.

Bezirks- und Kreiseinsatzleitung Nach dem Volksaufstand 1953 wurde eine Sicherheitsstruktur entwickelt, in der Bezirks- und Kreiseinsatzleitungen bei inneren Unruhen für die Koordinierung der bewaffneten Organe verantwortlich waren. Sie übernahmen seit den 1960er-Jahren auch Verteidigungsaufgaben.

Brigade Militärische Gliederungsform der Truppe und zugleich taktischer Verband. Sie besteht aus dem Stab, Stabseinheiten, mehreren Regimentern oder Bataillonen, Sicherstellungseinheiten und rückwärtigen Diensten.

Dienste Sammelbegriff für Truppen und Einrichtungen, die die Handlungen einer Truppengattung sicherstellen, z. B. Rückwärtige Dienste oder Medizinische Dienste.

Dienstgradgruppe Nach Dienstgraden zusammengefasste Gruppen: Soldaten, Unteroffizierschüler, Fähnrichschüler, Unteroffiziere, Offizierschüler, Fähnriche, Offiziere (mit Leutnanten, Hauptleuten, Stabsoffizieren und Generalen)

Diensthabendes System der Luftverteidigung Integriertes gemeinsames Luftraumüberwachungssystem des Warschauer Pakts, in dem Luftstreitkräfte und Luftverteidigungskräfte verschiedener nationaler Streitkräfte in Bereitschaft gehalten wurden, um bei Verletzungen des Luftraums sofort eingreifen zu können.

Division Grundlegender und zugleich größter taktischer Verband. Die Bezeichnung erfolgt nach der in der Division vorherrschenden Waffengattung, z. B. Panzerdivision.

Einheit Kleinster Truppenkörper, der taktische Aufgaben im Zusammenwirken mit anderen Kräften und Mitteln erfüllt, z. B. Gruppe, Zug, Kompanie, Bataillon.

EK-Bewegung Hierarchie der Diensthabjahre von Wehrpflichtigen. Die „Entlassungskandidaten" (EK) erhoben sich über diensthalbjahrjüngere Soldaten.

Fähnrich Dienstgrad in der Dienstgradgruppe Fähnriche, die zwischen Berufsunteroffizieren und Offizieren stand.

Flottille Operativer bzw. operativ-taktischer Verband der Seestreitkräfte, der selbständig oder im Bestand einer Flotte Aufgaben löst.

Forcieren Militärischer Begriff für das aus der Bewegung heraus gewaltsame Überqueren eines Wasserhindernisses unter Einwirkung des Gegners.

Freunde Bezeichnung für die Angehörigen der sowjetischen Streitkräfte, die in der NVA als Waffenbrüder und Vorbild angesehen wurden bzw. angesehen werden mussten.

Front 1.) Die Bezeichnung der Linie, an der sich gegnerische Truppen gegenüberliegen.
2.) Im Warschauer Pakt war die Front entsprechend sowjetischer Gliederungsprinzipien die höchste operative Gliederungsform der Vereinten Streitkräfte mit mehreren Armeen, selbständigen Verbänden und Diensten aller Teilstreitkräfte.

Gefecht Grundlegende Form des taktischen Handelns von Truppen aller Waffengattungen mit dem Ziel der Zerschlagung des Gegners.

Gefechtsbereitschaft Fähigkeit, schnellstmöglich die volle Einsatzbereitschaft von Einheiten und Verbänden für den Kampfeinsatz herzustellen.

Genosse 1.) Offizielle Anrede für alle Armeeangehörigen in der NVA.
2.) Bezeichnung für ein Mitglied der SED.

Grundwehrdienstleistende Bezeichnung für die ihren 18-monatigen Grundwehrdienst leistenden Mannschaftssoldaten.

Gruppe der Sowjetischen Streitkräfte in Deutschland (GSSD) Am weitesten nach Westen vorgeschobener Teil der sowjetischen Streitkräfte. Auf dem DDR-Territorium setzte sie sich aus mehreren Armeen zusammen. Sie wurde 1989 in die Westgruppe der Streitkräfte (WGT) umbenannt und bis 1994 aus dem wiedervereinigten Deutschland abgezogen.

Hauptabteilung I 1) In der DDR entstanden in allen Ministerien, der Staatlichen Plankommission und allen bedeutenden staatlichen Einrichtungen Hauptabteilungen mit der Nummer I. Sie waren für alle Fragen der Sicherstellung und Gewährleistung der Verteidigungsbereitschaft und Mobilmachung zuständig.
2) Als Teil des MfS zuständig für die Überwachung und die Abwehr in der NVA und den Grenztruppen der DDR.

IM Vom MfS unter strengster Verschwiegenheit angeworbene Person, die verdeckt Informationen sammelte.

Kader Ausgewählte, politisch zuverlässige Führungskräfte. In der NVA zumeist Berufssoldaten.

Kadett Schüler einer militärischen Erziehungsanstalt/Schulorganisation.

Kadrieren Reduzierung auf das militärische Stammpersonal (einer Einheit).

Kampfgruppen der Arbeiterklasse Nach dem Volksaufstand 1953 geschaffene bewaffnete Arbeitermiliz der SED, die anfänglich Unruhen in den Betrieben verhindern, später in zum Teil motorisierten Hundertschaften militärische Aufgaben im Hinterland übernehmen sollte.

Kampfkraft Gesamtheit der materiellen und geistigen Kräfte, die ein Truppenkörper bei der Lösung seiner Kampfaufgabe entfaltet. Sie hängt von den Kampfmöglichkeiten und der Kampffähigkeit der Truppen ab.

Klassenkampf Begriff aus der Lehre des Marxismus-Leninismus, der die Auseinandersetzung zwischen den ausgebeuteten Klassen (z. B. „Arbeiterklasse") und der Ausbeuterklasse (z. B. „Bourgeoisie") beinhaltet.

Kernwaffenschlag Massierter oder gezielter Schlag mit Kernwaffen zur Vernichtung großer Gruppierungen oder Einzelziele des Gegners.

Klassenauftrag Auftrag/politische Richtlinie der SED-Führung anfangs nur für die NVA und die Grenztruppen, später gemeinsam für alle bewaffneten Organe zur Sicherung der „sozialistischen Errungenschaften" und des „friedlichen Lebens" der Bürger der DDR, sowie zum Schutz und zur Gewährleistung der „Unverletzlichkeit der Grenzen" der DDR.

Kommandeur Bezeichnung für alle militärische Führer/Vorgesetzten eines Bataillons, Truppenteils und Verbands.

Kommando 1.) Ein Führungsorgan;
2.) Eine Zusammenfassung von Kräften und Mitteln zur Erfüllung einer militärischen Aufgabe;
3.) Ein in Dienstvorschriften im Wortlaut festgelegter Befehl wie „Stillgestanden".

Kommiss Aus der deutschen Militärsprache überlieferte umgangssprachliche Bezeichnung für Militärdienst.

Konzentrierungsraum Raum außerhalb von Kasernen, in dem Kräfte und Mittel zur Lösung von Gefechtsaufgaben zusammengezogen werden.

Kriegsschauplatz Territorium, auf dem strategische Streitkräftegruppierungen konzentriert und entfaltet sind, um Kampfhandlungen durchzuführen. Jeder Kriegsschauplatz hatte strategische Räume und Richtungen.

Landstreitkräfte Als größte Teilstreitkraft für Landkampfhandlungen strukturiert und ausgebildet.

Landungsoperation Operation, bei der mit maritimen Fahrzeugen (Landungsbooten und -schiffen) Truppen, Kampftechnik und Versorgungsgüter zur Erfüllung von Gefechtsaufgaben an einem bestimmten Küstenabschnitt an Land gebracht werden.

Luftoperation Kampfhandlungen der Luftstreitkräfte zur Abwehr gegnerischer Luftstreitkräfte, zur Eroberung der Lufthoheit in einem bestimmten Gebiet oder im Zusammenwirken zur Unterstützung von Operationen der Land- und/oder Seestreitkräfte.

Luftraum Der Teil der Atmosphäre über Land und Wasser, der der staatlichen Souveränität eines Landes untersteht. Er wird durch die Staatsgrenzen zu Lande und das Seegebiet begrenzt, nach oben sind keine Grenzen definiert.

Luftstreitkräfte/Luftverteidigung Teilstreitkraft der NVA, die den Luftraum der DDR zu verteidigen und im Kriegsfall Luftoperationen im Rahmen der Vereinten Streitkräfte des Warschauer Pakts zu führen hatte.

Luftverteidigungsoperation Gesamtheit der Operationen und Schlachten, die mit dem Ziel der Zerschlagung der Luftangriffsmittel des Gegners zur Verteidigung des Luftraumes durchgeführt werden.

Manöver 1.) Organisierte Verlegung von Kräften und Mitteln in einem Gefecht mit dem Ziel, einen operativen Vorteil bzw. eine Massierung der Kräfte zu erlangen.
2.) Bezeichnung für eine große zweiseitige operative oder operativ-taktische Übung von Truppen und Stäben eines oder mehrerer Staaten unter maximal angenäherten Gefechtsbedingungen.

Med.-Punkt Medizinische Einrichtung in der Truppe.

Militärbezirk Administrative territoriale Einteilung der Landstreitkräfte, in der Verbände, Truppenteile, Einrichtungen und Dienste zusammengefasst sind.

Militärdoktrin Gesamtheit der Leitsätze und Auffassungen über die Vorbereitung des Landes und der Streitkräfte auf einen Krieg, die Kriegsziele und die Mittel und Methoden der Kriegführung.

Militarisierung Von Militarisierung spricht man, wenn unter dem Primat der Politik überdimensional aufgerüstet, Gesellschaft und Wirtschaft durch militärische Prinzipien und Strukturen hierarchisiert und die Bevölkerung militärisch indoktriniert wird, sowie eine demokratische Kontrolle fehlt, um diesen Prozess einzuschränken.

Militarismus Militarismus kennzeichnet eine Gesellschaft, in der das Militär den Primat hat und damit das Militärische einen dominierenden Einfluss auf Politik, Wirtschaft, Gesellschaft und Kultur ausübt.

Mobilmachung Alle Maßnahmen zur Überführung eines Staates, seiner Streitkräfte, seiner Wirtschaft und seiner Gesellschaft in den Kriegszustand.

Nomenklatur Verzeichnis und Steuerelement der SED zur Besetzung hoher und höchster Positionen in Staat, Militär und Gesellschaft mit SED-treuem Personal.

Nationaler Verteidigungsrat Höchstes geheim tagendes militär- und sicherheitspolitisches Organ der DDR zur Organisierung und Führung der Landesverteidigung.

Objekt Neutrale NVA-Bezeichnung für geschlossene militärische Liegenschaften, Kasernen oder Gebäude.

Operation Gesamtheit der nach Ziel, Aufgaben, Zeit und Raum aufgeteilten Handlungen verschiedener Einheiten und Waffengattungen zur Erfüllung einer operativ-strategischen, operativen oder taktischen Aufgabe.

Operative Kunst Theorie und Praxis der Vorbereitung und Durchführung operativer Kampfhandlungen von Teilstreitkräften und Verbänden.

Operative Planung Planung von Kampfhandlungen zur Erreichung operativer und strategischer Ziele.

Park In der Kaserne abgetrennte Garagen-, Wartungs-, Reparatur- und Abstell-/Lagerfläche für Fahrzeuge und andere Militärtechnik.

Patenschaft Vereinbarung zwischen NVA-Einheiten und zivilen Einrichtungen über eine Zusammenarbeit.

Regiment Militärische Gliederungsform von Truppen und taktischen Truppenkörpern.

Reservistenkollektiv Organisationsform in Betrieben und anderen Einrichtungen zu Erhaltung der Kampfkraft und zur Schulung von gedienten Reservisten.

Schlacht Gesamtheit der Gefechte zur Lösung einer Gefechtsaufgabe als Bestandteil der Operation. Es werden unterschieden: allgemeine Schlachten, Seeschlachten, Luft- und Luftverteidigungsschlachten

Sicherstellung Planung, Organisation und Durchführung eines Komplexes von Aufgaben zur Versorgung der in eine Operation oder Schlacht involvierten eigenen Truppen mit Verpflegung, Waffen, Treibstoffen, Munition, personellem Ersatz, medizinischer und truppendienstlicher Betreuung bis hin zu Reparatur- und Instandsetzungskapazitäten.

Soldat/Matrose Unterster militärischer Dienstgrad. Er wurde in der NVA anders als in der Bundeswehr in der Regel nur für die Mannschaftsdienstgrade verwendet und nicht als Bezeichnung für alle Uniformträger.

Sozialistische Soldatenpersönlichkeit Konstrukt der NVA-Ideologen. Der sozialistische Soldat sollte sich als Vorbild durch ein hohes politisches Bewusstsein, hervorragende politisch-moralische Persönlichkeitseigenschaften, wie Ergebenheit gegenüber der Partei, und Siegeszuversicht und moralisch-kämpferische Eigenschaften wie Mut, Gehorsam und Tapferkeit auszeichnen.

Sozialistische Wehrerziehung Sie sollte die Wehrbereitschaft und Wehrfähigkeit der DDR-Bürger von der Kindheit bis ins hohe Alter ausprägen. Zur Wehrerziehung gehörte u. a. die vormilitärische Ausbildung.

Sozialistischer Wettbewerb Von der SED auch in der NVA gesteuerte Massenbewegung zur Mobilisierung der Armeeangehörigen mit dem Ziel, die Kampfkraft und Gefechtsbereitschaft zu erhöhen.

Spatensoldaten Wehrpflichtige, die den Wehrdienst mit der Waffe ablehnten und als Bausoldaten in Baueinheiten der NVA zum Einsatz kamen. Ihr Erkennungszeichen war ein kleiner Spaten auf den Schulterklappen.

Spieß Aus der deutschen Militärtradition übernommene, nicht offiziell verwendete Bezeichnung für den Hauptfeldwebel der Kompanie, der direkter Vorgesetzter aller Soldaten und Unteroffiziere in seiner Einheit war

Staatssicherheit (Stasi) Geheimpolizei, Geheimdienst und Untersuchungsorgan der DDR im Dienste der SED.

Strategie Theorie und Praxis des Einsatzes von Streitkräften und militärischen Mitteln bzw. der gesamten Verteidigungskraft eines Landes in einem militärischen Konflikt oder Krieg.

Strategische Richtung Streifen eines Kriegsschauplatzes, der den Angriff auf die wichtigsten politischen, militärischen und wirtschaftlichen Ziele des Gegners lenkt.

Streitkräfte Militärische Organisation eines Staates zur Durchsetzung politischer Ziele mit dem Mittel der Gewalt.

System der sozialistischen Landesverteidigung Alle gesellschaftlichen Bereiche der DDR waren in die Vorbereitung und Durchführung der Verteidigung des Landes integriert. Das System der sozial. Landesverteidigung bestand aus einem mobilen Teil mit der NVA und den Grenztruppen (bis 1973) sowie einem territorialen Teil, der alle anderen bewaffneten Kräfte umfasste.

Taktik Theorie und Praxis des Einsatzes von Verbänden, Waffengattungen, Spezialtruppen, Mitteln und Diensten und deren Zusammenwirken in einem Gefecht zum Erreichen einer militärischen Aufgabenstellung.

Teilstreitkraft Teil der Gesamtstreitkräfte mit der Aufgabe, Kampfhandlungen entweder zu Lande, in der Luft oder zur See zu führen.

Territorialverteidigung Der territoriale Bereich der Landesverteidigung umfasste alle Kräfte und Mittel im Hinterland zu Sicherstellung der Verteidigungshandlungen und zur Aufrechterhaltung, der Ordnung, der Wirtschaft und der Infrastruktur des Landes.

Truppenteil Truppenkörper (Regiment), der selbständig bestimmte taktische Aufgaben lösen kann.

Untergebene Bezeichnung für Armeeangehörige, die ständig oder zeitweise einem Vorgesetzten unterstellt sind und dessen Weisungen durchführen. Im Sprachgebrauch der NVA wurden sie als Unterstellte bezeichnet.

Verband Truppenkörper (Division), der selbständig bestimmte taktische Aufgaben lösen kann.

Vereinte Streitkräfte Die unter Führung des Oberkommandierenden stehenden Truppen und Stäbe der Teilnehmerstaaten des Warschauer Vertrages.

Verteidigung Gefechtsart, die erzwungen oder beabsichtigt durchgeführt wird.

Volksmarine Die Seestreitkräfte der NVA erhielten im November 1960 den Namen „Volksmarine" verliehen.

Waffenbrüderschaft Umgangssprachlich für die in der DDR-Verfassung von 1968 verankerte politische, ideologische und militärische Verbundenheit mit den Streitkräften im Warschauer Pakt.

Waffengattung Truppen mit arteigener Bewaffnung und Ausrüstung zur Erfüllung einer bestimmten Funktion im Gefecht.

Wehrunterricht Das 1978 für die 9. und 10. Klasse der Polytechnischen Oberschulen eingeführte Pflichtfach war Teil der Wehrerziehung und sollte die Wehrbereitschaft der Schüler fördern. Im Westen wurde der Unterricht oft als „Wehrkunde" bezeichnet.

Zivilverteidigung Paramilitärische Massenorganisation der DDR für den Luft-, Katastrophen- und Bevölkerungsschutz.

Zusammenwirken Koordinierung der Handlungen von Teilstreitkräften, Waffengattungen, Spezialtruppen und Diensten während der Kampfhandlungen zur Erzielung der maximalen Wirkung auf den Gegner.

Auswahlbibliografie

Armee ohne Zukunft. Das Ende der NVA und die deutsche Einheit. Zeitzeugenberichte und Dokumente. Im Auftrag des Militärgeschichtlichen Forschungsamtes hrsg. von Hans Ehlert, Berlin 2002 (= Militärgeschichte der DDR, Bd 3).

Heiner Bröckermann, Landesverteidigung und Militarisierung. Militär- und Sicherheitspolitik der DDR in der Ära Honecker 1971 bis 1989. Hrsg. vom Militärgeschichtlichen Forschungsamt, Berlin 2011 (= Militärgeschichte der DDR, Bd 20).

Hans-Werner Deim u. a., Die militärische Sicherheit der DDR im Kalten Krieg. Inhalte, Strukturen, verbunkerte Führungsstellen und Anlagen, Hoppegarten 2008.

Torsten Diedrich/Rüdiger Wenzke, Die getarnte Armee. Geschichte der Kasernierten Volkspolizei der DDR 1952 bis 1956. Hrsg. vom Militärgeschichtlichen Forschungsamt, 2. Aufl., Berlin 2003 (= Militärgeschichte der DDR, Bd 1).

Im Dienst der Partei. Handbuch der bewaffneten Organe der DDR. Im Auftrag des Militärgeschichtlichen Forschungsamtes hrsg. von Torsten Diedrich, Hans Ehlert und Rüdiger Wenzke, 2., durchgesehene Aufl., Berlin 1998.

Bernd Eisenfeld/Peter Schicketanz, Bausoldaten in der DDR. Die „Zusammenführung feindlich-negativer Kräfte" in der NVA, Berlin 2011.

Erlebtes und Geschaffenes. Beiträge zur Geschichte der Luftstreitkräfte/Luftverteidigung der Nationalen Volksarmee der DDR, hrsg. von der Arbeitsgemeinschaft „Geschichte der LSK/LV", Strausberg 2009.

Klaus H. Feder, Militärische Orden der Deutschen Demokratischen Republik, Köthen 2011.

Klaus Froh, Chronik der NVA, der Grenztruppen und der Zivilverteidigung der DDR 1956–1990, Berlin 2010 (= Forum Moderne Militärgeschichte, Bd 2).

Klaus Froh/Rüdiger Wenzke, Die Generale und Admirale der NVA. Ein biographisches Handbuch. Hrsg. vom Militärgeschichtlichen Forschungsamt, 6., aktual. Aufl., Berlin 2012.

Genosse General! Die Militärelite der DDR in biografischen Skizzen. Im Auftrag des Militärgeschichtlichen Forschungsamtes von Hans Ehlert und Armin Wagner, Berlin 2003 (= Militärgeschichte der DDR, Bd 7).

Günther Glaser, Armee gegen das Volk? Zeitgenössische Studie mit Dokumenten zur Einsatzplanung des Militärs im Innern der DDR (1949–1965/66), Frankfurt a. M. 2009.

Grundkurs deutsche Militärgeschichte, Bd 3: Die Zeit nach 1945. Armeen im Wandel. Mit Beiträgen von Manfred Görtemaker, Reiner Pommerin, Rüdiger Wenzke und Irmgard Zündorf. Im Auftr. des Militärgeschichtlichen Forschungsamtes hrsg. von Karl-Volker Neugebauer, München 2008.

Winfried Heinemann, Die DDR und ihr Militär, Berlin 2011 (= Militärgeschichte kompakt, Bd 3).

Theodor Hoffmann, Das letzte Kommando. Ein Minister erinnert sich, Berlin, Bonn, Herford 1993.

Martin Kaule, Bunkeranlagen. Gigantische Bauten in Deutschland und Europa, Augsburg 2013.

Olaf Kersten, Hans-Georg Löffler u. a., Garnisonen der NVA und der GSTD. Zur Nutzung der militärischen Standorte von 1871 bis 2010, Berlin 2011 (= Forum Moderne Militärgeschichte, Bd 3).

Klaus-Ulrich Keubke/Manfred Kunz, Militärische Uniformen in der DDR 1949–1990, Schwerin 2003.

Wilfried Kopenhagen/Hans Mehl/Knut Schäfer, Die NVA. Land-, Luft- und Seestreitkräfte, Stuttgart 2006.

Bernhard R. Kroener, Militär, Staat und Gesellschaft im 20. Jahrhundert (1890–1990), München 2011 (= Enzyklopädie Deutscher Geschichte, Bd 87).

Dieter Krüger, Am Abgrund. Das Zeitalter der Bündnisse: Nordatlantische Allianz und Warschauer Pakt 1947 bis 1991, Fulda 2013 (= Schriftenreihe Point Alpha, Bd 1).

Peter Joachim Lapp, Grenzregime der DDR, Aachen 2013.

Siegfried Lautsch, Kriegsschauplatz Deutschland. Erfahrungen und Erkenntnisse eines NVA-Offiziers. Hrsg. vom Zentrum für Militärgeschichte und Sozialwissenschaften der Bundeswehr, Potsdam 2013.

Horst Lohmann, GSSD. Die Gruppe der Sowjetischen Streitkräfte in Deutschland 1945–1994. Ein historischer Abriss, Hoppegarten 2010.

Marco Metzler, Nationale Volksarmee. Militärpolitik und politisches Militär in sozialistischer Verteidigungskoalition 1955/56 bis 1989/90, Baden-Baden 2012.

Das MfS-Lexikon. Begriffe, Personen und Strukturen der Staatssicherheit der DDR. Hrsg. im Auftrag der Abteilung Bildung und Forschung des Bundesbeauftragten für die Unterlagen des Staatssicherheitsdienstes der ehemaligen Deutschen Demokratischen Republik von Roger Engelmann u. a., Berlin 2012.

Militärlexikon, Berlin (Ost) 1971.

Fritz Minow, Die NVA und Volksmarine in den Vereinten Streitkräften. Geheimnisse der Warschauer Vertragsorganisation, Friedland 2011.

Militär, Staat und Gesellschaft in der DDR. Forschungsfelder, Ergebnisse, Perspektiven. Im Auftrag des Militärgeschichtlichen Forschungsamtes hrsg. von Hans Ehlert und Matthias Rogg, Berlin 2004 (= Militärgeschichte der DDR, Bd 8).

Klaus-Peter Möller, Der wahre E. Ein Wörterbuch der DDR-Soldatensprache, Berlin 2000.

Christian Th. Müller, Tausend Tage bei der Asche. Unteroffiziere in der NVA. Hrsg. vom Militärgeschichtlichen Forschungsamt, Berlin 2003 (= Militärgeschichte der DDR, Bd 6).

Ehrhart Neubert, Geschichte der Opposition in der DDR 1949–1989, Bonn 1997.

Harald Nielsen, Die DDR und die Kernwaffen. Die nukleare Rolle der Nationalen Volksarmee im Warschauer Pakt, Baden-Baden 1998.

Daniel Niemetz, Das feldgraue Erbe. Die Wehrmachteinflüsse im Militär der SBZ/DDR. Hrsg. vom Militärgeschichtlichen Forschungsamt, Berlin 2006 (= Militärgeschichte der DDR, Bd 13).

NVA. Anspruch und Wirklichkeit nach ausgewählten Dokumenten. Hrsg. von Klaus Naumann, Hamburg, Berlin, Bonn 1996.

Raketentruppen der NVA-Landstreitkräfte – Geheimhaltungsgrad aufgehoben. Hrsg. von Roland Großer, Halle 2012.

Matthias Rogg, Armee des Volkes? Militär und Gesellschaft in der DDR. Hrsg. vom Militärgeschichtlichen Forschungsamt, 2. erw. Aufl., Berlin 2009 (= Militärgeschichte der DDR, Bd 15).

Matthias Rogg, Kompass Militärgeschichte. Ein historischer Überblick für Einsteiger, Freiburg 2013.

Jörg Schönbohm, Zwei Armeen und ein Vaterland. Das Ende der Nationalen Volksarmee, Berlin 1992.

Klaus Schroeder, Der SED-Staat. Geschichte und Strukturen der DDR 1949–1990, Köln, Weimar, Wien 2013.

Staatsfeinde in Uniform? Widerständiges Verhalten und politische Verfolgung in der NVA. Im Auftrag des Militärgeschichtlichen Forschungsamtes hrsg. von Rüdiger Wenzke, Berlin 2005 (= Militärgeschichte der DDR, Bd 9).

Horst Stechbarth, Soldat im Osten. Erinnerungen und Erlebnisse aus fünf Jahrzehnten, Hüllhorst 2006.

Klaus Storkmann, Geheime Solidarität. Militärbeziehungen und Militärhilfen der DDR in die „Dritte Welt". Hrsg. vom Militärgeschichtlichen Forschungsamt, Berlin 2012 (= Militärgeschichte der DDR, Bd 21).

Die Streitkräfte der DDR und Polens in der Operationsplanung des Warschauer Paktes. Im Auftrag des Militärgeschichtlichen Forschungsamtes hrsg. von Rüdiger Wenzke, Potsdam 2010.

Frank Umbach, Das Rote Bündnis. Entwicklung und Zerfall des Warschauer Paktes 1955 bis 1991. Hrsg. vom Militärgeschichtlichen Forschungsamt, Berlin 2003 (= Militärgeschichte der DDR, Bd 10).

Volksmarine der DDR. Deutsche Seestreitkräfte im Kalten Krieg, hrsg. von Friedrich Elchlepp u. a., Hamburg, Berlin, Bonn 1999.

Armin Wagner, Walter Ulbricht und die geheime Sicherheitspolitik der SED. Der Nationale Verteidigungsrat und seine Vorgeschichte (1953–1971). Hrsg. vom Militärgeschichtlichen Forschungsamt, Berlin 2002 (= Militärgeschichte der DDR, Bd 4).

Was war die NVA? Studien – Analysen – Berichte zur Geschichte der Nationalen Volksarmee. Hrsg. von der Arbeitsgruppe Geschichte der NVA und Integration ehemaliger NVA-Angehöriger in Gesellschaft und Bundeswehr im Landesverband Ost des Deutschen Bundeswehrverbandes, 3 Bände, Berlin 2001, 2007 und 2010.

Rüdiger Wenzke, Die NVA und der Prager Frühling. Zur Rolle Ulbrichts und der DDR-Streitkräfte bei der Niederschlagung der tschechoslowakischen Reformbewegung, Berlin 1995.

ders., Ab nach Schwedt! Die Geschichte des DDR-Militärstrafvollzugs, 2. Aufl., Berlin 2013.

ders., Geschichte der Nationalen Volksarmee 1956–1990, Erfurt 2013.

ders., Ulbrichts Soldaten. Die Nationale Volksarmee 1956 bis 1971. Hrsg. vom Militärgeschichtlichen Forschungsamt, Berlin 2013 (= Militärgeschichte der DDR, Bd 22).

Militärkonzert auf dem Platz der Akademie in Ost-Berlin, 1987

Personenregister

Ablaß, Werner E. (1946)
Staatssekretär im Ministerium für Abrüstung und Verteidigung
Von 1987 bis Anfang 1990 leitete er ein evangelisches Altersheim in Mecklenburg. Im Dezember 1989 wurde er Mitbegründer der Partei „Demokratischer Aufbruch" in Mecklenburg. Im Frühjahr 1990 übernahm er im Ministerium für Abrüstung und Verteidigung das Amt des Stellvertreters des Ministers und Staatssekretärs.

Allenstein, Walter (1906 bis 1992)
Generalleutnant der NVA und Chef der Rückwärtigen Dienste
Der gelernte Kaufmann wurde 1928 Mitglied der KPD und diente 1943 bis 1945 in der Wehrmacht. 1952 trat er in die KVP ein und wurde Chef der Verwaltung Finanzen und 1953 bis 1960 Chef der Rückwärtigen Dienste der KVP/NVA. Von 1961 bis 1972 fungierte er als Stellvertreter des Ministers und Chef der Rückwärtigen Dienste der NVA.

Anders, Olivier (1942)
Generalmajor der NVA und Chef Sicherstellung
Er trat 1961 in die NVA ein, durchlief verschiedene Stabs- und Truppenverwendungen und wurde 1986 Kommandeur der 11. Mot. Schützendivision. Anfang 1990 übernahm er die Leitung der Verwaltung Staatsbürgerliche Arbeit und wurde im September 1990 als Chef Sicherstellung der NVA eingesetzt und mit der Führung beauftragt.

Bänsch, Willi (1908 bis 1944)
Widerstandskämpfer
Er beteiligte sich ab 1933 am Widerstandskampf gegen die Nazi-Diktatur und wurde 1935 zu einer sechsjährigen Zuchthausstrafe verurteilt. Nach der Haftentlassung floh er aus einem Arbeitserziehungslager. Im November 1944 wurde er verhaftet und wenige Monate später hingerichtet.

Baumgarten, Klaus-Dieter (1931 bis 2008)
Generaloberst der NVA und Chef der Grenztruppen der DDR
Der gelernte Zimmerer trat 1949 in die Volkspolizei ein. 1958 wechselte er zur DGP. Von 1965 bis 1973 war er 1. Stellvertreter des Chefs der Grenztruppen, von 1973 bis 1978 Kommandeur des Grenzkommandos Süd sowie 1979 bis 1989 Stellvertreter des Ministers für Nationale Verteidigung und Chef der Grenztruppen der DDR.

Berger, Rolf (1936 bis 2009)
Generalleutnant der NVA und Chef der LSK/LV
Der Berufssoldat trat 1955 in die KVP ein und wurde Flugzeugführer. Von 1968 bis 1973 befehligte er das Jagdfliegergeschwader-9. Nach der Übernahme weiterer leitender Funktionen in den LSK/LV, so u. a. als Kommandeur der 3. LVD und von 1986 bis 1989 als Stellvertreter des Chefs der LSK/LV und Chef des Stabes, wurde er 1990 Chef der LSK/LV.

Beyer, Udo (1955)
Spitzensportler und Olympiasieger
Beyer trainierte seit 1969 aktiv als Kugelstoßer. Der NVA-Offizier wurde insgesamt elf Mal DDR-Meister, 1978 und 1982 Europameister und 1976 Olympiasieger. Er war mehrfach Europa- und Weltcupsieger.

Blücher, Gerhard Lebrecht (1742 bis 1819)
Preußischer Generalfeldmarschall
1813 übernahm er mit Scharnhorst als Stabschef und Gneisenau als Generalquartiermeister die preußische Feldarmee und später die Schlesische Armee. Er siegte an der Katzbach, bei Leipzig, Paris und Waterloo über Napoleons Truppen. Wegen seines Ungestüms ging er als „Marschall Vorwärts" in die Geschichte ein.

Born, Hendrik (1944)
Vizeadmiral der NVA und Chef der Volksmarine
Der Abiturient trat 1963 als Offiziersschüler in die Volksmarine ein. In der Folge war er u. a. Kommandant eines Minensuch- und Räumschiffs und eines Küstenschutzschiffs. 1983 wurde er Stabschef der 1. Flottille und von 1984 bis 1989 deren Chef. 1989/90 war er Chef der Volksmarine.

Breschnew, Leonid Iljitsch (1906 bis 1982)
Sowjetischer Partei- und Staatschef
Der studierte Metallurge trat 1931 in die KPdSU ein. Im Großen Vaterländischen Krieg war er Brigadekomman-

deur und zuletzt Generalmajor. Nach dem Krieg begann seine Karriere in der Partei. Er wurde 1957 Mitglied des Politbüros und 1964 Parteichef. Seit 1966 trug er den Titel Generalsekretär. 1976 ließ er sich zum Marschall der Sowjetunion ernennen.

Brünner, Horst (1929 bis 2008)
*Generaloberst der NVA und Chef der
Politischen Hauptverwaltung*
Der Industriekaufmann trat 1948 in die VP ein und war seitdem im Politapparat tätig. 1971/72 war er Leiter der Politischen Verwaltung des Militärbezirks Leipzig, danach 1972 bis 1985 Stellvertreter des Chefs der PHV für organisationspolitische Arbeit und von 1985 bis 1989 Stellvertreter des Ministers und Chef der PHV der NVA.

Chruschtschow, Nikita Sergejewitsch (1894 bis 1971)
Sowjetischer Partei- und Staatschef
Der studierte Jurist war seit 1918 Mitglied der KPdSU (B). Am Großen Vaterländischen Krieg nahm er als Offizier teil. 1949 wurde er Sekretär des ZK der KPdSU und von 1953 bis 1964 dessen 1.Sekretär. Von 1958 bis zu seinem Sturz 1964 war er auch Ministerpräsident der UdSSR.

Dickel, Friedrich (1913 bis 1993)
Armeegeneral und Minister des Innern
Der gelernte Gießer und Former trat 1928 in die KPD ein und nahm 1936/37 als Interbrigadist am spanischen Bürgerkrieg teil. Danach war er für die sowjetische Aufklärung tätig. Seit 1949 bekleidete er Funktionen in der Politischen Verwaltung der kasernierten Polizeitruppen. Nach Gründung der NVA übernahm er als Ministerstellvertreter die Leitung der Politischen Verwaltung, danach wurde er Stellvertreter des Ministers für Technik und Bewaffnung. Von 1963 bis 1989 war er Minister des Innern und Chef der Deutschen Volkspolizei. In dieser Zeit gehörte er dem NVR an.

Dölling, Rudolf (1902 bis 1975)
Generalmajor der NVA und Chef der Politischen Verwaltung
Der gelernte Textilarbeiter wurde 1923 Mitglied der Kommunistischen Partei der Tschechoslowakei und 1946 Mitglied der SED. Seit 1949 leitend im Politapparat der HVA und KVP tätig, wurde er von 1957 bis 1959 als Stellvertreter des Verteidigungsministers und Chef der Politischen Verwaltung der NVA eingesetzt. Von 1959 bis 1965 wirkte er als Botschafter der DDR in der UdSSR.

Dollwetzel, Heinrich (1912 bis 1966)
*Generalmajor der NVA und 1. Stellvertreter des Ministers
für Nationale Verteidigung*
Der gelernte Rohrschlosser trat 1932 in die KPD ein. 1933 emigrierte er in die UdSSR. Von 1936 bis 1938 kämpfte er im Spanischen Bürgerkrieg, von 1941 bis 1945 als Offizier in der Roten Armee. 1949 trat in die bewaffneten Organe der DDR ein und wurde als Chef Ausbildung und Lehranstalten zu einem Stellvertreter des Chefs der KVP. 1956 erhielt er die Funktion des 1. Stellvertreters des Ministers für Nationale Verteidigung übertragen. Nach nur wenigen Monaten in dieser Funktion setzte man ihn als Leiter einer Offizierschule und von 1958 bis 1960 als Kommandeur der Hochschule für Offiziere bzw. der Militärakademie der NVA Dresden ein.

Dubček, Alexander (1921 bis 1992)
*1. Sekretär des ZK der Kommunistischen Partei
der Tschechoslowakei und Reformer*
Der gelernte Maschinenschlosser wuchs in der UdSSR auf, nahm 1944 am Slowakischen Nationalaufstand teil und bekleidete seit 1949 verschiedene Parteiämter in der Tschechoslowakei. Anfang 1968 wurde er zum 1. Sekretär des ZK gewählt. Er versuchte, den Staat und die Partei zu reformieren. Nach der Intervention von Warschauer-Pakt-Truppen wurde er zum Rücktritt gezwungen. 1970 wurde er aus der Partei ausgeschlossen. Danach arbeitete er zeitweise in einer Forstverwaltung.

Ehm, Wilhelm (1918 bis 2009)
Admiral der NVA und Chef der Volksmarine
Der gelernte Elektriker kam 1939 zur Kriegsmarine. Nach Krieg und Gefangenschaft wurde er Funktionär in der SED-Kreisleitung Rügen und wechselte von dort zur HVA/HVS. Von 1954 bis 1957 war er in leitenden Funktionen im Stab der VP-See bzw. der NVA-Seestreitkräfte tätig, bevor er von 1959/61 und von 1963 bis 1972 als Chef der Seestreitkräfte/Volksmarine und seit 1972 als Stellvertreter des Ministers und Chef der Volksmarine fungierte

Engelhardt, Lothar (1939 bis 2010)
Generalmajor der NVA und Chef der NVA
Der Abiturient trat 1958 in die NVA ein. Sein Einsatz erfolgte danach vor allem in Dienststellungen der Truppenaufklärung. Von 1980 bis 1982 war er Chef Aufklärung im Kommando des Militärbezirks Neubrandenburg und von 1984 bis 1987 in gleicher Funktion im Kommando

Landstreitkräfte. 1990 wurde er Stellvertreter des Chefs der Landstreitkräfte und Chef des Stabes und ab 15. September 1990 Chef der NVA.

Engels, Friedrich (1820 bis 1895)
Militär- und Gesellschaftstheoretiker
Der Mitverfasser des „Kommunistischen Manifests" nahm 1849 an der Revolution in Baden und in der Pfalz teil und emigrierte danach über die Schweiz nach Großbritannien. Hier verfasste er weitere Schriften zu Militärgeschichte sowie zur Militär- und Gesellschaftstheorie.

Eppelmann, Rainer (1943)
Waffendienstverweigerer und Minister für Abrüstung und Verteidigung
Er wurde als Bausoldat in den 1960er-Jahren wegen Gelöbnisverweigerung inhaftiert. Nach einem Theologiestudium wirkte er bis 1989 als Pfarrer in Ost-Berlin. Im Kabinett von Lothar de Maizière wurde der Mitbegründer der Partei „Demokratischer Aufbruch" Minister für Abrüstung und Verteidigung der DDR.

Ernst, Hans (1921 bis 2000)
*Generalleutnant der NVA und
Chef des Militärbezirks Leipzig*
Der gelernte Konditor diente von 1938 bis 1945 in der Wehrmacht und trat nach 1945 in die Polizei der SBZ ein. Von 1953 bis 1955 führte er die KVP-Division Potsdam, von 1958 bis 1961 die 4. Mot. Schützendivision Erfurt und von 1961 bis 1973 den Militärbezirk Leipzig. Danach war er bis 1976 Kommandeur der Offizierhochschule der Landstreitkräfte in Löbau.

Fischer, Kurt (1900 bis 1950)
*Generalinspekteur der VP und Präsident der
Deutschen Verwaltung des Innern*
Der studierte Lehrer trat 1919 der KPD bei und emigrierte 1921 in die UdSSR. Dort wurde er Mitglied der KPdSU und arbeitete von 1932 bis 1939 für die sowjetische Aufklärung. Im Mai 1945 kehrte er nach Deutschland zurück, arbeitete dann in der Landesverwaltung bzw. im Innenministerium des Landes Sachsen und wurde von 1948 bis 1950 Präsident der Deutschen Verwaltung des Innern und Chef der Deutschen Volkspolizei.

Flegel, Walter (1934 bis 2011)
Oberstleutnant der NVA und Schriftsteller
In den 1950er-Jahren gründete er einen Literaturzirkel in der NVA und wurde schriftstellerisch tätig. Nach dem Studium am Literaturinstitut in Leipzig übernahm er u. a. die Leitung eines NVA-Klubhauses. 1986 schied er aus der NVA aus und wurde freischaffender Schriftsteller.

Fleißner, Werner (1922 bis 1985)
Generaloberst der NVA und Chef Technik und Bewaffnung
Der gelernte Modelltischler war 1941 bis 1945 Unteroffizier in der Wehrmacht. 1946 trat er in die ostdeutsche Polizei ein und war in der Folge u. a. Kommandeur der Kfz.-Schule der KVP und Chef des Kfz.-Wesens der NVA. Von 1964 bis 1972 war er Stellvertreter des Ministers für Ausrüstung und danach bis 1985 Stellvertreter des Ministers und Chef Technik und Bewaffnung der NVA.

Gartenschläger, Michael (1944 bis 1976)
Fluchthelfer und Opfer des DDR-Genzregimes
Im Alter von 17 Jahren zu einer lebenslangen Freiheitsstrafe verurteilt, wurde der politische Häftling 1971 von der Bundesrepublik Deutschland freigekauft. Vom Westen aus wirkte er aktiv als Fluchthelfer. In der Nacht zum 1. Mai 1976 wurde er bei dem Versuch, zum dritten Mal eine Selbstschussanlage der DDR-Grenztruppen vom Typ SM-70 an der deutsch-deutschen Grenze abzubauen, von einem MfS-Kommando erschossen.

Gille, Klaus
Umweltbeauftragter im Ministerium für Abrüstung und Verteidigung

Gneisenau, August Neidhardt von (1760 bis 1831)
Preußischer Generalfeldmarschall und Heeresreformer
In der Armee von Marschall Blücher nahm er an den Kämpfen gegen Napoleon, u. a. an der Völkerschlacht bei Leipzig und in Waterloo, teil. Von 1806 bis 1813 hatte er sich zuvor einen Namen als Heeresreformer erworben. 1830 erhielt er den Oberbefehl über ein an der Grenze zu Russisch-Polen aufgestelltes preußisches Korps. Während seines Kommandos starb er an Cholera.

Goldbach, Joachim (1929 bis 2008)
Generaloberst der NVA und Chef Technik und Bewaffnung
Der gelernte Zimmermann war von 1956 bis 1964 Stellvertreter bzw. Kommandeur der 7. Panzerdivision, danach Kommandeur der 4. Mot. Schützendivision. Von 1969 bis 1972 agierte er als Stellvertreter des Chefs des Militärbezirks Leipzig, um danach bis 1979 den Militärbezirk Neu-

brandenburg zu führen. 1979 wurde er Stellvertreter des Ministers und Chef Rückwärtige Dienste, ab 1986 Stellvertreter des Ministers und Chef Technik und Bewaffnung. 1990 übernahm er die Leitung des Amtes für Technik, Abrüstung und Konversion im Ministerium für Abrüstung und Verteidigung.

Gorbatschow, Michail Sergejewitsch (1931)
Generalsekretär der KPdSU und Staatspräsident der Sowjetunion
Der studierte Jurist trat 1952 in die KPdSU ein, wurde 1971 Mitglied des ZK der KPdSU, 1980 Mitglied des Politbüros und 1985 dessen Generalsekretär. Er leitete einschneidende Veränderungen in allen Bereichen der sowjetischen Gesellschaft sowie eine Wende in der internationalen Politik ein. Er war 1990/91 Staatspräsident der Sowjetunion. 1990 erhielt er den Friedensnobelpreis.

Grätz, Manfred (1935)
Generalleutnant der NVA und Chef des Hauptstabes
Er war drei Jahre lang Stabschef der 1. Mot. Schützendivision, danach von 1976 bis 1978 Kommandeur der 8. Mot. Schützendivision und anschließend ein Stellvertreter des Chefs des Militärbezirks Neubrandenburg. 1982 erfolgte sein Einsatz als Chef des Militärbezirks Leipzig. 1986 wurde er Stellvertreter des Ministers und Chef Rückwärtige Dienste. 1990 war er Chef des Hauptstabes der NVA.

Gretschko, Andrei Antonowitsch (1903 bis 1976)
Marschall der Sowjetunion und sowjetischer Verteidigungsminister
Im Großen Vaterländischen Krieg war er Divisionskommandeur sowie Korps- und Armeebefehlshaber. 1945 wurde er Chef des Kiewer Militärbezirks, 1953 Oberkommandierender der GSBT/GSSD. In dieser Funktion war er 1953 verantwortlich für die Niederschlagung des Volkaufstands in der DDR. Seit 1957 wirkte er als 1. Stellvertreter des Verteidigungsministers und ab 1960 als Oberkommandierender der Vereinten Streitkräfte des Warschauer Pakts. Von 1967 bis 1976 war er Verteidigungsminister der UdSSR.

Grotewohl, Otto (1894 bis 1964)
Vorsitzender der SED und Ministerpräsident der DDR
Der gelernte Buchdrucker trat 1912 in die SPD ein. Von 1925 bis 1933 war er Mitglied des Reichstags. Nach der Vereinigung von SPD und KPD 1946 in der SBZ wurde er bis 1954 Vorsitzender der SED. Von 1949 bis 1964 nahm er die Funktion als Ministerpräsident bzw. Vorsitzender des Ministerrats der DDR wahr. Von 1960 bis 1964 war er Mitglied des NVR.

Gueffroy, Chris (1968 bis 1989)
Maueropfer
Beim Versuch, in der Nacht zum 6. Februar 1989 gemeinsam mit einem Freund die Grenze von Ost-Berlin (Treptow) nach West-Berlin (Neukölln) zu überwinden, wurde er von Grenzsoldaten der DDR erschossen. Er war das letzte Opfer an der Berliner Mauer, das durch den Einsatz von Schusswaffen ums Leben kam.

Hahn, Michael (1969)
Soldatenbeauftragter im Ministerium für Abrüstung und Verteidigung
Er leistete bis November 1989 in der NVA seinen Wehrdienst als Bausoldat. Im Frühjahr 1990 wurde er Soldatenbeauftragter unter Minister Rainer Eppelmann.

Hoffmann, Heinz (1910 bis 1985)
Armeegeneral und Minister für Nationale Verteidigung der DDR
Der gelernte Maschinenschlosser trat 1930 der KPD bei und emigrierte 1935 in die UdSSR. 1937 bis 1939 kämpfte er als Interbrigadist im Spanischen Bürgerkrieg. 1949 wurde er Vizepräsident der Deutschen Verwaltung des Innern und von 1950 bis 1952 Chef der HVA, danach bis 1955 Chef der KVP. 1957 erfolgte seine Ernennung zum 1. Stellvertreter des Ministers für Nationale Verteidigung und 1958 zum Chef des Hauptstabes der NVA. Von 1960 bis zu seinem Tod 1985 bekleidete er das Amt des Ministers für Nationale Verteidigung der DDR. In dieser Zeit gehörte er auch dem NVR und seit 1973 dem SED-Politbüro an.

Hoffmann, Theodor (1935)
Admiral der NVA und Minister für Nationale Verteidigung der DDR
Der Landarbeiter trat 1952 in die VP-See ein, absolvierte die Seeoffiziersanstalt Stralsund und übernahm in der Folge leitende Funktionen in der Volksmarine, unter anderem als Chef der 6. Flottille und als Stellvertreter des Chefs der Volksmarine. Von 1987 bis 1989 war er Chef der Volksmarine. Im Herbst 1989 übernahm er das Amt des Ministers für Nationale Verteidigung und begann, die Streitkräfte zu reformieren. Im Frühjahr 1990 wurde er unter Minister Rainer Eppelmann zum Chef der NVA ernannt.

Hofmann, Hans (1933)
Vizeadmiral der NVA und Chef Rückwärtige Dienste
Der Offizier war bis 1970 in verschiedenen Verwendungen der Volksmarine tätig. 1970 übernahm er die Führung der 1. Flottille. Von 1975 bis 1989 war er Stellvertreter des Chefs der Volksmarine und Chef Rückwärtige Dienste. Danach avancierte er zum Stellvertreter des Ministers und Chef Rückwärtige Dienste der NVA. Von April bis September 1990 war er Chef Sicherstellung der NVA.

Honecker, Erich (1912 bis 1994)
1. Sekretär/Generalsekretär der SED und Vorsitzender des Staatsrates
Der gelernte Dachdecker trat 1929 in die KPD ein. 1935 wurde er zu 10 Jahren Haft verurteilt. Nach seiner Befreiung aus dem Zuchthaus war er 1946 Mitbegründer und bis 1955 Vorsitzender der FDJ. Seit 1958 gehörte er dem SED-Politbüro an und war von 1971 bis 1989 1. Sekretär/Generalsekretär des ZK der SED. Er fungierte von 1960 bis 1971 als Sekretär und danach als Vorsitzender des NVR und seit 1976 auch als Vorsitzender des Staatsrates der DDR.

Jäger, Harald (1943)
Oberstleutnant des MfS
Der gelernte Ofensetzer meldete sich 1961 freiwillig zur Grenzpolizei, wechselte 1964 zum MfS. Am 9. November 1989 öffnete er an der Grenzübergangsstelle Bornholmer Straße in Berlin als stellvertretender Leiter der dortigen Passkontrolleinheit auf Druck der Massen die Grenzübergangsstelle zu West-Berlin.

Jähn, Sigmund (1937)
Generalmajor der NVA und erster Deutscher im All
Der gelernte Buchdrucker trat 1955 in die VP-Luft ein, wurde Offizier und Flugzeugführer. Von 1976 bis 1978 nahm er an der Kosmonauten-Ausbildung in die UdSSR teil. Vom 26. August bis 3. September 1978 war er der erste Deutsche im Weltall. Danach wurde er Stellvertreter des Leiters des Zentrums für Kosmonautische Ausbildung und von 1979 bis 1990 Chef der Kosmonautischen Ausbildung im Kommando LSK/LV.

Jaruzelski, Wojciech (1923 bis 2014)
Polnischer Armeegeneral und Staatspräsident der Volksrepublik Polen
Er kämpfte im Zweiten Weltkrieg und wurde 1956 General in der Polnischen Armee. 1968 übernahm er das Amt des Verteidigungsministers. Im Frühjahr 1981 wurde er Ministerpräsident Polens und wenig später 1. Sekretär der Polnischen Vereinigten Arbeiterpartei. Am 13. Dezember 1981 verhängte er das Kriegsrecht in Polen. Von 1985 bis 1989 war er Staatsratsvorsitzender und 1989/90 1. Staatspräsident Polens.

Johne, Friedrich (1911 bis 1989)
Generalmajor der NVA und Kommandeur der Militärakademie
Der gelernte Kaufmann war ab 1936 Mitglied der Kommunistischen Partei der Tschechoslowakei. Von 1937 bis 1939 nahm er als Interbrigadist am Spanischen Bürgerkrieg teil. Von 1942 bis 1945 war er Häftling im KZ Sachsenhausen. Nach dem Krieg wurde er Abteilungsleiter im Stab der HVA und 1952 bis 1954 Leiter der Verwaltung Lehranstalten der KVP. Von 1954 bis 1957 leitete er die Territorialverwaltung Süd und den Militärbezirk der NVA Leipzig und von 1959 bis 1963 die Militärakademie der NVA Dresden. 1963 bis 1967 war er Botschafter der DDR in Kuba.

Kalaschnikow, Michail Timofejewitsch (1919 bis 2013)
Sowjetischer Waffenkonstrukteur
Der Techniker konstruierte 1947 den Prototyp des Sturmgewehrs AK (Automat Kalaschnikow), das zwei Jahre später in die Sowjetarmee eingeführt wurde und danach in modernisierten Versionen in vielen Streitkräften der Welt Verwendung fand.

Keßler, Heinz (1920)
Armeegeneral und Minister für Nationale Verteidigung der DDR
Der gelernte Maschinenschlosser wurde 1940 zur Wehrmacht eingezogen. Er lief 1941 zur Roten Armee über und wirkte im Nationalkomitee Freies Deutschland. 1946 wurde er Mitbegründer der FDJ. 1950 trat er als Generalinspekteur in die HVA ein. Er wurde Chef der VP-Luft, der Verwaltung Aeroklubs und von 1957 bis 1967 Stellvertreter des Ministers und Chef LSK/LV. Danach wurde er bis 1978 als Chef des Hauptstabes der NVA eingesetzt, um anschließend bis 1985 als Chef der PHV zu wirken. Von 1985 bis 1989 war er Minister für Nationale Verteidigung. Er war seit 1967 Mitglied des NVR und seit 1986 Mitglied des SED-Politbüros.

Körner, Carl Theodor (1791 bis 1813)
Dichter und Patriot
Der Dichter schloss sich 1813 im Kampf gegen Napoleon dem Lützowschen Freikorps an und verfasste dort das Lied „Lützows wilde verwegene Jagd". Er fiel im August 1813 in einem Gefecht bei Gadebusch. Er wurde zu einer Identifikationsfigur im antinapoleonischen Befreiungskampf der Deutschen.

Kohl, Helmut (1930)
Vorsitzender der CDU und Bundeskanzler der Bundesrepublik Deutschland
Der studierte Jurist war seit 1946 in der CDU aktiv und von 1969 bis 1976 Ministerpräsident des Landes Rheinland-Pfalz. Von 1973 bis 1998 war er Vorsitzender der CDU. Zwischen 1982 und 1998 hatte er das Amt des Bundeskanzlers der Bundesrepublik Deutschland inne. 1989/90 gestaltete er den deutschen Wiedervereinigungsprozess maßgeblich mit.

Koschewoi, Pjotr Kirillowitsch (1904 bis 1976)
Marschall der Sowjetunion und Oberkommandierender der GSSD
Er führte während des Großen Vaterländischen Krieges verschiedene Schützenkorps. Nach dem Krieg kommandierte er den Sibirischen, später der Kiewer Militärbezirk. Von 1965 bis 1969 war er Oberkommandierender der GSSD.

Krenz, Egon (1937)
Generalsekretär des ZK der SED, Vorsitzender des Staatsrates der DDR
Der Sohn eines Schneiders wurde 1955 Mitglied der SED, diente von 1957 bis 1959 freiwillig in der NVA und schlug danach eine Funktionärslaufbahn in der FDJ ein. 1983 wurde er Mitglied des SED-Politbüros und Sekretär des ZK für Sicherheitsfragen. Im Herbst 1989 wurde er als Nachfolger von Erich Honecker Partei- und Staatschef sowie Vorsitzender des Nationalen Verteidigungsrates. Im Dezember 1989 trat er von allen Funktionen zurück.

Lenski, Arno von (1893 bis 1986)
Generalmajor der NVA und Chef der Panzertruppen
Der Berufssoldat kämpfte im Ersten Weltkrieg und machte danach in der Reichswehr und der Wehrmacht Karriere. Als Kommandierender General des XIV. Panzerkorps kam der Wehrmachtgeneral 1943 im Kessel von Stalingrad in sowjetische Kriegsgefangenschaft. Er wurde Mitglied des Nationalkomitees Freies Deutschland. Mit der Schaffung der KVP übernahm er als Generalmajor von 1952 bis 1956 die Leitung der Verwaltung Motorisierung der KVP und wurde von 1956 bis 1958 Chef der Panzertruppen der NVA.

Liebknecht, Karl (1871 bis 1919)
Sozialdemokratischer Reichstagsabgeordneter und Mitbegründer der KPD
Der promovierte Jurist war seit 1900 SPD-Mitglied und von 1912 bis 1916 SPD-Abgeordneter im Reichstag. 1918 wurde er Mitbegründer des Spartakusbundes und 1918/19 der KPD. Am 9. November 1918 rief er vom Berliner Stadtschloss die „freie sozialistische Republik" aus. Im Januar 1919 wurde er von Freikorps-Offizieren in Berlin ermordet.

Listemann, Klaus (1940)
Generalmajor der NVA und Chef Ausbildung
Der gelernte Stricker trat 1957 in die NVA ein und war Soldat, Kompaniechef und Fachlehrer in verschieden Einheiten und an der Offizierschule der Landstreitkräfte. 1984/85 war er Stellvertretender Kommandeur der 7. Panzerdivision und von 1985 bis 1987 deren Kommandeur. Von 1987 bis 1990 war er Stellvertreter des Chefs des Militärbezirks Neubrandenburg und Chef Ausbildung. Im April 1990 übernahm er die Funktion des Chefs Ausbildung der NVA im Ministerium für Abrüstung und Verteidigung.

Litfin, Günter (1937 bis 1961)
Maueropfer
Vom Mauerbau überrascht, versuchte er in Berlin am 24. August 1961 vom Gelände der Charité über das Becken des Humboldt-Hafens in den Westen zu gelangen. Kurz vor Erreichen des Ufers wurde er von DDR-Grenzposten erschossen.

Löffler, Martin (1925)
Oberstleutnant der NVA und Regimentskommandeur
Aus einer erzgebirgischen Familie stammend, ging er nach der Gefangenschaft zur Grenzpolizei/KVP. Als Offizier der NVA studierte er von 1956 bis 1960 an einer sowjetischen Militärakademie. Im Herbst 1960 wurde er Kommandeur des Mot. Schützenregiments-2 in Stahnsdorf bei Berlin. Am 9. September 1962 flüchtete der Offizier nach West-Berlin.

Luxemburg, Rosa (1871 bis 1919)
Sozialdemokratin und Mitbegründerin der KPD
Sie kämpfte gegen Nationalismus und Militarismus und gründete 1914 die „Gruppe Internationale", aus der der

Spartakusbund hervorging. Sie nahm an der deutschen Novemberrevolution 1918 teil und wurde zur Mitbegründerin der KPD. Im Januar 1919 wurde sie von Freikorps-Offizieren ermordet.

Maizière, Lothar de (1940)
Ministerpräsident der DDR
Der Rechtsanwalt war in der DDR in der CDU und in der Synode der evangelischen Kirche aktiv. Von April bis Oktober 1990 war er der erste frei gewählte und zugleich letzte Ministerpräsident der DDR.

Marczinek, Frank (1961)
Staatssekretär im Ministerium für Abrüstung und Verteidigung
Er studierte von 1981 bis 1984 an der Offizierhochschule der Landstreitkräfte in Löbau und diente danach in einem Mot. Schützenregiment. 1988 nahm er ein Studium an der Militärakademie der NVA auf, welches er 1990 abbrach. Im April 1990 wurde er Staatssekretär für Abrüstung im Ministerium für Abrüstung und Verteidigung.

Maron, Karl (1903 bis 1975)
Generaloberst der VP und Minister des Innern der DDR
Der gelernte Maschinenschlosser trat 1926 der KPD bei, war 1933 illegal aktiv und musste 1934 nach Dänemark und 1935 in die UdSSR emigrieren. Von 1950 bis 1958 fungierte er als Stellvertreter des Ministers des Innern und Chef der DVP, von 1955 bis 1963 als Minister des Innern. Er war von 1960 bis 1963 Mitglied des NVR.

Matern, Hermann (1893 bis 1971)
Vorsitzender der Zentralen Parteikontrollkommission des ZK der SED
Der Funktionär der KPD übersiedelte 1941 in die UdSSR. Nach seiner Rückkehr in die SBZ fungierte er seit 1949 als Vorsitzender der Zentralen Parteikontrollkommission des ZK der SED und wurde 1950 Mitglied des SED-Politbüros. Ab 1954 war er 1. stellvertretender Präsident der Volkskammer der DDR.

Matern, Max (1902 bis 1935)
Widerstandskämpfer
Der gelernte Former war KPD-Mitglied und trat 1930 in den „Proletarischen Selbstschutz" ein. Seit 1931 führte er eine Widerstandsgruppe im Unterbezirk Nord der KPD und wurde 1932 Führer des Unterbezirks. 1934 wurde er zum Tode verurteilt und im Mai 1935 hingerichtet.

Mehring, Franz (1846 bis 1919)
Historiker und Publizist
Er promovierte 1882 an der Universität Leipzig zur Geschichte der Sozialdemokratie und lehrte 1906 bis 1911 an der SPD-Parteischule. Bekannt wurde er durch zahlreiche Schriften zur Arbeiterbewegung.

Menzel, Rudolf (1910 bis 1974)
Generalleutnant der NVA und Stellvertreter des Ministers für Technik und Bewaffnung
Der gelernte Kaufmann trat 1918 der KPD bei und kämpfte 1936/37 als Interbrigadist im Spanischen Bürgerkrieg. Von 1940 bis 1945 war er Häftling im KZ Buchenwald. Nach dem Krieg wurde er 1949 Leiter der MfS-Landesverwaltung Thüringen und 1952/53 Stellvertreter des Ministers für Staatssicherheit für Wirtschaftsfragen. 1955 übernahm er den Bereich Bauwesen und Unterbringung der KVP und war danach in der NVA 1956/57 Chef Bauwesen und Unterbringung und von 1957 bis 1959 Stellvertreter des Ministers für Technik und Bewaffnung. 1959 übernahm er den Bereich Bauwesen und Unterkunft bei den Rückwärtigen Diensten der NVA, wurde dann Leiter der Militärbibliothek und von 1967 bis 1973 Militärattaché in der UdSSR.

Mielke, Erich (1907 bis 2000)
Armeegeneral und Minister für Staatssicherheit der DDR
Er trat 1925 in die KPD ein und emigrierte 1931 nach einem Polizistenmord in die UdSSR. Von 1936 bis 1939 nahm er als Interbrigadist am Spanischen Bürgerkrieg teil. 1945 kehrte er in die SBZ zurück, war 1945/46 Abteilungsleiter für Polizei und Justiz beim ZK der KPD und bis 1949 Vizepräsident der Deutschen Verwaltung des Innern. 1949 wurde er zum Leiter der Hauptverwaltung zum Schutz der Volkswirtschaft im MdI benannt. Von 1950 bis 1953 war er Staatssekretär im MfS, 1953 bis 1955 stellvertretender Staatssekretär. Von 1957 bis 1989 war er Minister für Staatssicherheit.

Modrow, Hans (1928)
Vorsitzender des Ministerrates der DDR
Der gelernte Maschinenschlosser begann seine politische Karriere in der FDJ. 1954 wurde er Mitglied der Bezirksleitung der SED Berlin, 1958 der Volkskammer und 1967 des ZK der SED. Von 1973 bis 1989 war er 1. Sekretär der Bezirksleitung der SED Dresden. Ende 1989 wurde er stellvertreter Vorsitzender der SED/PDS und Vorsitzender des DDR-Ministerrates.

Müller, Vincenz (1894 bis 1961)
Generalleutnant der NVA und Chef des Hauptstabes
Der Berufssoldat nahm an beiden Weltkriegen teil und geriet als Generalleutnant und Kommandierender General des XII. Korps 1944 in sowjetische Gefangenschaft. Er kehrte 1948 in die SBZ zurück und wurde Mitbegründer der National-Demokratischen Partei Deutschlands und deren stellvertretender Vorsitzender. 1952 trat er in die KVP ein und war von 1953 bis 1955 Stellvertreter des Chefs der KVP und Chef des Stabes. Mit Gründung der NVA wurde er bis Februar 1958 Stellvertreter des Ministers und Chef des Hauptstabes der NVA.

Munschke, Ewald (1901 bis 1981)
Generalmajor der NVA und Chef der Verwaltung Kader
Er war seit 1930 KPD-Mitglied und nahm als Interbrigadist am Spanischen Bürgerkrieg teil. Von 1945 bis 1952 übernahm er verschiedene Funktionen im KPD/SED-Parteiapparat. 1952 trat er in die HVA/KVP ein. Von 1952 bis 1961 war er Chef der Verwaltung Kader der KVP und der NVA, danach bis 1969 Vorsitzender der Parteikontrollkommission in der Politischen Hauptverwaltung der NVA.

Paulus, Friedrich (1890 bis 1957)
Generalfeldmarschall der Wehrmacht
und Oberbefehlshaber der 6. Armee
Der Berufssoldat kämpfte an verschiedenen Fronten im Ersten Weltkrieg und machte in Reichswehr und Wehrmacht rasch Karriere. 1942 wurde er Oberbefehlshaber der 6. Armee, die im Kessel von Stalingrad unterging. Nach zehn Jahren sowjetischer Kriegsgefangenschaft kehrte er 1953 in die DDR zurück und engagierte sich öffentlich gegen die Remilitarisierung in der Bundesrepublik.

Peter, Erich (1919 bis 1987)
Generaloberst der NVA und Chef der Grenztruppen
Der gelernte Schlosser diente von 1939 bis 1945 als Unteroffizier in der Wehrmacht. 1945 trat er in die KPD und 1946 in die Polizei ein. 1956/57 war er Chef der Verwaltung Panzertechnik der NVA, 1959/60 Kommandeur der 9. Panzerdivision. 1960 wurde er Chef der DGP und 1961 Chef des Kommandos der Grenztruppen der NVA. Von 1972 bis 1979 wirkte er als Stellvertreter des Ministers und Chef der Grenztruppen.

Pieck, Wilhelm (1876 bis 1960)
Vorsitzender der SED und Staatspräsident der DDR
Der gelernte Tischler war seit 1895 SPD-Funktionär. 1917 trat er in die USPD ein. Der Mitbegründer der KPD war von 1935 bis 1946 ihr Vorsitzender. 1933 ging er in die UdSSR und wurde dort zum Mitbegründer des Nationalkomitees Freies Deutschland. 1946 bis 1954 war er Vorsitzender der SED. 1949 wurde er zum Präsidenten der DDR gewählt und bekleidete das Amt bis zu seinem Tod.

Poppe, Helmut (1926 bis 1979)
Generalleutnant der NVA und Chef Rückwärtige Dienste
Der gelernte Elektriker diente 1944/45 als Unteroffizier in der Wehrmacht, geriet in sowjetische Gefangenschaft und kehrte 1948 in die SBZ zurück. Er trat 1948 in die Polizei ein. Von 1956 bis 1959 war er Chef der Verwaltung Ausbildung im Verteidigungsministerium. 1961 übernahm er kurzzeitig die 4. Mot. Schützendivision, um danach bis 1971 Stadtkommandant von Ost-Berlin zu werden. Von 1972 bis 1979 war er Stellvertreter des Ministers und Chef Rückwärtige Dienste der NVA.

Reiche, Hans-Christian (1944)
Generalmajor der NVA und Chef der Landstreitkräfte
Der Abiturient trat 1963 in die NVA ein. Von 1981 bis 1984 fungierte er als Stellvertreter des Kommandeurs und Stabschef der 9. Panzerdivision, deren Kommandeur er 1987 wurde. 1989 übernahm er die Funktion des Chefs des Stabes des Militärbezirks Neubrandenburg und wurde danach Chef des Stabes der NVA-Landstreitkräfte. Am 15. September 1990 erhielt er den Auftrag zur Führung der Landstreitkräfte.

Reinhold, Wolfgang (1923 bis 2012)
Generaloberst der NVA und Chef der LSK/LV
Der gelernte Kaufmann und Bankangestellte kehrte 1949 nach sowjetischer Gefangenschaft in die DDR zurück und trat 1952 in die VP-Luft ein. 1954 wurde er Kommandeur der Fliegerdivision Drewitz. Von 1958 bis 1965 war er im Kommando der LSK/LV in verschiedenen Stellvertreterfunktionen des Chefs tätig. Von 1972 bis 1989 war er Stellvertreter des Ministers und Chef der LSK/LV.

Riedel, Sigfrid (1918)
Generalleutnant der NVA und Chef des Hauptstabes
Der gelernte Handlungsgehilfe trat 1947 in die Polizei der SBZ ein, besuchte 1949/50 einen Sonderlehrgang in der UdSSR und war er von 1950 bis 1955 in verschiedenen Stabsverwendungen der KVP und der NVA tätig. Von 1960 bis 1967 war Stellvertreter des Ministers und Chef des Hauptstabes der NVA. Von 1967 bis 1982 fungierte er als

Staatssekretär und Leiter der Hauptverwaltung Planung beim Vorsitzenden des Ministerrates der DDR.

Sänger, Willi (1894 bis 1944)
Widerstandskämpfer
Der gelernte Kaufmann trat 1912 der SPD bei, wechselte 1917 zur USPD und 1919 zur KPD. Er war Leichtathlet und in den 1920er-Jahren Vorsitzender des Arbeitersportvereins „Fichte" in Berlin. Ab 1938 arbeitete er in einer Widerstandsgruppe. Er wurde verhaftet und im November 1944 hingerichtet.

Schabowski, Günter (1929)
1. Sekretär der Bezirksleitung der SED Ost-Berlin
Der Journalist wurde 1947 Redakteur der Gewerkschaftszeitung „Tribüne", danach war er stellvertretender, von 1978 bis 1985 Chefredakteur des SED-Zentralorgans „Neues Deutschland". 1985 wurde er 1. Sekretär der SED-Bezirksleitung Berlin und 1986 Sekretär des ZK der SED. Am 9. November 1989 verkündete er die neuen Reiseregelungen der DDR und löste damit den Fall der Mauer aus.

Scharnetzki, Gerhard (1938)
Hauptmann der NVA und Leiter eines Gefechtsstandes der LSK/LV
Der Jagdflieger musste 1963 aus gesundheitlichen Gründen den Flugbetrieb aufgeben und wurde zuletzt als Leiter des Gefechtsstandes des Jagdfliegergeschwaders-1 in Cottbus eingesetzt. Am 7. März 1969 startete er eine für einen Flug vorbereitete Maschine vom Typ Jak-18A und verließ damit die DDR in Richtung Ostsee. Er landete auf der Insel Bornholm (Dänemark).

Scharnhorst, Gerhard Johann David von (1755 bis 1813)
Preußischer General und Heeresreformer
Er absolvierte die Militärschule Wilhelmstein und trat 1801 in preußische Dienste ein. 1807 wurde er Vorsitzender der Militärreorganisationskommission und reformierte grundlegend das Heer und das Wehrsystem Preußens.

Scheffler, Felix (1915 bis 1986)
Konteradmiral der NVA und Stellvertreter des Chefs der Volksmarine für Rückwärtige Dienste
Der gelernte Drogist heuerte 1933 als Schiffsjunge an, diente seit 1937 in der Wehrmacht und war von 1941 bis 1947 in sowjetischer Gefangenschaft, wo er im Nationalkomitee Freies Deutschland aktiv war. Nach politischen Verwendungen ging er 1950 zur Seepolizei und wurde dort Stellvertreter des Leiters der Hauptverwaltung Seepolizei/VP-See. 1955/56 war er mit der Führung der Seestreitkräfte der NVA beauftragt. Von 1961 bis 1975 fungierte er als Stellvertreter des Chefs der Volksmarine, zuletzt als Chef Rückwärtige Dienste der Volksmarine.

Schlothauer, Michael (1943)
Generalmajor der NVA und Chef des Hauptstabes
Der Abiturient trat 1962 in die NVA ein und schlug die Kommandeurlaufbahn bei den Mot. Schützen ein. Er war von 1978 bis 1979 Kommandeur eines Regiments und von 1985 bis 1987 Kommandeur der 4. Mot. Schützendivision. 1987 wurde er Chef des Stabes des Militärbezirks Leipzig, bevor er am 15. September 1990 als Chef des Hauptstabes eingesetzt und mit der Führung beauftragt wurde.

Schmidtchen, Jörgen (1941 bis 1962)
Gefreiter der Grenztruppen der NVA
Der Facharbeiter meldete sich freiwillig zum Dienst in der Deutschen Grenzpolizei. Er wurde während seines Dienstes in Potsdam-Babelsberg von einem nach West-Berlin flüchtenden Offiziersschüler erschossen. Posthum erfolgte seine Beförderung zum Unteroffizier.

Schultz, Egon (1943 bis 1964)
Unteroffizier der Grenztruppen der NVA
Der Unterstufenlehrer aus Rostock wurde 1963 zum Wehrdienst einberufen und an der Berliner Mauer eingesetzt. Am 5. Oktober 1964 wurde er von einem westlichen Fluchthelfer angeschossen und durch eine Maschinenpistolensalve eines DDR-Grenzsoldaten getötet.

Skerra, Horst (1930)
Generalleutnant der NVA und Chef der Landstreitkräfte
Nach verschiedenen Verwendungen in HVA, KVP und NVA wurde er 1961 Stellvertreter des Chefs des Hauptstabes und Chef der Verwaltung Operativ. Von 1966 bis 1969 erfolgte sein Einsatz als Kommandeur der 1. Mot. Schützendivision, danach u. a. von 1976 bis 1982 als Chef des Militärbezirks Leipzig. 1982 wurde er Stellvertreter des Chefs der Landstreitkräfte und Chef des Stabes. 1990 übernahm er als Chef die Führung der Landstreitkräfte der NVA.

Sokolowski, Wassili Danilowitsch (1897 bis 1968)
Marschall der Sowjetunion und 1. Stellvertreter des Verteidigungsministers
Er führte im russischen Bürgerkrieg 1918 bis 1920 ein Schützenregiment und war im Großen Vaterländischen Krieg u. a. Chef des Generalstabes und Befehlshaber einer Front. Von 1946 bis 1949 war er Chef der SMAD und Oberkommandierender der GSBT. Ab 1949 war er 1. Stellvertreter des Verteidigungsministers und Chef des Generalstabes der sowjetischen Streitkräfte und verfasste zahlreiche militärstrategische Schriften.

Stalin, Josef Wissarionowitsch (eigentlich Dschughaschwili; 1879 bis 1953)
Generalsekretär des ZK der KPdSU und Vorsitzender des Ministerrates der UdSSR; Diktator
Ab 1912 gehörte er dem ZK der Bolschewiki an und zählte zum engeren Führungskreis um Lenin. 1918 war er Befehlshaber der Roten Armee, seit 1922 Generalsekretär des ZK der KPdSU, ab 1941 Vorsitzender des Rates der Volkskommissare und ab 1946 bis zu seinem Tod Vorsitzender des Ministerrates der UdSSR.

Stauffenberg, Claus Phillip Maria Schenk Graf von (1907 bis 1944)
Oberst der Wehrmacht und Widerstandskämpfer
1926 erfolgte sein Eintritt ins Bamberger Reiterregiment 17. Im Zweiten Weltkrieg wurde er in die 10. Panzerdivision nach Nordafrika versetzt und im April 1943 schwer verwundet. Im Oktober 1943 übernahm er die Funktion des Chefs des Stabes beim Allgemeinen Heeresamt in Berlin. Im Sommer 1944 bereitete er die Verschwörung gegen Hitler mit vor und zündete am 20. Juli 1944 eine Bombe in der Wolfsschanze. Nach dem Scheitern des Attentats wurden er und weitere Mitverschwörer noch am selben Tag in Berlin erschossen.

Stechbarth, Horst (1925)
Generaloberst der NVA und Chef der Landstreitkräfte
1943 zur Wehrmacht eingezogen, kam er 1945 in sowjetische Kriegsgefangenschaft. Er kehrte 1948 in die SBZ zurück und trat 1949 in die Polizei ein. Von 1952 bis 1956 war er in verantwortlichen Dienststellungen in KVP-Bereitschaften tätig. 1956 wurde er Stellvertreter, von 1957 bis 1959 Kommandeur der 1. Mot. Schützendivision der NVA. Von 1961 bis 1964 war er Stellvertreter, danach bis 1967 Chef des Militärbezirks Neubrandenburg. Danach fungierte er als Chef der Verwaltung Ausbildung im Verteidigungsministerium. 1972 erfolgte seine Ernennung zum Stellvertreter des Ministers und Chef Landstreitkräfte der NVA. Diese Dienststellung hatte er bis Ende 1989 inne.

Steffens, Walter (1903 bis 1968)
Kapitän zur See der NVA und Leiter des Bergungs- und Rettungsdienstes
Der Seemann trat 1930 in die KPD ein. 1938 nahm er als Interbrigadist am Spanischen Bürgerkrieg teil, wurde in Frankreich verhaftet und bis 1943 in verschiedenen KZ interniert. 1943 ging er in die UdSSR und arbeitete dort u. a. im Nationalkomitee Freies Deutschland. 1946 in die SBZ zurückgekehrt, baute er ab 1948 die Wasserschutzpolizei in Mecklenburg auf und war 1949/50 deren Leiter. 1952 bis 1955 leitete er die Unterführer- und Mannschaftsschule der VP-See, 1955/56 die Seeoffizier-Lehranstalt der Seestreitkräfte. 1957 übernahm er die Leitung des Bergungs- und Rettungsdienstes der Seestreitkräfte der DDR. 1960 schied er aus gesundheitlichen Gründen aus dem aktiven Dienst aus.

Stoph, Willi (1914 bis 1999)
Armeegeneral und Minister für Nationale Verteidigung der DDR, Vorsitzender des Ministerrates und Vorsitzender des Staatsrates
Der gelernte Maurer, seit 1931 KPD-Mitglied, diente in der Wehrmacht und trat 1945 in die Dienste der Sowjetischen Militäradministration. Er wurde 1950 in das ZK und drei Jahre später in das Politbüro der SED berufen. 1951/52 zeichnete er im Büro für Wirtschaftsfragen für die wirtschaftliche Sicherstellung der DDR-Aufrüstung mit verantwortlich. Von 1952 bis 1955 war er Minister des Innern und von 1956 bis 1960 Minister für Nationale Verteidigung der DDR. Bis 1964 Stellvertreter des Vorsitzenden des Ministerrates, übernahm er danach bis 1972 den Vorsitz. Von 1973 bis 1976 war er Vorsitzender des Staatsrates und von 1976 bis 1989 Vorsitzender des Ministerrates. Dem NVR gehörte er von 1960 bis 1989 an.

Streletz, Fritz (1926)
Generaloberst der NVA und Chef des Hauptstabes
Nach seiner Kriegsgefangenschaft in der UdSSR kehrte er 1948 in die SBZ zurück und trat in die Polizei ein. Nach verschiedenen leitenden Verwendungen in der KVP war er von 1956 bis 1959 1. Stellvertreter des Chefs des Militärbezirks Leipzig der NVA und von 1961 bis 1964 Stellvertreter des Chefs und Chef des Stabes des Militärbezirks Leipzig. Danach wechselte er in das Verteidigungsminis-

terium und wurde einer der Stellvertreter des Chefs des Hauptstabes der NVA. 1979 avancierte er zum Stellvertreter des Ministers und Chef des Hauptstabes der NVA. Diese Dienststellung hatte er bis Ende 1989 inne. Von 1971 bis 1989 war er Sekretär des NVR.

Süß, Hans (1935 bis 2009)
Generalleutnant der NVA und Hauptinspekteur
Nach dem Abitur trat er 1953 in die KVP ein. Er startete seine Karriere in der NVA 1961 in den Funktechnischen Truppen der LSK/LV, deren Chef er von 1965 bis 1974 war. 1978 übernahm er die Leitung der Offizierhochschule der LSK/LV und wurde danach 1988 Hauptinspekteur der NVA. Anfang 1990 wurde er als Sekretär der Regierungskommission „Militärreform der DDR" berufen. Im Frühjahr 1990 erfolgte sein Einsatz als Chef der NVA-Militärakademie in Dresden.

Thälmann, Ernst (1886 bis 1944)
Vorsitzender der KPD
Von 1925 bis zu seiner Verhaftung 1933 war er Parteivorsitzender der KPD und bis 1932 Mitglied des Reichstags. Von 1925 bis 1929 führte er den Rotfrontkämpferbund. 1944, nach über 11 Jahren Einzelhaft, wurde er im KZ Buchenwald auf Befehl Hitlers erschossen.

Ulbricht, Walter (1893 bis 1973)
Generalsekretär/Erster Sekretär des ZK der SED und Staatsratsvorsitzender
Der gelernte Tischler trat 1912 der SPD bei, war 1919 Mitbegründer der KPD und von 1929 bis 1946 Mitglied des ZK der KPD. 1943 gehörte er zu den Mitbegründern des Nationalkomitees Freies Deutschland in der UdSSR. 1945 kehrte er nach Deutschland zurück, wurde von 1946 bis 1950 stellvertretender Vorsitzender der SED. Von 1949 bis 1973 gehörte er dem SED-Politbüro an. Von 1950 bis 1953 war er Generalsekretär des ZK, danach bis 1971 Erster Sekretär des ZK der SED. Parallel dazu war er von 1960 bis 1973 Vorsitzender des Staatsrates und von 1960 bis 1971 Vorsitzender des NVR.

Verner, Waldemar (1914 bis 1982)
Admiral der NVA und Chef der Politischen Hauptverwaltung
Der gelernte Dekorateur trat 1930 in die KPD ein, war wegen politischer Tätigkeit in Haft und emigrierte 1935 in die UdSSR. Von 1938 bis 1945 leistete er illegale kommunistische Arbeit in Dänemark. Nach 1945 war er als KPD/SED-Funktionär tätig, bis er 1950 als Generalinspekteur Leiter der HVS wurde. Von 1952 bis 1955 war er Chef der VP-See und hatte von 1957 bis 1959 die Leitung der Seestreitkräfte der NVA inne. 1959 wurde er Stellvertreter des Ministers und Chef der Politischen Verwaltung/Politischen Hauptverwaltung. Er blieb bis 1978 in diesem Amt.

Vogelsang, Gerhard (1925)
Fregattenkapitän der NVA
Er trat 1952 in die bewaffneten Organe der DDR ein. Er wurde Politstellvertreter in den Seestreitkräften und später Mitarbeiter der Politischen Verwaltung der Volksmarine. Dort war er vor allem auf kulturpolitischem Gebiet und im künstlerischen Laienschaffen tätig. Seinen aktiven Dienst beendete er als Kapitän zur See.

Wagner, Kurt (1904 bis 1998)
Generaloberst der NVA und Stellvertreter des Ministers für Ausbildung
Der gelernte Steinsetzer trat 1932 in die KPD ein und war wegen seiner Widerstandstätigkeit von 1935 bis 1945 im Zuchthaus Waldheim inhaftiert. 1946 wurde er 1. Vizepräsident der DVdI. Von 1950 bis 1952 leitete er eine VP-Bereitschaft und übte danach leitende Funktionen im Stab der KVP aus. Von 1957 bis 1959 war er Chef des Militärbezirks Leipzig und von 1959 bis 1967 Stellvertreter des Ministers für Ausbildung.

Walther, Karl (1885 bis 1965)
Generalmajor der NVA und Leiter der Militärmedizinischen Sektion
Der Mediziner und Berufssoldat wurde 1944 zum Generalarzt ernannt. Nach sowjetischer Gefangenschaft arbeitete er von 1949 bis 1952 im DDR-Gesundheitsministerium.1952 trat er in die KVP ein und leitete von 1952 bis 1955 die Medizinische Verwaltung des MdI bzw. der KVP. 1955/56 war er Leiter der Militärmedizinischen Sektion in Greifswald.

Weinert, Erich (1890 bis 1953)
Präsident des Nationalkomitees Freies Deutschland und Vizepräsident der Zentralverwaltung für Volksbildung
Der freischaffende Grafiker, Schriftsteller und Weltkriegsoffizier trat 1929 der KPD bei. 1937 bis 1939 nahm er als Frontberichterstatter am Spanischen Bürgerkrieg teil. 1943 wurde er in der UdSSR Präsident des Nationalkomitees Freies Deutschland.1946 kehrte er in die SBZ zurück und war Vizepräsident der Zentralverwaltung für Volksbildung.

Weinhold, Werner (1949)
Soldat der NVA
Der vorbestrafte Wehrdienstleistende aus einem NVA-Panzerregiment beging im Dezember 1975 Fahnenflucht mit dem Ziel, in den Westen zu gelangen. Bei der Überwindung der DDR-Grenze zur Bundesrepublik erschoss er zwei DDR-Grenzsoldaten.

Weiß, Siegfried (1914 bis 1986)
Generalleutnant der NVA und Stellvertreter des Ministers für Ausbildung
Der Oberwachtmeister der Wehrmacht geriet 1945 in sowjetische Gefangenschaft und kehrte 1949 in die SBZ/DDR zurück. Nach Dienststellungen in der HVA übernahm er von 1952 bis 1955 die Führung der KVP-Bereitschaft Eggesin. Von 1957 bis 1959 war er Chef der Verwaltung Inspektion und danach bis 1967 Chef der Verwaltung Ausbildung im Verteidigungsministerium. 1967 wurde er Stellvertreter des Ministers für Ausbildung und von 1972 bis 1974 Hauptinspekteur der NVA.

Wieczorek, Bertram (1951)
Parlamentarischer Staatssekretär beim Minister für Abrüstung und Verteidigung
Nach dem Abitur leistete er seinen Wehrdienst in der NVA und studierte anschließend Medizin. Der Arzt begründete das „Neue Forum" in Auerbach mit. 1973 trat er in die CDU (Ost) ein und war von März bis Oktober 1990 Parlamentarischer Staatssekretär beim Minister für Abrüstung und Verteidigung.

Wolf, Markus (1923 bis 2006)
Generaloberst des MfS und Leiter der Hauptverwaltung Aufklärung
Der Sohn eines Schriftstellers wuchs seit 1934 in der UdSSR auf. 1945 kehrte er nach Deutschland zurück. Nach anfänglicher journalistischer Tätigkeit in der SBZ/DDR trat er 1951 in das MfS ein. Er baute die Hauptverwaltung Aufklärung auf und leitete diesen Auslandsgeheimdienst von 1952 bis 1986. Seit 1955 war er ein Stellvertreter des Ministers für Staatssicherheit. Nach seinem Ausscheiden aus dem aktiven Dienst ging er einer schriftstellerischen Tätigkeit nach.

Woroschilow, Kliment Efremowitsch (1881 bis 1969)
Marschall der Sowjetunion und Vorsitzender des Obersten Sowjets
Er war am Aufbau der Roten Armee beteiligt, von 1925 bis 1934 Volkskommissar für Militär- und Marineangelegenheiten und bis 1940 Volkskommissar für Verteidigung. Im Krieg wurde er Mitglied des Staatlichen Verteidigungskomitees. Von 1945 bis 1947 war er Vorsitzender der Alliierten Kontrollkommission in Ungarn, von 1946 bis 1953 stellvertretender Vorsitzender des Ministerrates und von 1953 bis 1960 Vorsitzender des Obersten Sowjets.

Wulz, Hans (1893 bis 1975)
Generalmajor der NVA und Stadtkommandant von Ost-Berlin
Der Berufssoldat stieg in Reichswehr und Wehrmacht bis zum Generalmajor und Korpskommandeur auf. Er geriet in Stalingrad 1943 in Gefangenschaft und wurde Mitglied des Nationalkomitees Freies Deutschland. Nach seiner Rückkehr in die SBZ übernahm er die stellvertretende Leitung der Höheren Polizeischule. 1950 bis 1952 wurde er Leiter der Abteilung Inspektion der HVA und danach Chef der Verwaltung Artillerieversorgung der KVP. Von 1956 bis 1958 war er Stadtkommandant von Ost-Berlin.

Zaisser, Wilhelm (1893 bis 1958)
Minister für Staatssicherheit der DDR
Der Volksschullehrer trat 1919 der KPD bei. Er wurde 1921 aus dem Schuldienst entlassen. Im Spanischen Bürgerkrieg machte er sich als „General Gomez" und Kommandeur der XIII. Internationalen Brigade einen Namen. 1947 wurde er Chef der Landespolizeibehörde Sachsen-Anhalt und danach Innenminister Sachsens. 1949 übernahm er die Leitung der Verwaltung für Schulung und bis Februar 1950 die Leitung der HVA. Von 1950 bis 1953 war er Mitglied des SED-Politbüros und Minister für Staatssicherheit der DDR. Im Juli 1953 verlor er alle Ämter und Funktionen wegen „parteifeindlicher Tätigkeit".

Bildnachweis

Bundesarchiv
S. 19, 20 o. (Reuher), 20 u. (Schubert), 24 u. (Beier), 25 u. (Junge), 28/29 (Krüger), 36 o.li., 37 u.(Jahnke), 61 u. (DVW 1/394858), 63 (N 868/15), 104 (N868/16), 110 o. (DVW 1/12826), 134 (DVW 5-16/74001), 149 u. (Gahlbeck), 165 u. (Sindermann), 168 (Weisflog), 172 (Reiche), 178 u. (Hirschberger), 179 (Gahlbeck)

Militärhistorisches Museum der Bundeswehr, Dresden/Gatow
S. 11 (Patzer), 12 (Fröbus), 15 (Fröbus), 16/17, 21 (Donath), 22, 23, 24 o (Höhne), 25 o., 26 o.li., 26 o.re., 26 u. (Schöller), 27 o., 29, 31, 32, 33 o., 33 u.li., 35, 36 o., 36 u., 37 o.li., 37 o.re., 41 o., 41 u. (Heilig), 42 u., 45, 48, 49, 50, 51 o. (Zühlsdorf), 52, 55 u., 57, 58 o., 58 u., 60, 61 o., 62 (Klöppel), 64 (Fiebig), 67, 69 o., 72 o. (Zühlsdorf), 73 o., 73 u. (Fröbus), 75 u., 76 (Bersch), 77 o., 77 o. li., 77 o. re., 77 u (Zühlsdorf), 78 o., 79 o, 79 u. (Seemann), 80 (Billhardt), 81 u., 82 o., 83 o.li. (Bersch), 83 o.re. (Wehlisch), 84 u., 85 o. (Otto), 86 (Tessmer), 86/87 (Tessmer), 92 u. (Barkowsky), 94 o. (Gebauer), 94 u., 98/99 (Grahn), 101 o. (Fröbus), 101 u. (Gebauer), 106 (Patzer), 107 o. (Weiß), 107 u., 108/109 (Klöppel), 109 re. (Klöppel), 111 (Fröbus), 112/113 (Fröbus), 114/115 (Tessmer), 115 re. (Zühlsdorf), 116 o., 118 o.li., 118 o.re., 119 o., 119 u. (Fröbus), 120 o., 120 u. (Eggert), 121 u., 122 o.(Tessmer), 124, 125 u. (Stripeling), 126 (Michna), 127 u., 128 u. (Bersch), 129 (Klöppel), 132 o., 133, 139, 144 o. (Thiede), 144 u. (Rillei), 145 (Thiede), 149 o., 150 (Patzer), 150/151 und Einband-Rückseite (Tessmer), 152 o. (Tessmer), 152 u. (Patzer), 153 o. (Stripeling), 154 u., 155 (Tessmer), 156 o., 156 u. (Tass-Tele), 157, 158 (Tessmer), 165 o. (Fröbus), 166 u., 169 (Liebe), 173 (Tessmer), 180 (Tessmer), 203 (Tessmer), Rückseite Einband (Tessmer)

picture alliance
Vor- und Nachsatz (ZB, Glaser), S. 9 (ZB), 10 (ZB, Klöppel), 18 o. (akg-images), 18 u. (RIA Nowosti), 30 (akg-images), 38/39 (ZB, Glienke), 40 o. (dpa/USAF), 40 u. (akg-images), 66 (Roth), 97 u. (dpa, Kaufhold), 137 (akg-images, Kraft), 140 (akg-images), 146 o. (diekleinert.de/Droigk), 146 u. (Rose), 147 (dpa), 159 o., 160/161 (dpa, Wattenberg), 162 (ZB, Marx), 163 (dpa), 164 (Riedel), 166 o. (ZB, Kaufhold), 167 (Schoeps), 174 (AP, Pfeil), 175 o. (ZB, Hiekel), 176 (ZB, Studermann), 177 (dpa, Mehrl), 178 o. (dpa, Kumm), 217 (ZB, Glaser)

Sammlung Roller
S. 54 u., 55 o., 56, 59, 69 u., 71 u., 72 u., 72 u.li., 74, 75 o., 75 u.re., 78 u., 82 u., 83 u., 85 u., 88, 91 u., 97 o., 100 u., 116 u., 121 o.li., 122 u., 130, 138, 142, 170 u.

Sammlung Wenzke
S. 27 u., 33 u.re., 42/43, 44, 51 u., 53, 54 o., 58 o.li., 65 o., 68, 71 o., 81 o., 84 o., 87 u., 89, 90, 91 o., 92 o., 93, 95, 96, 99 re., 100 o., 102, 110 u., 121 o.re., 123, 125 o., 127 o., 128 o., 131, 132 u., 135, 148, 153 u., 159 u., 170 o., 171, 175 u.

ZMSBw
S. 34, 46/47, 65 u., 70, 103, 105, 136, 141, 154 o.

Trotz sorgfältiger Nachforschungen konnten nicht alle Rechteinhaber ermittelt werden. Wir bitten gegebenenfalls um Mitteilung.

Die Grafiken wurden mit freundlicher Genehmigung vom Zentrum für Militärgeschichte und Sozialwissenschaftlichen der Bundeswehr zur Verfügung gestellt.

Der Autor – Die Mitarbeiter

Der Autor
Rüdiger Wenzke, geb. 1955 in Baruth (Mark); Dr. phil.; 1976 bis 1981 Studium der Geschichte an der Universität Leipzig; 1981 bis 1990 wissenschaftlicher Assistent/Oberassistent am Militärgeschichtlichen Institut der DDR; seit 1990 wissenschaftlicher Mitarbeiter, seit 2008 Wissenschaftlicher Direktor am Militärgeschichtlichen Forschungsamt/Zentrum für Militärgeschichte und Sozialwissenschaften der Bundeswehr in Potsdam. Forschungsschwerpunkt: Militärgeschichte der DDR im Bündnis und im Kalten Krieg. Zahlreiche Veröffentlichungen zur Geschichte der NVA und des Warschauer Pakts.

Für die inhaltlichen Aussagen dieser Veröffentlichung trägt der Autor die Verantwortung, der hier seine private Auffassung wiedergibt.

Die Mitarbeiter
Torsten Diedrich, geb. 1956 in Berlin; Dr. phil.; Studium der Wirtschaftswissenschaften und Geschichte an der Humboldt-Universität zu Berlin, seit 1984 Wissenschaftler am Militärgeschichtlichen Institut der DDR/Militärgeschichtliches Forschungsamt in Potsdam, seit 2008 Wissenschaftlicher Direktor und Beauftragter für das Museumswesen der Bundeswehr am MGFA/Zentrum für Militärgeschichte und Sozialwissenschaften der Bundeswehr. Zahlreiche Veröffentlichungen zur Militärgeschichte der DDR.

Wolfgang Eisert, geb. 1947 in Klostermansfeld; Dr. phil.; 1967 bis 1971 Studium an der Martin-Luther-Universität Halle-Wittenberg; danach Lehrer in Teterow und Aspirantur Berlin; 1981 bis 1990 wissenschaftlicher Oberassistent am Militärgeschichtlichen Institut der DDR; 1990 bis 1994 wissenschaftlicher Mitarbeiter am Militärgeschichtlichen Forschungsamt; 1994 bis 2012 Tätigkeit in der Wirtschaft sowie als Veranstaltungsmanager; nebenberuflich Gästeführer in Potsdam. Verschiedene Publikationen zur Militärgeschichte der DDR.

Impressum

Unser komplettes Programm finden Sie unter www.bucher-verlag.de

Verantwortlich: Martin Distler
Lektorat: Stefan Krüger
Schlusskorrektur: Georg Steinbichler
Satz: Elke Mader
Titelgestaltung: Ralph Hellberg unter Verwendung einer Abbildung von picture-alliance/dpa
Repro: Cromika, Verona
Herstellung: Barbara Uhlig
Printed in Slovenia by Korotan

★★★★★
Sind Sie mit diesem Titel zufrieden? Dann würden wir uns über Ihre Weiterempfehlung freuen.
Erzählen Sie es im Freundeskreis, berichten Sie Ihrem Buchhändler, oder bewerten Sie das Werk online.
Und wenn Sie Kritik, Korrekturen/Aktualisierungen haben, freuen wir uns über Ihre Nachricht an den GeraMond Verlag, Postfach 40 02 09, D-80702 München oder per E-Mail an lektorat@verlagshaus.de.

Alle Angaben dieses Werkes wurden sorgfältig recherchiert und auf den neuesten Stand gebracht sowie vom Verlag geprüft. Für die Richtigkeit der Angaben kann jedoch keine Haftung übernommen werden.

Die Deutsche Nationalbibliothek verzeichnet diese Publikation in der Deutschen Nationalbibliografie; detaillierte bibliografische Daten sind im Internet über http://dnb.d-nb.de abrufbar.

© 2014 GeraMond Verlag, München

ISBN 978-3-7658-2048-9

Bilder • Tatsachen • Hintergründe

Fundiert recherchiert, packend erzählt!

Nr. 76 Aug/Sep 2014 Deutschland € 3,50

MILITÄR & GESCHICHTE
Bilder • Tatsachen • Hintergründe

Operation „Frühlingserwachen"
Ungarn 1945: Weshalb die deutsche Offensive scheitern musste

Feldherr Narses
Wie der Oströmer das weströmische Reich zurückeroberte

Landsknechte
Zügelloser Haufen oder organisierte Kampfeinheit?

Vietnam
Wie die USA in den Konflikt hineintaumelten

Me 163 „Komet"
Der weltweit erste Serien-Raketenjäger

Regiment „List"
Adolf Hitlers Verband im Ersten Weltkrieg

Modellbau in 1:35
Die russische 85-mm-Flak von Trumpeter

Alle 2 Monate neu am Kiosk!

Online blättern oder Testabo mit Prämie bestellen unter:
www.militaer-und-geschichte.de/abo

Schlachten, Technik, Feldherren

Clausewitz
Das Magazin für Militärgeschichte
5/2014 September | Oktober

1939: U 47 versenkt HMS ROYAL OAK
Wie Günther Prien Scapa Flow bezwang

- Peenemünde: Was von der „V2-Schmiede" übrig blieb
- Zweiter Golfkrieg — 1990: Kampf um die Freiheit oder fürs Öl?
- Weißenburg 1870 — Der blutige Auftakt zu Preußens Triumph
- Winston Churchill — Hitlers härtester Feind
- Schrecken der Briten: Günther Prien, erfolgreicher Kommandant von U 47
- MILITÄR & TECHNIK — Militärlager im Feindesland: So schützten sich Roms Legionen

Alle 2 Monate neu am Kiosk!

Online blättern oder Testabo mit Prämie bestellen unter:
www.clausewitz-magazin.de/abo

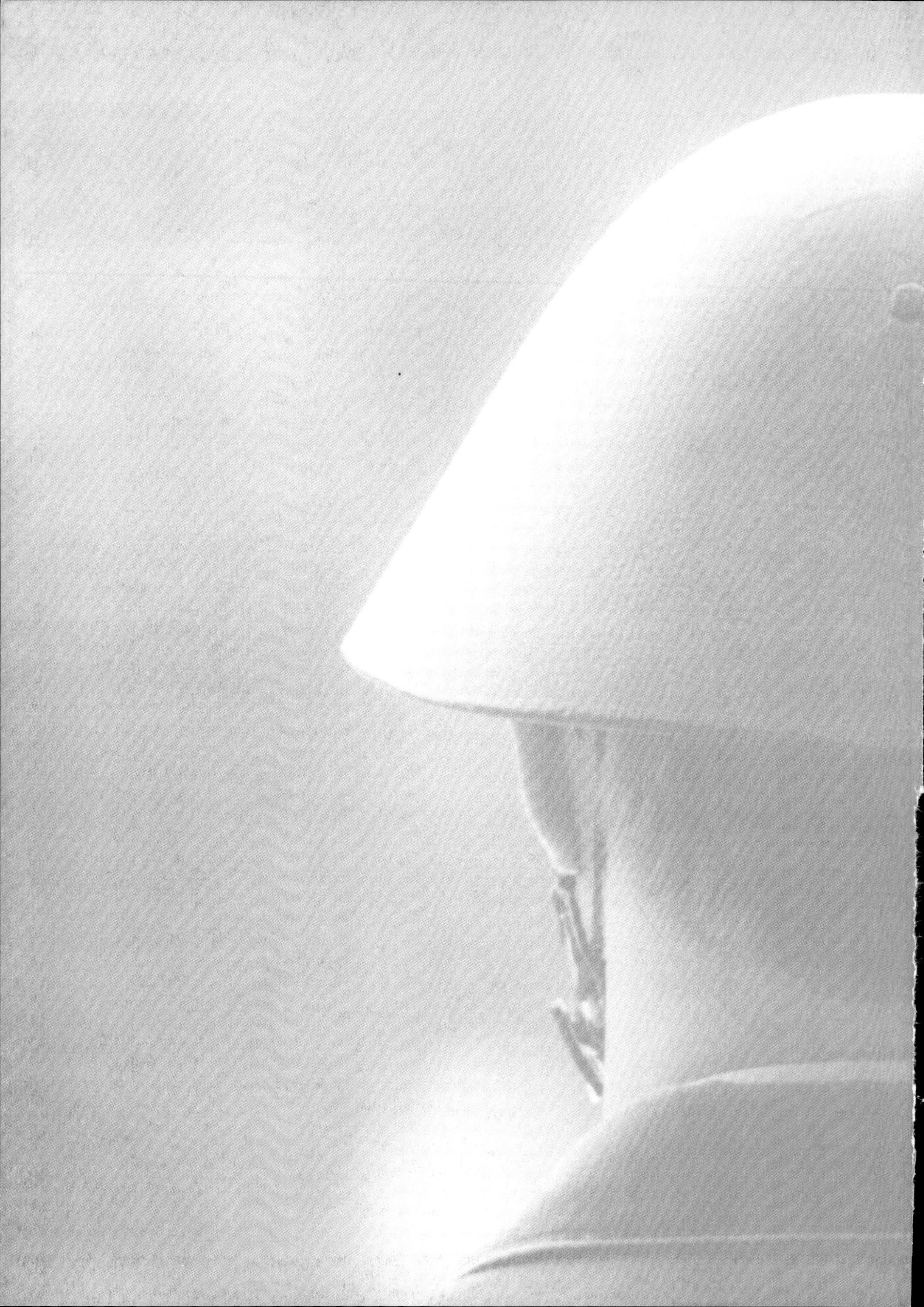